COLLECTION
FOLIO/ESSAIS

Marcel Roncayolo

La ville et ses territoires

Gallimard

Marcel Roncayolo, ancien directeur adjoint de l'École normale supérieure, directeur d'études à l'École des hautes études en sciences sociales, professeur à l'Université Paris X–Nanterre, est un des grands noms de l'école géographique française. Il a notamment dirigé le tome 5 de l'*Histoire de la France urbaine* (Le Seuil) et participé à l'*Histoire de France* dirigée par J. Revel et A. Burguière.

CARTES

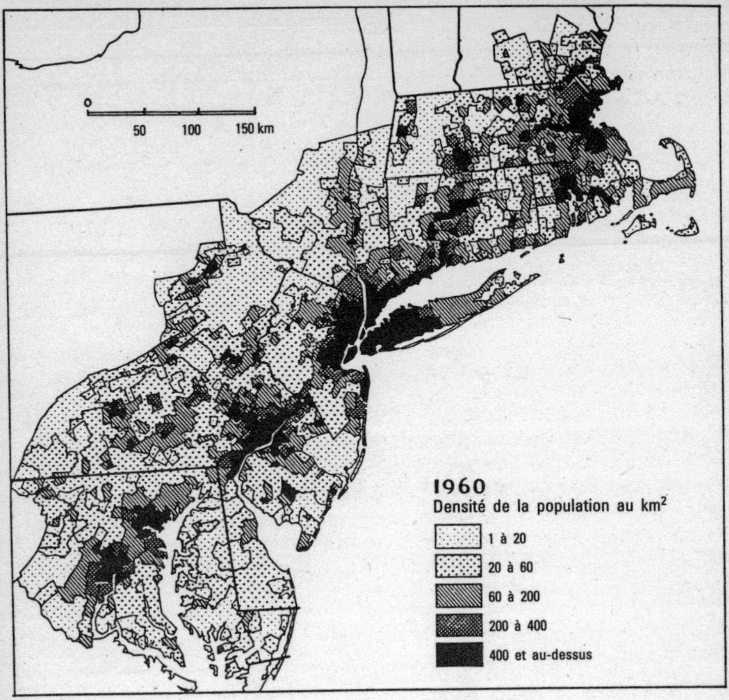
0
50
100
150 km
1960
Densité de la population au km²
1 à 20
20 à 60
60 à 200
200 à 400
400 et au-dessus

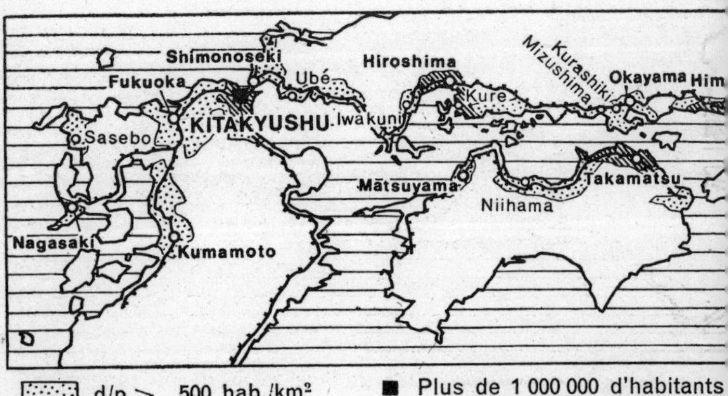
Shimonoseki
Hiroshima
Kurashiki
Mizushima
Okayama
Him
Fukuoka
Ubé
Kure
KITAKYUSHU
Iwakuni
Sasebo
Matsuyama
Takamatsu
Niihama
Nagasaki
Kumamoto
d/p > 500 hab./km²
d/p > 1 500 hab./km²
Plus de 1 000 000 d'habitants
de 200 000 à 1 000 000 d'hab.
moins de 200 000 habitants

1. La Mégalopolis américaine
(Nord-Est des États-Unis, recensement de 1960,
in Jean Gottmann *Megalopolis. The Urbanized Northeastern Seaboard of the United States*, M.I.T., 1964,
avec l'aimable autorisation de The M.I.T. Press).

2. La Mégalopolis japonaise
(*in* Jacques Pezeu-Massabuau,
Géographie du Japon, P.U.F., 1988,
avec l'aimable autorisation des P.U.F.).

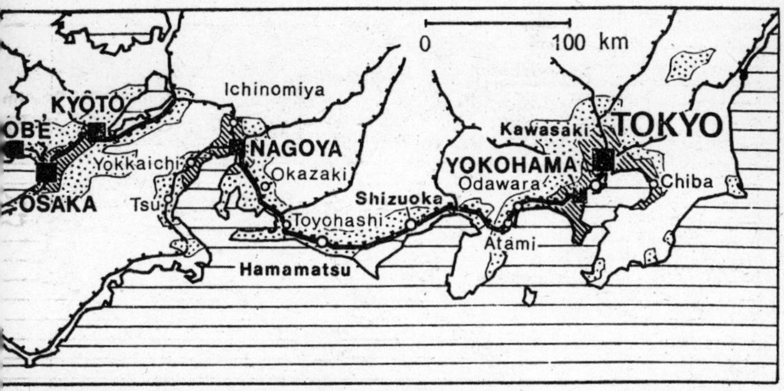

Voies ferrées : Plus de 5 milliards de passagers-km
Plus d'un milliard —

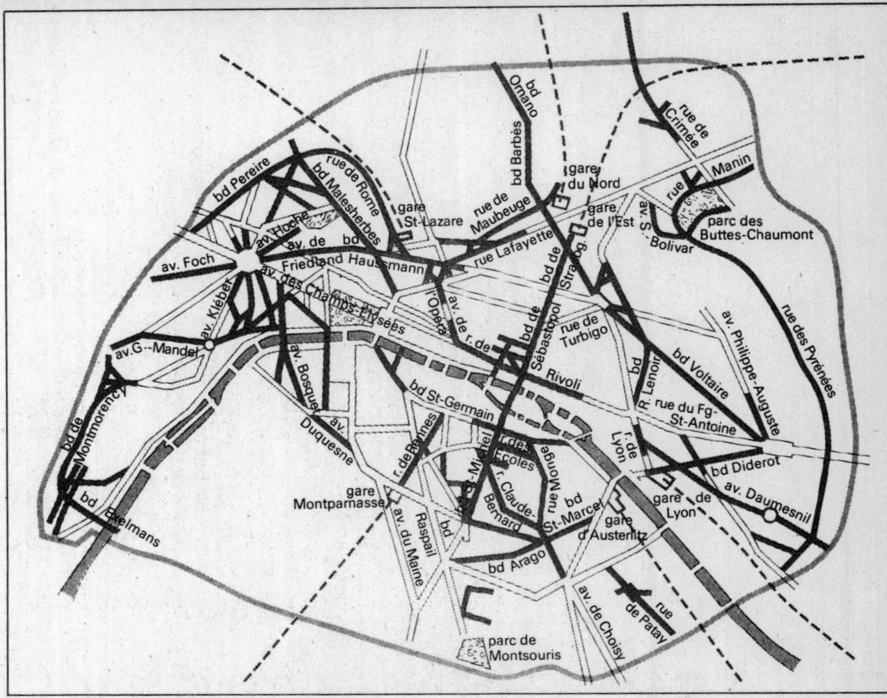

3. Les travaux d'Haussmann à Paris (*in* « Paris, un héritage culturel et monumental », *Notes et études documentaires*, nº 3483, avec l'aimable autorisation de la Documentation Française).

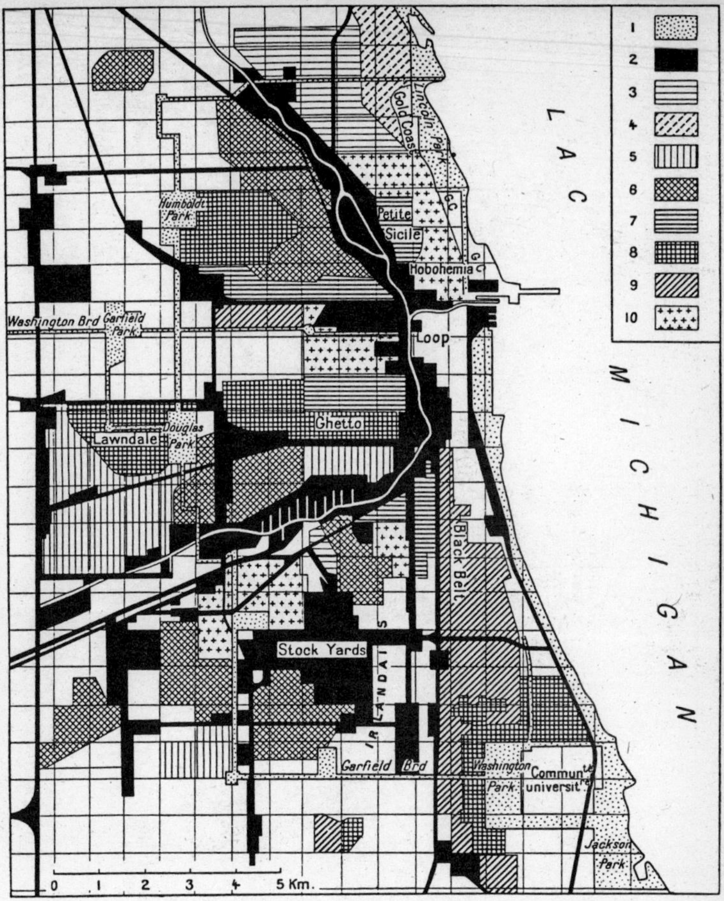

1 : Parcs, boulevards. 2 : Industries, chemins de fer. 3 : Allemands. 4 : Suédois. 5 : Tchécoslovaques. 6 : Polonais, Lituaniens. 7 : Italiens. 8 : Juifs. 9 : Noirs. 10 : Population mêlée.
Lawndale est le centre principal du « Deutschland ».

4. Chicago : carte ethnique,
d'après M. Halbwachs, échelle 1:125 000
(*in Ann. Hist. Econ. et Soc.*, 1932,
avec l'aimable autorisation des *Annales*)

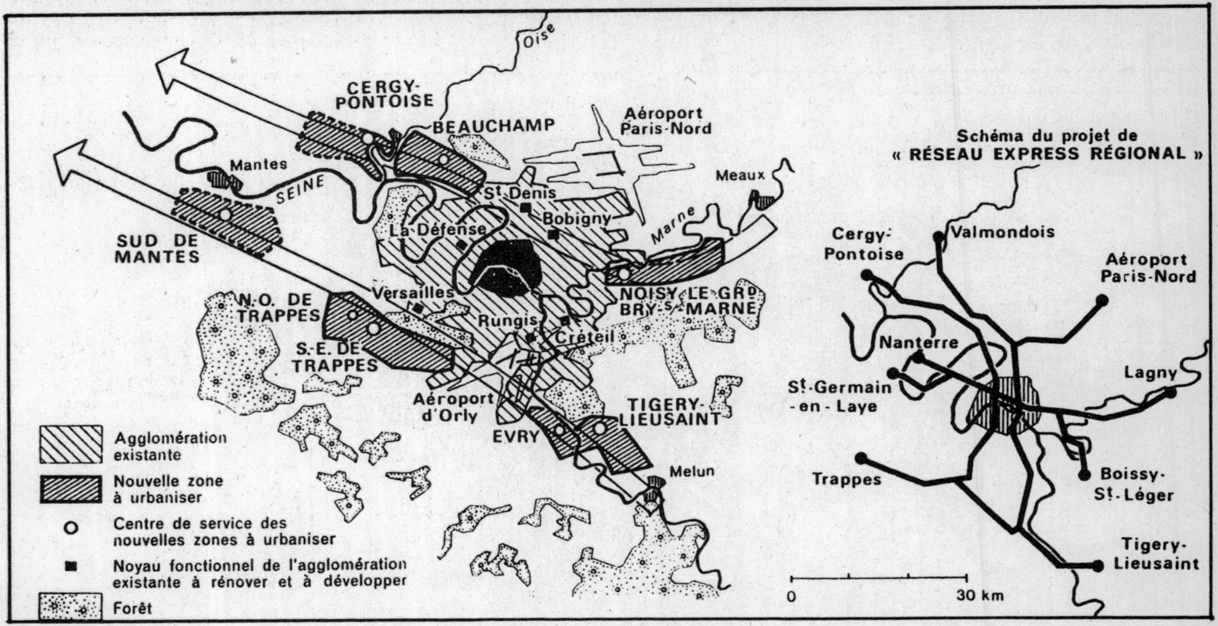

5. Villes nouvelles : le schéma directeur de la Région parisienne (d'après P. Merlin, avec l'aimable autorisation de l'auteur).

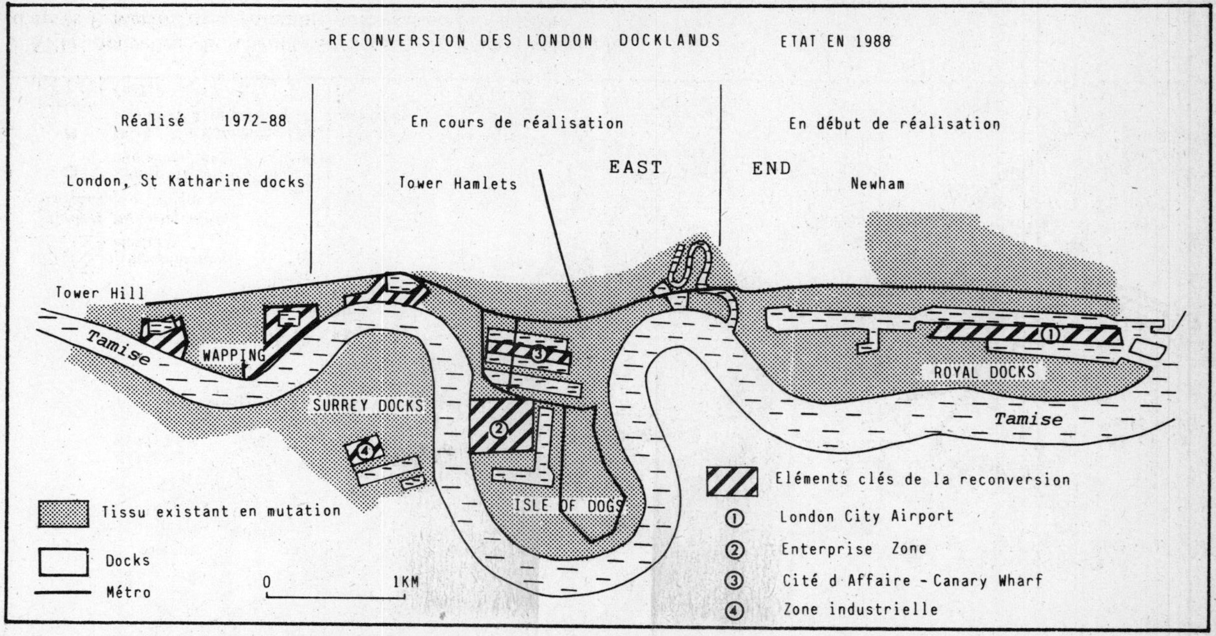

6. La reconversion des docks de Londres (1988)
(*in* Claude Chaline « La reconversion des espaces fluvio-portuaires dans les grandes métropoles », *Annales de géographie*, n° 544, 1988, avec l'aimable autorisation de l'auteur).

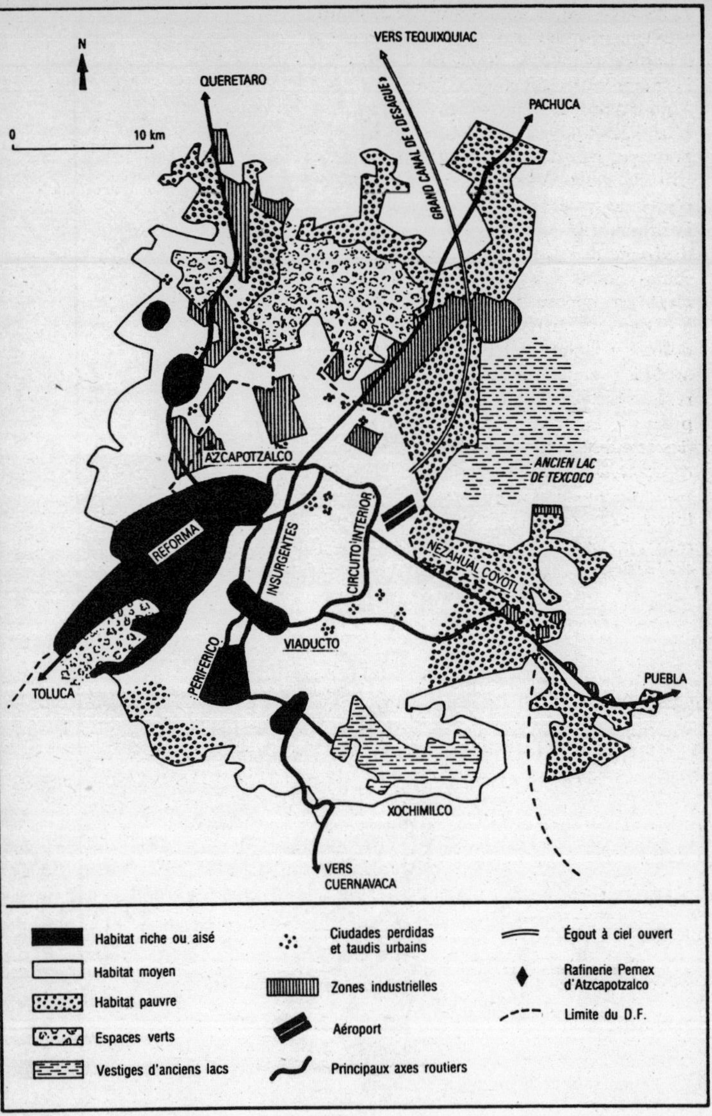
N
0
10 km
QUERETARO
VERS TEQUIXQUIAC
GRAND CANAL DE « DESAGUE »
PACHUCA
AZCAPOTZALCO
ANCIEN LAC
DE TEXCOCO
REFORMA
INSURGENTES
CIRCUITO INTERIOR
NEZAHUAL COYOTL
VIADUCTO
PERIFERICO
TOLUCA
PUEBLA
XOCHIMILCO
VERS
CUERNAVACA
Habitat riche ou aisé
Habitat moyen
Habitat pauvre
Espaces verts
Vestiges d'anciens lacs
Ciudades perdidas
et taudis urbains
Zones industrielles
Aéroport
Principaux axes routiers
Égout à ciel ouvert
Rafinerie Pemex
d'Atzcapotzalco
Limite du D.F.

7. Mexico, ou le gigantisme de demain : Mexico, promise aux trente millions d'habitants en l'an 2000. En 1970, l'espace bâti était de 650 km^2. Aujourd'hui, il dépasse les 1 200 km^2. L'immense agglomération ne se libère pourtant pas des contraintes initiales. Ville lacustre, Mexico n'en finit pas de régler ses problèmes avec l'eau, l'alimentation et l'irrigation, ici, le draînage et l'écoulement, là. La division sociale, dans ses très grandes lignes, témoigne encore de cette vieille logique : à l'Ouest, à l'arrivée des aqueducs, les quartiers riches et les jardins ; à l'Est et au Nord, sur les lagunes asséchées, une réserve de terrains occupée par l'habitat précaire. Partout, une régulation difficile des écoulements, et, en plus des séismes, le vieux risque de l'inondation, le risque plus récent de l'éclatement des conduites (carte tirée d'Alain Musset *Le Mexique*, Masson, 1990, avec l'aimable autorisation de l'éditeur).

INTRODUCTION

Comprendre la ville aujourd'hui

La ville est un territoire particulier ou une combinaison de territoires ; elle repose, d'autre part, qu'il s'agisse de ses besoins quotidiens, de ses sources d'alimentation et de revenus, de domination ou de services, sur un jeu d'attraction et de rayonnement à l'extérieur. Elle organise un territoire ou, plus simplement, un système de relations, dont les caractères et les limites, construction politique ou administrative, aire de marché, zone d'action restent à préciser. Campagnes, villes subordonnées et, d'une manière plus informelle, partenaires habitués en sont des parties prenantes. Trois traits se retrouvent dans les deux notions, qui ne se confondent pas ainsi avec toute combinaison spatiale : appartenance, pouvoir ou pouvoirs, représentations. Les territoires qui relèvent d'une ville dépendent, bien entendu, de réalités, de mécanismes ou d'échelles bien différents. Entre le privé et le public, par exemple, ligne de partage essentielle ; entre la tombée rurale et les montages politiques ou économiques plus complexes, pour citer un autre exemple, il existe des ruptures qui ne sont pas seulement de taille ou de statut. D'autre part, dès 1917, l'exposé des motifs de la loi Clémentel, qui proposait un premier schéma de « régions économiques », soulignait les caractères particuliers de la ville et de ses zones d'influence : forte identification des pôles, incertitude et mobilité des limites. « Les régions françaises naissent par leur centre et non par leur périphérie », ce qui, sur ce point (et peut-être d'autres), tend à établir une dissymétrie entre villes et territoires. Et, pour bien indiquer qu'il fallait éviter de créer des êtres de raison : « Ce n'est pas seulement dans l'espace que la valeur des divisions régionales apparaît comme relative. C'est aussi dans le temps. »

S'agit-il alors d'une position de principe « pluridisciplinaire » ? Je crois plutôt à l'impossibilité de séparer espaces et temps, dans leur entrelacement qui fait la ville, les territoires et leur durée relative. Il est bon de rappeler que la ville dépasse généralement par son souffle le temps des modes de production, même si elle en porte l'empreinte ; encore mieux les conjonctures, même si elle doit affronter des cycles de gloire ou de misère. D'autre part, les espaces créés, mis en place, interprétés ou réinterprétés sont le lieu de déploiement nécessaire des actions sociales. Courons le risque de mal distinguer la part de la géographie et la part de l'histoire. Les constructions territoriales sont avant tout du temps consolidé.

Ville et territoire entraînent une autre ambiguïté que Fustel de Coulanges avait parfaitement décelée, en distinguant dans *La cité antique*, la communauté religieuse et politique, la cité, et son « lieu de réunion », son « domicile », la ville. On dirait aujourd'hui l'institution et le dispositif écologique. Or notre langue est moins précise et de ce fait favorise les glissements de sens. Le dispositif écologique n'est pas un acteur social, même collectif ; ce qui n'implique pas une totale neutralité ; le dispositif intervient comme matrice et comme enjeu, au moins. Quant à l'institution ou la communauté, en faire l'acteur collectif, global, consensuel d'une ville quelque peu « anthropomorphisée » comporte les risques de mal identifier les acteurs réels, leurs rivalités ou leurs divisions. Sachons donc, sur ce point aussi, éviter les entités-pièges. Cette distinction est d'autant plus nécessaire aujourd'hui que le territoire urbain perd de sa netteté géographique et de sa clarté administrative, alors que la symbolique urbaine, « l'image » fabriquée, devient étendard de ralliement.

L'étude du territoire et de la territorialité conduit à ce risque inverse : les progrès de la socio-biologie, ceux de la psychologie du comportement (et je ne confonds pas les deux démarches) ont tendance à ramener cette question à des attitudes élémentaires ou individuelles de tout être vivant, à la fonder sur une philosophie « naturelle » ou « naturaliste ». Je ne néglige pas ce qu'une analyse sérieuse ou une psychologie scientifique peuvent apporter à la compréhension des relations individus-environnement. Je crois moins au discours trop vague sur le vécu ou sur une psychologie des formes trop intuitive. Les témoignages littéraires sont alors bien plus riches, de Jules Romains à Julien Gracq, pour ne citer que des textes français. Apprentissage ou perception de la ville et du territoire me paraissent se situer déjà à l'articulation de l'individuel et du collectif — de même que l'imaginaire. En tout cas, les notions de ville et de territoire me semblent comporter cette dimension « sociale » — le groupe social serait-il fort modeste (la famille) ou étendu et complexe (la conception du territoire national). Débat ouvert, en toute certitude, car il commande toute « esthétique » urbaine ou toute poétique de la ville. « Je ne cherche pas ici à faire le portrait d'une ville. Je voudrais seulement essayer de montrer... comment elle m'a formé, c'est-à-dire en partie incité, en partie contraint à voir le monde imaginaire, auquel je m'éveillais par mes lectures, à travers le prisme déformant qu'elle interposait entre lui et moi... » (Julien Gracq, *La forme d'une ville*, p. 7.)

Peut-être faut-il aborder avec plus de finesse une dimension sociale, trop longtemps rapportée au système social pris dans son ensemble, constituée comme machine et référence globales. L'ethnographie urbaine qui, aux États-Unis, a pris ses marques depuis longtemps, tarde à acquérir en Europe une forme cumulative. C'est pourtant à cette échelle que l'on peut saisir aussi bien les aspects informels, peut-être pathologiques, de la territorialité (la bande ou le « coin de la rue »), le contraste entre multiterritorialité et enclavement, les rapports entre proximité physique et distance sociale, la part de justice sociale qui se règle dans l'organisation urbaine. Division du sol et ségrégations sociales ne se mesurent pas à une métrique simple et linéaire. Elles sont avant tout situations de culture.

D'autre part, l'architecture et l'urbanisme, sensibles à la fois aux valeurs d'art et à l'efficacité des aménagements, trouvent difficilement leurs points de rencontre avec les sciences humaines, soit parce que attachés à une conception plastique et à la vieille croyance dans la transparence des formes, soit parce que aventurés dans une définition-légitimation, *a priori* élémentaire, normative et somme toute totalitaire des besoins humains. La discussion, quand elle s'enferme entre modernisme et postmodernisme, choix esthétiques qui tendent vers quelque couronnement « philosophique » (et donc une vocation à répondre à la totalité sociale), évoque trop parfaitement la double insuffisance de réflexion anthropologique. Analyse trop naïve des besoins et des fonctions, d'un côté, futilité du *design* urbain, de l'autre.

Or ces balancements évoquent des conjonctures à rythme court, trop rapides pour marquer un tournant décisif de la sensibilité ou de la conception de la ville. C'est à la faveur du ralentissement des affaires, que l'on a redécouvert les règles du velum, de la rue et la qualité de la vie, comme s'il s'agissait directement de réponses au mal des grands ensembles. On a alors gratté sous les temps et les paysages répétitifs de la ville moderne pour en extraire, de strates plus profondes, le suc de l'urbanité. L'âge des bas indices économiques fut aussi celui des repentirs, dépourvus ni d'utilité ni d'intelligence, mais qui ont contribué à engourdir l'urbanisme. En France, la décentralisation a même servi d'argument juridique à ce *Big sleep*, ce grand endormissement.

Le regard des sciences humaines devrait au moins enseigner aux décideurs et aux praticiens, à distinguer les remous cycliques et les aller et retour idéologiques de très longues tendances. Or, dans la crise, ce qui est dangereux pour la ville, ce n'est pas le temps des difficultés, qui est par définition celui d'une certaine sagesse, d'un retour sur soi : la fin des années 1970 fut significative. C'est la sortie de crise, le retour à la pression des choses, dont chacun essaie de détourner le nouveau cours à son profit. On peut alors confondre vrais changements et modifications subsidiaires, valoriser le mot et le gadget par rapport aux véritables stratégies. Plus simplement, l'urbanisme peut tout naturellement renouer avec ses maladies « infantiles ». Aujourd'hui, dans une reprise géographiquement incertaine, en ballottage, les États ont perdu de leur efficacité, pour toute une série de raisons — et principalement, la constitution avancée de grands espaces économiques et culturels, l'universalisation, ou presque, des concurrences. Les villes, qui ont la faculté de s'insérer dans des internationales, de fonctionner comme les lieux concrets d'archipels sociaux (une autre organisation territoriale, en grande partie « libérée » de la frontière et donc plus vulnérable), deviennent à la fois recours et acteurs miraculeux. Bien entendu, les qualités urbaines tiennent encore à l'ambiguïté de l'heure, un coup d'œil vers l'histoire et la nature, mais aussi la recherche d'autres gages plus solides, pris sur l'avenir. Tokyo détecte la continuité de sa matrice de canaux et de chemins ; elle accumule les réseaux d'information. Le discours d'usage joue de cette double essence des avantages urbains : je suis mémoire, regardez mes monuments ; je suis modernité, mesurez mes câbles. Mais entre le patrimoine et le confort d'un avenir entrevu ? On vise les bureaux, les parcs technologiques ou de loisir, ou les terrains de golf ; l'art de vivre devient marketing, mais on demande surtout des équipements de communication, des réseaux, des emplacements. L'urbanisme des affaires recommence à faire craquer l'enveloppe « culturelle » dont il s'était couvert. Plus sophistiqué dans sa composition et dans sa conception, le plan de transport revient au galop ; les attentes désinvoltes et paradoxales de la gentrification commencent à se gommer par rapport au froid couperet des valeurs foncières : une autre attente spéculative sur les changements de demain qui ne s'embarrassent de patrimoine que lorsque le patrimoine est rigoureusement défini comme valeur marchande. En quelques années, New York est passé de l'expérience de la revitalisation à celle, réveillée, du bulldozer. Les gratte-ciel de la nouvelle génération, avec leurs agréments « post-modernes », perdent leur identité dans la forêt de l'East River, par exemple. L'urbanisme retrouve ses bonnes consciences ; fragilisé, interrogateur, quelque peu autocritique, il avait lorgné du côté des diversités sociales, de l'expérimentation, de l'urbanité. À peine secs dans les imprimeries, les textes qui célébraient ces « nouvelles » valeurs prennent un coup de vieux. Les rationalisations tardent, bien entendu, mais une bonne lecture des journaux immobiliers annonce d'autres réalités. Et pour commencer des exigences plus fortes de « plein emploi » du sol, de densité — au cœur des villes comme à la périphérie. Rivaliser en publicité pour attirer d'abord les activités économiques, c'est une priorité de la conjoncture ; mettre au premier plan des acteurs urbains les sociétés construisant et gérant les réseaux, c'est le prix d'une mutation technique à peine « réalisée » aujourd'hui dans les mentalités. Mais le risque est autre : c'est que la recette technique redevienne la raison majeure, avec ses limites sectorielles ; c'est qu'elle se pose en absolu, que les ingénieurs devenus entité (ingénierie) oublient quelques scrupules culturels ou sociaux ; qu'aux certitudes de la charte d'Athènes succède la certitude des réseaux, et, de ce fait, que la part du feu esthétique soit reportée sur quelque chose d'exceptionnel, le monument. Parler de projet urbain, ou de *design urbain* semble alors illusoire.

Je n'ai jamais montré une confiance exagérée dans les formes visibles. L'esthétique a ses règles ; la conception anthropologique de la ville répond à quelques autres exigences non exclusives qui commandent l'apprentissage, la sensibilité, les conduites à l'égard de l'objet urbain et ce mélange de compromis avec le réel et d'imaginaire qui supporte la vie urbaine. Mais la ville (et maintenant le territoire « urbanisé » au plus juste par les réseaux) n'est-elle que « boîte noire » ? Le déplacement est-il une valeur absolue, à la différence de la mobilité, dont les premiers inspirateurs de l'École de Chicago définissaient avec plus de subtilité le sens et l'articulation avec le paysage et les trajectoires humaines ? L'ennui, ce n'est pas, par un retournement de la mode, la relativisation de l'histoire. La ville est bien celle de demain, mais travaillée d'images et de remords accumulés. Le risque, en perdant de nouveau le contact de l'histoire, est d'oublier le sens de la complexité des entrelacements urbains au profit d'une exploitation ou d'une gestion sophistiquées sans doute, apparemment savantes, mais tout simplement linéaires. La vieille utopie libertaire voulait que l'administration des choses se substitue à celle des hommes. Le système urbain ramène-t-il à administrer les hommes comme des choses ?

Interrogé sur le gigantisme, Ricardo Bofill, tout en signalant l'aggravation des inégalités sociales à l'échelle du monde, mais aussi à l'intérieur des agglomérations les plus riches, tout en mesurant le prix de la mégalomanie, accepte le courant dominant : « La logique du gigantisme est en effet foncièrement ancrée dans nos sociétés et correspond parfaitement aux mythes d'aujourd'hui. » (*Le Monde*, 10 novembre 1989.) Toute architecture, tout urbanisme a rêvé de cet accord organique mais laissant

« sa » part, aussi, à l'utopie d'une autre société. Faut-il espérer seulement, qu'au-delà des modes (il y a très peu de temps, on se gorgeait encore de *Small is beautiful*), l'urbanisme s'applique à scruter plus lucidement les échelles, les enjeux, les groupes et les enchaînements ? Et qu'il ne considère pas sa parenthèse « culturelle » comme les vacances d'un hiver froid ?

CHAPITRE PREMIER

La ville en ses prémices

La ville paraît associée à la plupart des civilisations ; elle est souvent considérée comme leur expression la plus riche. On en cherche l'origine, en deçà de la « Révolution urbaine » située par Gordon Childe (1957*) en Mésopotamie au IIIe millénaire avant notre ère, dans les vestiges archéologiques de Jéricho ou de Çatal Höyük (Anatolie). On retrouve la question urbaine au cœur des inquiétudes du temps présent. Ubiquité de la ville ? Ce qui est en cause, c'est la pertinence du mot et de la nation, appliqués à des réalités historiques si différentes.

La ville répond-elle à des exigences quasi universelles de la vie en société ? Elle serait alors le dispositif topographique et social qui donne leur meilleure efficacité à la rencontre et à l'échange entre les hommes. Dans le langage de l'économie néoclassique, la ville « maximiserait l'interaction sociale » (P. Claval, 1970). La proximité et l'agglomération multiplieraient les moyens d'action d'une société. À défaut d'une théorie générale des villes, dont la construction pose un problème, le concept de centralité est alors essentiel. La centralité peut s'exprimer dans le choix d'un lieu de culte commun et permanent pour des groupes humains jusque-là séparés, dans

* Les dates entre parenthèses après les noms d'auteurs renvoient aux ouvrages référencés dans la bibliographie en fin de volume.

l'établissement durable d'un marché, dans la concentration des organes de décision ou de gestion d'une société industrielle, dans l'affirmation de la capitale d'un État. C'est dire qu'elle n'est qu'une *forme*, autorisant des contenus variables.

On serait conduit, alors, à insister sur la nature historique des villes. Chaque société n'a pas les mêmes moyens, ni les mêmes raisons d'accroître l'échange ou la rencontre. L'apparition des villes suppose des conditions précises : production d'un surplus agricole qui permet d'alimenter, en tout ou en partie, la population urbanisée ; division du travail qui fonde l'activité économique de la ville et, à son tour, s'en trouve renforcée ; spécialisation et hiérarchie des tâches. Pierre Gourou (1973) rappelle, qu'à niveau technique égal, il existe en Asie ou en Afrique, des sociétés « urbanisantes » et des sociétés qui ne le sont pas. Pierre Francastel (1968) souligne que d'une civilisation à l'autre, d'une période à l'autre, la ville change : « Les hommes, les sociétés ne créent pas seulement leur cadre pour satisfaire à des besoins physiques ou sociaux, mais également pour projeter dans un espace réel quelques-unes de leurs ambitions, de leurs espoirs, de leurs utopies. » Les formes urbaines sont le produit de l'histoire ; sous le nom de ville, s'accumule une somme d'expériences historiques plus que ne se profile la rigueur d'un concept. Historiquement, la fin de la ville ne serait pas impensable ; théoriquement, la ville céderait devant une réflexion générale sur les formes spatiales et leur relation avec les sociétés. L'analyse marxiste des années 1970 fut conduite dans cette direction. Remontons le temps : un thème déjà ancien de la pensée utopique associe l'origine des inégalités sociales à la division ville-campagne. Le thème a été repris par Marx. C'est aussi une constatation banale, dans nos sociétés technicistes, que de constater l'effacement du couple campagne-ville, le passage à l'urbanisation généralisée ou à ce composé rural-urbain qu'on appelle parfois

« rurbanisation ». Les catégories classiques de la description et de l'analyse urbaines y trouvent, semble-t-il, leur limite.

Sans trancher sur le fond du débat, interpréter d'emblée les rapports entre centralité et formes urbaines, théorie et modalités historiques de la ville, il est nécessaire de rappeler ces catégories — c'est-à-dire les caractères et les critères utilisés d'ordinaire pour définir l'urbain. La notion de ville implique l'agglomération d'une population, c'est-à-dire la concentration de l'habitat et des activités ; des activités qui se distinguent de l'exploitation directe du sol, conduisent à la spécialisation des tâches et contribuent notamment aux échanges et à l'encadrement d'une société ; un mode de vie ou des formes de sociabilité particulières ; un aménagement des espaces et des objets urbains qui implique une organisation collective.

Ces critères morphologiques, fonctionnels ou socioculturels restent discutables et plus encore les liaisons que l'on établit entre eux. Mais, à partir de là, la spécificité de la ville se révélerait en deux directions. D'une part, la ville ne peut être saisie uniquement à l'intérieur de ses limites. Elle n'est pas création isolée. Elle est en relation, plus ou moins, avec l'espace qui l'environne, d'autres villes, des espaces lointains éventuellement. Elle se présente, à des degrés variables, comme le lieu à partir duquel s'établit un contrôle territorial. Ainsi se développent les notions de *réseau urbain* ou d'*armature urbaine*.

D'autre part la ville ne se réduit pas à des objets urbains ou à une combinaison de fonctions. Elle groupe une population, caractérisée par une certaine composition, démographique, sociale ou ethnique. Elle définit une forme de communauté (ou de coexistence de communautés) ou de collectivité, donc essentiellement *politique* dans son principe. L'étymologie peut être invoquée (*πόλις* provient d'un mot qui signifie citadelle et s'apparente à *πολιτεία*, *civis* évoque initialement le parent, le compagnon), plus encore l'association, dans la culture classique de l'Occident, des notions de *cité* et de *ville*. Fustel de Coulanges rappelait déjà, de la cité gréco-latine : « Cité et ville n'étaient pas des mots synonymes chez les Anciens. La cité était l'association religieuse et politique des familles et des tribus ; la ville était le lieu de réunion, le domicile et surtout le sanctuaire de cette association. » À travers la *cité idéale*, c'est bien l'organisation sociale dans son ensemble que visaient les bâtisseurs d'utopies de Platon et Aristote à Thomas More ou Fourier. Saint Augustin opposait la Cité des Hommes à la Cité de Dieu. Mais, partout l'image de la cité était étroitement associée à celle d'une composition territoriale, elle-même finie. Comment s'étonner, qu'empruntant le chemin inverse, les urbanistes contemporains aient prétendu fonder sur la disposition des objets urbains l'ordre social et aspiré, à partir de leur pratique, à transformer ou à modeler la société ? Même si le couple cité-ville est fortement marqué par l'héritage d'une civilisation, il souligne l'interférence entre les deux domaines de l'analyse, société et forme spatiale.

Société et forme sont d'abord saisies d'une manière ponctuelle, localisée, individualisée. La ville a été traitée comme un organisme doté de durée et d'une force interne. Accrochée à une position topographique, elle porte en elle-même les raisons de son développement. Deux séries d'explications s'entrecroisent ainsi : on recherche l'origine et la fortune de la ville dans son site et sa situation : sites d'estuaire voués au grand commerce, buttes qui appellent la citadelle, carrefours de voies « naturelles » impliquant un destin politique ou de grand marché. Puis, fortement étayée sur la comparaison entre la ville et le corps humain, une conception quasi biologique du développement de la ville, qu'illustre le vocabulaire classique (croissance, tissu, artère, cœur ou même *fonction*). De là, l'idée de déceler une pathologie de la ville. Les risques du déterminisme physique ou de l'analogie biologique ont été successivement dénoncés. On peut saisir, à travers de telles études, les caractères particuliers d'une ville ou d'un type de villes. Mais la ville et son évolution, l'articulation dans le temps, sur le même lieu, d'expériences urbaines différentes, la combinaison d'un héritage accumulé et des apports successifs des générations ne peuvent être restreints au jeu exclusif de causalités locales et fractionnées.

Les progrès de l'économie spatiale, ceux de la sociologie urbaine (notamment avec l'essor de l'*écologie urbaine* autour de Chicago, dans les années 1920) ont conduit à une tout autre démarche. Ce n'est plus la ville individualisée, dans ses aspects morphologiques et fonctionnels qui attire l'attention, c'est le dispositif urbain dans ses régularités, dans ses aspects relativement constants ; on essaie de mettre en valeur les lois de composition spatiale, soit à l'intérieur de la ville, soit dans le système formé par les villes entre elles. D'un autre côté, la ville même, comme ensemble fini et topographiquement distinct, s'efface devant l'analyse de l'*urbanisation*. Le processus social, dans son ensemble, devient objet de recherche et principe d'explication. Déjà Max Weber avait associé les trois concepts d'urbanisation, d'industrialisation et de bureaucratisation. Sociologie et histoire urbaines, sans doute sollicitées par l'ampleur du mouvement d'urbanisation dans notre siècle, s'engagent dans cette voie. Un bon témoignage de cette tendance est laissé par le livre collectif dirigé par Hauser et Schnore en 1965 : *The study of urbanization*. Le risque d'une telle démarche est de confondre en un même schéma toutes les transformations engagées dans les pays depuis qu'ils ont connu une « révolution industrielle », de dissoudre le concept d'urbanisation dans celui d'industrialisation, serait-il pris dans son acception la plus large, ou dans celui encore plus vague de modernisation. D'ériger en modèle contraignant, les expériences historiques — elles-mêmes simplifiées — fournies par l'Europe occidentale et les États-Unis, bref, de placer les sociétés actuelles sur une ligne unique d'évolution, à des stades plus ou moins avancés. Les étapes de l'urbanisation définies par E. Lampard (1965), depuis les premières créations urbaines apportent un éclairage séduisant : émergence de la ville, comme un mode nouveau et collectif d'adaptation à l'environnement *(primordial urbanization)* ; affirmation et instauration de la ville comme forme alternative de l'organisation sociale *(définitive urbanization).* L'urbanisation définitive, elle-même, se décompose en deux phases. Dans la phase *classique*, le développement des villes, lieux de marché et d'encadrement social, se heurte aux limites techniques et démographiques de sociétés fondées pour l'essentiel sur l'exploitation du sol. La phase *industrielle* permet aux villes d'échapper à ces limites contraignantes et de devenir, à leur tour, le lieu d'une production, d'une circulation et d'une organisation plus efficaces. Cette construction rappelle, au même titre que les corrélations établies notamment par B. Berry entre urbanisation et développement, l'effort de Rostow, définissant les étapes de la croissance. L. Reissman, avec plus de nuances, divise en quatre stades le processus d'urbanisation tel qu'il se développe depuis la coupure radicale que constitue, selon cet auteur, la ville industrielle ; il classe ensuite les différentes sociétés selon cette grille.

Dans cette perspective, les villes, dans leur structure comme dans leur développement, ne sont que le reflet de contraintes ou de tendances sociales générales, définies hors de toute modalité spatiale. L'histoire urbaine n'est plus enracinée. Est-ce au profit d'une rigueur plus grande dans l'analyse ? Les facteurs d'explication se confondent trop aisément avec les aspects généraux de la société. Lampard en distingue quatre : population, environnement, niveau technique, organisation sociale. Mais ces concepts, dont il resterait à critiquer à la fois le contenu et l'articulation, définissent-ils autre chose qu'un cadre global ? L. Reissman introduit à côté de la croissance urbaine et de l'industrialisation, le développement de la classe moyenne et l'émergence des nations. Mais quels sont alors les rapports entre structure sociale et villes ? Nation et système urbain ? À son tour, la ville n'est souvent traitée que comme un cadre d'analyse, dans l'étude de comportements, de changements ou de mouvements sociaux qui caractérisent, par exemple, la *new urban history*.

Ces positions ont eu le mérite de dénoncer une certaine mythologie de la ville ou de l'individualité urbaine. On ne peut instituer, d'emblée, la ville comme un acteur social autonome, hors du temps et de la société qui la porte. À plus forte raison, le cadre de vie, le lieu ne peuvent expliquer, par eux-mêmes, la société ou les attitudes. Mais au-delà de ces mises en garde, deux séries de questions demeurent :

1. Quelles sont les relations entre la structure sociale globale et les compositions territoriales auxquelles elle aboutit ? La ville comme lieu de rencontre, du « convivere », de division ou de lutte entre les groupes — et ce selon des formules distinctes, variables — est-elle un reflet passif des rapports sociaux et n'est-elle que cela ?

2. La ville, plus qu'un concept d'analyse, est sans doute une catégorie de la pratique sociale. Quelle est alors la part de continuité — dans les réalités, les représentations ou l'idéologie — qui autorise l'emploi des mêmes mots, des mêmes notions, s'appliquant à des formations historiques différentes ? Comment cette continuité s'articule-t-elle avec la genèse de ces formations ?

Deux regards complémentaires restent indispensables, sans qu'ils révèlent pour autant des mécanismes de nature différente : la ville peut être considérée comme un tout, dans ses relations avec le territoire qui l'environne et d'autres villes ; elle se définit comme un point ou un lieu privilégié. La ville révèle aussi, à travers ses paysages, une structure, un aménagement, des divisions internes. Distinction classique. Mais le fondement de la société urbaine, des idéologies qui supportent, justifient ou modèlent la ville, des représentations de ceux qui l'habitent ou la fréquentent ne peut être saisi qu'au-delà de cette coupure, dans l'articulation entre l'intérieur et l'extérieur. Enfin, faut-il rappeler que l'effacement de cette opposition classique est, sinon une explication, du moins un des signes les plus caractéristiques de la crise urbaine du temps présent : une clé pour les interrogations de l'actuel.

CHAPITRE II

Ville et population

Seuils et limites de l'urbain.

La population est l'indicateur le plus simple de l'importance et de la croissance des villes ; elle en est la manifestation ; elle peut être considérée, à travers le jeu des mécanismes démographiques et des migrations, comme un facteur d'explication, cause et non plus résultat. Mais saisir le phénomène urbain par ce biais, c'est soulever d'emblée le problème des seuils et des limites. Quelle est la taille minimale, quel est le degré d'agglomération (apprécié par la densité) qui autorisent de parler de ville ? En avançant un chiffre absolu ou une densité, que mesure-t-on exactement et dans quelles définitions territoriales ? Débat persistant, que l'on s'interroge sur l'apparition historique des villes ou la répartition des hommes dans un pays donné. On peut plaider le *continuum* : on passerait ainsi sans rupture de la petite communauté rurale, homogène, aux masses hétérogènes de la grande cité. Mais n'est-ce pas se refuser à classer, donc à comparer ? Sans doute faut-il renoncer à trouver des coupures strictes, valables pour tous les temps, toutes les civilisations. Regardons les densités : dans la ville médiévale, autour de la Méditerranée, Gênes atteint 900 habitants à l'hectare, les cités de l'Espagne musulmane, moins de 60. Pour le père Mols, c'est en deçà du seuil de 40 à 50 habitants à l'hectare que cesserait le phénomène urbain à la fin du Moyen Âge. Au début du XIXe siècle, Paris dans ses limites classiques atteint 600 ou 700 habitants à l'hectare, le Paris haussmannien, dans les années 1880, 290, le Paris contemporain, depuis les années 1930, oscille autour de 350. Mais que signifie alors une moyenne ? Dans les années 1950, toujours à Paris, le quartier Saint-Gervais, dans les parties surpeuplées du vieux centre, dépassait 1 000 habitants à l'hectare ; le quartier de Chaillot, dans l'ouest bourgeois, à peine 200. Dans les vieux quartiers de Naples ou de Marseille (avant destruction pour celle-ci), on trouvait des densités de 3 000 habitants ou plus. Que signifie, d'autre part, une ville coupée de sa banlieue ? À Londres, en 1968, l'agglomération restreinte atteint la densité, déjà faible, de 85 habitants à l'hectare ; dans les limites du grand Londres, moins de 50. New York, dans ses limites municipales, dépasse 100 habitants à l'hectare ; si l'on ajoute l'immense banlieue de l'aire urbaine, 14 habitants par hectare seulement. Quant à Los Angeles, les faibles densités sont établies dans le tissu même de la « métropole fragmentée » : 20 habitants à l'hectare dans la ville elle-même. Ces variations de densité renvoient donc au site — c'est-à-dire aux conditions topographiques de la croissance urbaine, aux héritages historiques, aux modes de vie et de construction, à la compétition entre habitat, fonctions, circulation. Elles sont plus significatives des différences d'une société à l'autre ou des inégalités à l'intérieur d'une ville que d'un module qui définirait clairement le phénomène urbain. Elles posent d'emblée la question du fonctionnement et des limites de l'agglomération. Sur le premier point, la fréquentation ne s'identifie pas à la résidence. Il faudrait calculer pour Manhattan, la Cité de Londres et tous ces « lieux centraux » où s'accumulent les emplois et les services, des densités diurnes, celles du travail et de la clientèle, opposées au vide nocturne. À l'inverse, qualifier, par ces rythmes, les banlieues dortoirs, *suburbs* anglais ou américains ou grands ensembles et pavillons du continent européen. Mais dans quelles limites géographiques ?

La ville classique d'Europe occidentale, enfermée dans ses murs, bien définie par rapport au plat pays, offre la certitude du paysage. À défaut d'autres sources, les enceintes successives ont permis d'émettre des hypothèses sur la taille et l'évolution du peuplement. Mais c'est oublier un peu vite, qu'avant l'expansion moderne, la ville n'est pas forcément close (dans l'antiquité gréco-latine notamment) ; que les enceintes ne délimitent pas nécessairement toute la ville mais des quartiers distincts, aux fonctions, au rôle, au peuplement originaux (cf. villes d'Asie) ; que les limites juridiques ou religieuses déterminent des communautés qui, même en Occident, ne coïncident pas *ipso facto* avec l'espace emmuré. À partir de l'exemple de Caen, Jean-Claude Perrot (1975) a montré comment s'impose peu à peu, au XVIIIe siècle, l'idée d'agglomération, incluant ville et faubourgs, et comment cette conception géographique et fonctionnelle de la ville se substitue à la définition par l'enceinte (limite de défense et limite culturelle) et à la complexité des ressorts juridiques. Pourtant les unités administratives, telles qu'elles sortent de l'Ancien Régime, et persistent ensuite, ne coïncident pas avec les réalités de l'agglomération, elles-mêmes changeantes. Héritière de droits anciens, la commune moderne (ou la ville, quand elle bénéficie d'un statut particulier) étend parfois ses limites à de vastes terroirs agricoles : c'est le cas en Italie, notamment en Italie centrale, dans la lignée de la seigneurie urbaine et du *contado*. C'est le cas, aussi, dans la France méridionale (Arles, Aix ou Marseille). Au contraire, le territoire des villes du Rhin ou d'Allemagne moyenne est déterminé de manière restrictive. Il est donc utile de distinguer, dans l'unité administrative, la population agglomérée et la population dispersée ; de tenir compte, dans l'appréciation de la population d'une ville, de l'excès ou du défaut que les limites territoriales peuvent introduire. Excès ou défaut qui perdent pourtant de leurs sens aujourd'hui. L'agglomération contemporaine, débordant le plus souvent des cadres administratifs, ne répond plus à des critères aussi simples de contiguïté et de densité. Avec l'expansion des banlieues et des banlieues lointaines, l'absorption dans l'aire des métropoles de villes satellites ou de cet habitat intermédiaire que les Anglo-Saxons appellent *rural non farm*, les rapports fonctionnels, la fréquence des échanges, l'unité du marché du travail l'emportent sur les critères purement topographiques. La mesure est encore plus incertaine, soumise à des variations multiples, y compris conjoncturelles.

Définir un seuil minimal de la ville paraît alors dérisoire. On cherche plutôt à cerner par le jeu de critères multiples des aires urbaines aux contours fort indécis (*standard metropolitan areas* aux États-Unis, agglomérations puis zones de peuplement industriel et urbain en France). Malgré les efforts de l'O.N.U., la pratique statistique est loin d'être unifiée. La fixation d'un seuil minimal reste, plutôt, d'un intérêt rétrospectif, nécessaire à qui veut établir des comparaisons dans le temps. Le chiffre absolu retenu a moins de sens que les arguments invoqués pour accorder ou refuser le caractère de ville. On écartait d'ordinaire les agglomérations de 5 000 ou 10 000 habitants, d'Italie ou d'Espagne méridionales, de Hongrie, parce qu'elles n'étaient que de « gros villages », peuplés de paysans. On discutait du cas des cités minières ou des cités ouvrières. Dans ces deux cas, on oppose à la taille, la prédominance du travail du sol ou du sous-sol, l'homogénéité professionnelle, implicitement l'absence d'activités d'échange ; c'est donc la définition fonctionnelle et sociale qui est retenue contre le critère démographique. À l'inverse, les hiérarchies établies en France, à la fin de l'Ancien Régime ou sous l'Empire, vont chercher la ville bien en deçà du seuil statistique qui sera retenu au XIXe siècle, celui des 2 000 habitants agglomérés. La présence d'institutions, de certains groupes socioprofessionnels, d'une « réputation » de ville peut être invoquée.

De même, dans la première moitié du XIXe siècle, le statut de la ville est accordé en Angleterre et en Prusse, sans référence précise au chiffre de la population. Allons plus loin ; dans la Provence du XVIIIe siècle (le raisonnement serait aussi valable en Italie), Maurice Agulhon (1970) définit la société comme terrienne par l'origine de ses ressources, et urbaine par son organisation sociale. Par là, il convient d'entendre non seulement une tradition de vie municipale mais aussi de formes originales de sociabilité et la présence d'une *bourgeoisie* définie par des attitudes culturelles plus que par une activité. Le village provençal lui-même serait « urbanisé ». C'est ici une référence aux groupes, à la pratique sociale, à la culture plus qu'aux fonctions. La discussion sur les seuils renvoie donc bien à ces deux autres catégories fondamentales de l'analyse urbaine, que l'on peut appeler sommairement fonction et culture. La coïncidence entre les trois catégories — celles-ci et l'importance de la population — n'est pas donnée. L'habitat ne démarque pas, comme un simple reflet, les activités. Ici une fonction de type urbain ne parvient pas à agglomérer assez d'habitants pour émerger comme ville : c'est le cas pour de nombreux chefs-lieux de canton de la France de l'ouest. Là, la société s'établit comme urbaine, au-delà des exigences élémentaires de son propre fonctionnement. En Afrique, Pierre Gourou n'oppose-t-il pas les ethnies, selon qu'elles valorisent le contrôle territorial, donc un effort urbanisant, ou qu'elles se dispersent au contraire en structures familiales plus réduites en nombre ? Mais que reste-t-il, alors, au plan opératoire ?

Trouver empiriquement des ruptures, dans la distribution statistique des unités de peuplement ? Il reste toujours à donner un sens à ces ruptures. Placer assez haut la barre, pour que la probabilité d'erreur soit réduite à l'extrême ? On a proposé pour les communes françaises pour le XIXe siècle une coupure autour de 3 000 et 5 000 habitants agglomérés. L'O.N.U. pousse à comparer les statistiques, à l'échelle internationale, en remontant le seuil à 20 000 habitants. Kingsley Davis a bâti une confrontation internationale, dans le temps et dans l'espace, en retenant de manière privilégiée les grandes villes, d'au moins 100 000 habitants. Ces choix sont risqués si l'on veut comprendre dans ses nuances la structure urbaine d'un pays considéré. Ils laissent une bonne marge d'appréciation, si l'on veut déterminer dans le temps ou dans l'espace des niveaux d'urbanisation.

Mesure de l'urbanisation et mesure de la croissance urbaine.

Niveaux d'urbanisation, croissance urbaine, hiérarchie urbaine sont trois notions différentes. Si l'on en reste à la population, la mesure de l'urbanisation s'exprime d'abord par un rapport entre population urbaine et population totale, ou population urbaine et population rurale. Les variations de ce taux illustrent, très globalement, le degré de concentration du peuplement et les changements intervenus dans la répartition des hommes. La croissance des villes est autre chose : les villes peuvent croître au même rythme que les campagnes et dans ce cas le taux d'urbanisation n'est pas modifié. Elles peuvent, au contraire, puiser toute leur force dans l'exode rural ; dans un pays de population stagnante, la croissance des villes serait alors exclusivement liée à la migration. Enfin, à l'intérieur de la population urbaine, les effectifs se répartissent différemment, dans le temps et l'espace, selon la taille des villes.

Jusqu'à la fin du XVIIIe siècle, la ville est une exception. À travers le monde, le taux d'urbanisation tourne autour de 10 %. Quelques pays de concentration exceptionnelle : la Flandre où l'on estimait la population urbaine à près de 50 % du total, la plaine padane, l'Italie centrale, les rives françaises de la Méditerranée, où le taux atteindrait entre 30 et 40 % (c'est le pourcentage que révèlent encore les recensements et les enquêtes du Grand Empire).

L'Angleterre toucherait à 30 %, la France d'Ancien Régime entre 16 et 18 %. Comme fond de cette urbanisation, inégale en densité selon les pays et les civilisations, un semis de petites villes de quelques milliers d'habitants ou moins. Sur ce fond, émergent les villes connues, réputées, dont l'importance individuelle est sans mesure, ni lien direct avec le taux d'urbanisation. Grosses villes d'Asie, notamment, comme surimposées au monde des campagnes ou des parcours. Istanbul atteindrait au début du XVIIIe siècle 700 000 habitants, Pékin plusieurs millions, Tokyo peut-être un million vers 1700, dans un pays qui lui s'urbanise rapidement au XVIIe siècle. En Occident, l'échelle est moindre. Les capitales des nations constituées, Londres et Paris se détachent du lot. 800 000 habitants pour la première, 650 000 habitants pour la seconde à la veille de la Révolution. Les places commerciales, plus ou moins prestigieuses que ne gonflent ni le rôle politique ni le support d'un État déjà consistant, atteignent au mieux 100 000 ou 200 000 habitants. D'après Kingsley Davis, la part de la population européenne vivant dans les villes de plus de 100 000 habitants serait seulement passée de 1,6 % en 1600 à 1,9 % en 1700, à 2,2 % en 1800. Une croissance encore limitée, un poids encore marginal, même si à travers les hiérarchies urbaines qui s'établissent se confirment déjà des ordres que l'industrialisation ne bouleversera ni partout, ni toujours. Excepté les grandes capitales, la population n'échappe pas encore à des modules anciens — les plafonds et les moyennes seraient-ils améliorés —, ceux des prospérités urbaines du début du XIVe siècle, puis du XVIe siècle. Les craquements physiques et démographiques que le XVIIIe siècle laisse entendre ne sont qu'une annonce.

Il faudrait rappeler les mécanismes qui, jusque-là, ont toujours limité, bloqué, rendu vulnérable la croissance urbaine : contraintes physiques, conjonctures des subsistances ou effondrements politiques, infirmités de la ville pour se nourrir, s'approvisionner, échapper à la maladie et à la contagion. Mais surtout la dépendance démographique de la ville à l'égard de l'hinterland démographique et des fluctuations globales de la population. La ville préindustrielle est un mouroir ; elle a besoin de réserves dans lesquelles puiser pour colmater la surmortalité, d'origine écologique ou sociale. La ville est la première, en général, à subir les effets des crises alimentaires et des épidémies ; elle se dégonfle ensuite, au gré des grands retournements démographiques qui touchent les campagnes. Point n'est besoin de rappeler les appels successifs que les villes méditerranéennes font régulièrement à leurs aires de recrutement montagnardes. La ville anglaise de Nottingham, dans la première moitié du XVIIIe siècle, aurait elle aussi décliné sans cet apport de migrants. Il faut donc deux conditions pour que la population urbaine décolle vraiment : des réserves de migrants fournis par une démographie globale plus favorable, la possibilité de cumuler les effectifs.

Si la ville du XIXe siècle entretient fort peu sa croissance par ses propres excédents, si elle reste souvent déficitaire, elle bénéficie des effets de la révolution démographique et surtout devient apte — économiquement et géographiquement — à accumuler les surplus, puis une forte croissance de la population fixée dans les campagnes. La croissance urbaine répond essentiellement à un changement d'équilibre entre villes et campagnes. Jeu de migrations internes mais aussi externes, car la population de l'Europe, en plein essor, se déverse aussi vers les autres continents et notamment le continent américain. Dans ces conditions, le taux de croissance de la population urbaine reste relativement modéré : en Europe occidentale, il dépasse rarement 2 % dans les meilleures années (par exemple entre 1851 et 1856 en France) ; écartons les villes-champignons créées par l'industrie ou projetées dans les pays d'outre-mer ; les agglomérations traditionnelles et notamment les capitales atteignent au mieux, dans leurs périodes les plus prospères, 3 % de croissance moyenne annuelle. Ce taux reste souvent inférieur, toujours subordonné au taux migratoire et en subit directement les fluctuations. C'est à travers les variations du taux d'urbanisation que s'apprécient le plus globalement les transformations, que l'on tienne compte de la population totale ou seulement des villes importantes (plus de 100 000 habitants par exemple). Le passage de la ligne des 50 % entre villes et campagnes prend valeur de point de repère : la précocité britannique — le passage s'accomplit vers 1850 — s'oppose par exemple aux lenteurs françaises (25 % en 1851) ; ici, le mouvement de bascule précède de peu la crise de 1929. Indicateur, dont il convient de critiquer la valeur : en quoi traduit-il des différences plus globales dans les changements économiques et sociaux et notamment l'industrialisation ? Pour Kingsley Davis, qui fonde ses calculs sur les villes de 100 000 habitants, la mutation significative — de 10 à 30 % de la population totale — serait d'autant plus lente que l'industrialisation aurait été plus précoce. Angleterre et Galles auraient mis près de 80 ans à l'accomplir, les États-Unis 66 ans, l'Allemagne 48 ans, le Japon 36 ans. Mais comment situer ensemble les « lenteurs » britanniques et les « lenteurs » françaises, urbanisation précoce d'une part, urbanisation retardée de l'autre, pour deux pays qui furent parmi les premiers à s'industrialiser en Europe ? En ce domaine aussi, il convient de se garder de comparaisons linéaires.

Caractères actuels de l'urbanisation.

Si l'on saisit l'urbanisation, dans ses effets les plus récents, depuis l'accélération des années 1950, les caractères en paraissent différents ; le clivage habituel oppose pays industrialisés et pays en voie de développement. D'un côté, le taux d'urbanisation paraît atteindre un plafond — autour de 80 % ; d'autre part, les mécanismes démographiques sont modifiés, du fait de l'épuisement des réserves rurales ; dans son ensemble, la population urbaine évolue davantage au rythme de son mouvement naturel, des variations de la fécondité et de la mortalité, marginalement de l'immigration étrangère ; cette croissance globale n'exclut pas les mouvements migratoires, mais dont l'origine et la destination restent intérieures au monde urbain. À vrai dire, les catégories toutes faites rendent mal compte des réalités du peuplement. Diffusion et concentration se combinent, à deux échelles différentes. Aux États-Unis, comme en Grande-Bretagne, le mouvement de diffusion semble l'emporter ; aux États-Unis la catégorie *rural non farm* se gonfle essentiellement d'une population résidentielle ; entre 1950 et 1970, ce sont les petites villes de 10 000 à 100 000 habitants qui ont le taux de croissance le plus élevé. En Allemagne de l'Ouest, dans les années 1960, le taux de croissance est d'autant plus fort que la ville appartient à une catégorie plus modeste ; l'expansion démographique caractérise surtout les franges urbaines, impliquant petites villes et villages. Aux Pays-Bas, l'avantage va encore aux « communes rurales urbanisées ». Mais c'est à un autre niveau qu'il faut lire la concentration : non plus celui des villes prises isolément, mais des ensembles constitués autour des « métropoles » ou des grandes villes, même si le noyau initial, la ville centrale, plafonne ou décline. Aux États-Unis, les « aires métropolitaines » constituées autour des villes d'au moins 50 000 habitants groupent une part croissante de la population, par extension et augmentation de la densité moyenne : 63 % en 1960, 69 % en 1970. C'est aux 29 aires métropolitaines d'un million d'habitants et plus, que va la croissance la plus forte. Si l'on projette les rythmes des années 1960, plus de 60 % de la population américaine vivraient, en l'an 2000, dans des agglomérations millionnaires. Il resterait à apprécier ce que cette croissance urbaine, caractéristique des pays fortement industrialisés, doit à une conjoncture démographique, favorable jusqu'aux années 1960 puis modifiée avec l'effondrement des fécondités, à une conjoncture économique, la prospérité des années 1950 à 1970, à la diffusion de nouveaux modes d'habiter, de produire, d'échanger.

Dans les pays en cours d'industrialisation, comme l'Union Soviétique ou le Japon ou ce que l'on appelle communément le tiers monde, la croissance urbaine atteint des taux inconnus en Europe occidentale au XIXe siècle : 4 à 5 % en moyenne par an dans les décennies 1950-1970. Excepté le Japon, le mouvement naturel de la population urbaine n'est plus un frein ; il ajoute ses effets positifs à ceux des migrations internes. Ce cumul est d'autant plus spectaculaire que la croissance démographique du pays est, dans son ensemble, plus forte et qu'elle n'oppose plus, aussi distinctement que dans l'ancienne Europe, une démographie urbaine et une démographie rurale, et notamment une fécondité urbaine et une fécondité rurale. Soit l'agglomération de Mexico : entre 1940 et 1950, la population totale augmente en moyenne de 5,7 % l'an ; l'immigration ne représente que 43 % du gain total ; entre 1950 et 1960, légère décélération, le taux moyen s'établit encore à 5 % ; mais l'immigration compte à peine pour 27 %. Cette force interne des villes du tiers monde se combine avec des flux migratoires considérables. On les met d'ordinaire en relation avec le surpeuplement, absolu ou relatif, des campagnes.

Mais ces mouvements s'étendent à la plupart des pays du tiers monde, de l'Afrique centrale sous-peuplée aux rizières asiatiques, des campagnes latifundiaires d'Amérique latine au monde paysan, familial et villageois, de l'Afrique. Malgré l'importance de ces migrations, le rapport villes/campagnes, les unes et les autres soutenues par la forte croissance naturelle, est moins rapidement modifié que ne l'indiquerait l'accumulation spectaculaire des hommes. Malgré ses villes millionnaires, la République indienne n'est encore urbanisée qu'à 10 %. Mais à l'échelle internationale, c'est bien le tiers monde qui entretient la montée des villes, la multiplication des villes importantes, que l'on fixe la coupure à 100 000 habitants ou à un million.

Constater la corrélation très générale entre niveaux d'urbanisation et niveaux de développement (à supposer que l'on puisse se fier à des indicateurs aussi simples) n'est donc qu'une partie de la tâche. Plus important est de noter, entre pays du tiers monde, les décalages entre les deux critères et donc l'indifférence relative de la croissance urbaine à l'égard des changements de structure économique. Sururbanisation générale du tiers monde ? Ici encore plus de prudence, si la seule référence est faite aux modes d'industrialisation et de peuplement expérimentés par l'Occident, dans la phase précédente. Retenons plutôt deux traits originaux du peuplement : le poids de l'encadrement urbain, hérité de l'histoire. L'Amérique latine, de colonisation espagnole, est plus urbanisée que l'Asie ; le Moyen-Orient arabe que l'Afrique noire. L'accélération urbaine n'efface pas ces distinctions qui tiennent au mode de société et de culture, aux types de colonisation et de rapports entre les sociétés : elle paraît, au contraire, souvent s'y accrocher. Le second trait est la concentration de la population urbaine autour des plus grandes villes, des capitales. Cette tendance s'exprime notamment dans les pays du tiers monde les plus engagés dans le « développement », ceux qui apparemment s'industrialisent. Des ressemblances s'établissent ainsi entre les pays les plus « avancés » d'Amérique latine, Mexique, Argentine et selon un modèle plus varié, à plusieurs « capitales », le Brésil, l'Afrique du Nord, les pays du Moyen-Orient. L'Europe méditerranéenne, de l'Espagne à la Grèce, constitue une sorte de transition avec le monde industriel et propose des modèles de croissance assez voisins, malgré leur dynamisme démographique très inférieur. Mais est-ce le signe d'un développement ou d'une pénétration plus forte dans le système de production et d'échanges du monde « occidental », voire dans le système stratégique ? L'exemple le plus pur ne serait-il pas fourni par les capitales de la périphérie asiatique de la Thaïlande à la Corée ? D'autre part, le choix de modèles de développement différents, notamment un type socialiste d'industrialisation, suffit-il à corriger cette tendance à la congestion ? C'est dire la difficulté d'interpréter les schémas que suit la croissance urbaine et d'affecter un style d'urbanisation à un niveau, un modèle, un degré de développement.

Peut-on alors donner un sens aux régularités empiriques qu'en suivant Auerbach (1913), puis Zipf, on s'est efforcé d'établir dans la répartition des villes, selon une loi qui lierait la taille et le rang. Les villes se répartiraient selon une distribution logarithmique. L'ordre serait surtout faussé par le rapport très variable entre la première et la seconde de ces cités. Selon B. Berry, le modèle normal, déplacé mais relativement constant dans le temps, correspondrait aux pays de grande taille, d'urbanisation ancienne, de structure politique complexe. Les États-Unis s'y retrouveraient avec la Chine. L'autre modèle, accordant une place plus que proportionnelle à la ville principale, « primatiale », engloberait des pays moins étendus, économiquement moins différenciés, d'urbanisation plus récente. Mais l'Espagne y côtoie les Pays-Bas, le Portugal et l'Autriche — pays d'anciennes capitales impériales, le Pérou, le Mexique et la Suède. Entre pays industrialisés d'Europe occidentale, les variations qui existent entre l'Angleterre et la France — décalées vers le style primatial — et l'Allemagne et l'Italie, aux têtes multiples, sont significatives de la manière dont se sont constitués l'État et le marché national : la distribution régulière ne sert alors que de point de comparaison ; elle traduit au mieux l'inertie relative dans le temps. Encore faut-il la rapporter d'abord à la hiérarchie fonctionnelle pour lui donner un sens.

Démographie et ville.

Plus qu'à ces régularités statistiques, peut-on attribuer une valeur explicative à la démographie ? La population urbaine est-elle moteur, plutôt qu'effet induit dans la naissance des villes ? Jusqu'à l'époque moderne, la ville reste directement tributaire de ses aires de recrutement, des impulsions venant de l'hinterland démographique. C'est ainsi que l'on a essayé de construire, à partir des mouvements de population entre Florence et les campagnes qui l'environnent, un système qui rend compte des phases de l'histoire urbaine, dans ses aspects sociaux et culturels (D. Herlihy). Louis Chevalier, dans le Paris du XIXe siècle, a décelé ces souffles démographiques, dissociés des rythmes économiques et qui déclenchent, avec plus ou moins de retard, des ajustements économiques et des actions d'urbanisme. Les exigences de l'industrialisation ne commandent pas ces mouvements ; les grandes villes françaises constituent, d'une part, leur main-d'œuvre ouvrière à partir de filières spécifiques ; elles reçoivent, par ailleurs et sans le vouloir, les surplus, les excédents libérés des campagnes, notamment à la suite des crises agricoles du XIXe siècle. Dans la Russie de la fin de ce siècle, ressort un lot de villes de migrants, à la croissance très forte, villes-carrefours ou villes administratives mais fort peu dotées d'emplois industriels. C'est en premier lieu l'instabilité du peuplement rural, mis en mouvement par l'ébranlement des structures économiques et sociales dans les campagnes et le surpeuplement qui se reporteraient ainsi dans ces villes. Tel serait le cas actuel d'une grande partie des pays du tiers monde. Faut-il, pour autant, accorder une valeur déterminante à ce mouvement négatif, de répulsion à partir des campagnes ? Dans les motivations, attraction et répulsion se combinent, même si l'attraction repose sur des représentations plus que sur des réalités. À l'origine, on ne peut placer un simple mécanisme de l'emploi. Inversement ces mouvements partis des campagnes sont fixés par la ville, sous peine de déclencher à leur tour des exodes urbains. Le cumul des effectifs implique, à des degrés divers, une certaine absorption économique. Il n'est pas sûr que dans les conjonctures européennes du XVIIIᵉ et du XIXᵉ siècle, ou dans les pays actuellement sous-développés, l'emploi industriel réponde directement, ni globalement à cette absorption. Pour le reste, entre la multiplication du petit tertiaire et la constitution de l'armée de réserve du prolétariat, la sous-productivité et le chômage, l'analyse reste encore incertaine.

À l'inverse, la ville joue-t-elle un rôle prépondérant dans la modification des attitudes démographiques ? Il ne s'agit plus des effets mécaniques qu'exercent la composition par âge ou la mobilité sur le jeu de la natalité et de la mortalité, ni des raisons (conditions de milieu ou de travail) qui expliqueraient une surmortalité urbaine. Mais bien des conduites, qui commandent inégalement la fécondité et la morbidité. À long terme, l'exemple de l'Europe et des sociétés rejetons de l'Europe poussait à identifier urbanisation et nouvel équilibre démographique, à travers les fluctuations de la « révolution démographique ». Le prolongement de l'espérance de vie, la réduction volontaire des fécondités paraissaient logiquement liés au déplacement de la masse de la population vers la ville, à son apprentissage d'une civilisation urbaine. Sans doute, dès l'analyse démographique, urbain et industriel combinent étroitement leurs effets. Plus difficile est de suivre les modifications de comportement dans leur déroulement historique. À la fin du XVIIIe siècle, on ne peut décrire sans excès une démographie urbaine dont les traits seraient homogènes. À Lyon, à Rouen on signale de très fortes fécondités urbaines ; à Bordeaux, elles seraient supérieures et pour longtemps aux fécondités rurales environnantes. Mais ici les fortes fécondités sont portées par les groupes privilégiés, là par les classes populaires. J. C. Perrot caractérise la ville comme « médiatrice culturelle ». « Les changements décisifs appartiennent au domaine des attitudes mentales, le report du mariage, la contraception, la greffe de l'hygiène et de la médecine sur le quotidien ». Faut-il penser que ce modèle d'avenir se mêle encore dans les villes du XVIIIe siècle à un modèle plus classique, fait de très fortes fécondités et de surmortalité ? L'ambiguïté demeure pendant tout le XIXe siècle et les développements de l'urbanisation industrielle : la ville britannique reste, jusqu'au dernier tiers du siècle, à fortes fécondités populaires et seule, en France, la capitale parisienne donne, jusque vers 1870, l'exemple de la stérilité, alors que la réduction des naissances est depuis longtemps pratiquée dans certaines campagnes. Encore vers 1950, les bassins industriels ressortaient avec des fécondités relativement fortes et des pratiques d'hygiène capables d'entretenir la morbidité ou la surmortalité infantiles. Ainsi, lors de la synchronie urbanisation/changement démographique — synchronie qui relève peut-être de causes extérieures et communes agissant sur l'une et sur l'autre — on ne peut aisément définir *une* démographie urbaine. L'urbanisation du tiers monde ajouterait à cette difficulté. La croissance des villes n'a guère modifié d'emblée les mécanismes de la démographie. Sans doute faudrait-il analyser, au-delà de ces résultats globaux, traduisant les phénomènes de masse, les modèles de comportement particuliers aux classes et aux catégories sociales détachées de la tradition, nouveaux bourgeois ou nouveaux cadres. La description de la population urbaine dans le tiers monde manque d'une stratification plus affinée. Observons néanmoins l'Algérie : fécondité et mortalité prennent un style nouveau, plus proche des pays industriels, dans les métropoles, les grandes villes ; c'est là que s'établit la césure, plus qu'entre l'urbain et le rural. Les sous-fécondités, accompagnées des indicateurs de vie les plus favorables correspondent aux cadres supérieurs et aux professions libérales. C'est bien l'homogénéité d'un modèle culturel urbain, en période de forte mobilité et de transformation qui est remis, à nouveau, en question.

CHAPITRE III

Les fonctions de la ville

C'est bien la fonction qui est la « raison d'être » (G. Chabot) de la ville. Par là, la ville paraît répondre à une nécessité qui la dépasse ; elle appartient à un ensemble ou à un système et se définit par rapport à lui. Les fonctions « urbaines » distinguent la ville de la campagne, les villes entre elles. Structures internes et relations externes se trouvent ainsi rattachées à un même concept : d'un côté les fonctions paraissent déterminer le contenu social, le mode de vie de la ville ; d'un autre côté elles délimitent des aires d'influence, expliquant la place de la ville dans l'organisation spatiale. On comprend aisément l'importance accordée à ce concept.

Fonctions et activités.

Est-il pour autant clair et d'un contenu indiscutable ? Peut-on d'abord identifier fonctions et activités de la ville, à plus forte raison fonctions et activités de la population ? On assimile parfois l'étude fonctionnelle de la ville à la composition professionnelle de sa population. Mais toutes les activités concourent-elles — et de la même manière — à l'exercice des fonctions urbaines et surtout du rôle externe de la ville ? Entrent-elles également dans le jeu des relations entre la ville et son environnement ? Peut-on enfin confondre activités et usages de l'espace et passer par exemple de la notion de fonction commerciale ou industrielle à celle de fonction résidentielle ? Qu'y a-t-il enfin de spécifiquement urbain dans certaines activités, au point que leur présence suffise à qualifier la ville ? La caractéristique de la ville n'est-elle pas, selon des degrés variables, une certaine combinaison de fonctions, un certain cumul, ce qui fait refuser le nom de ville à la cité ouvrière greffée sur un établissement industriel, comme au coron de mineurs ?

Décrire les fonctions élémentaires ne suffit donc pas à construire une typologie des villes. C'est une indication sur l'origine ou le rôle prédominant d'une ville qu'il convient de replacer dans l'histoire plus que l'explication d'un mécanisme, d'une croissance, d'une complexité acquises. On peut suivre la critique de l'économiste (Derycke, 1970) quand il reproche à l'étude des fonctions d'être « énumérative plus qu'explicative ». Encore cette énumération n'est-elle pas inutile. Six ou sept fonctions élémentaires sont d'ordinaire évoquées, plus ou moins associées entre elles : fonctions religieuse, politique, culturelle, d'un côté ; fonctions commerciale et industrielle de l'autre ; enfin, fonctions touristique ou résidentielle. Ce classement laisse place à des catégories composites (villes « multifonctionnelles ») ou exceptionnelles (« capitales »).

Certaines de ces fonctions ne semblent pas particulières à la ville. Le sanctuaire, l'assemblée politique, le marché ne sont parfois — et notamment à l'origine — que des lieux de réunions périodiques. La fidélité à certains sites n'implique pas *ipso facto* la création d'un établissement durable. Même s'il est démontré une continuité topographique entre ces assemblées périodiques et le développement postérieur des villes — l'hypothèse a été lancée pour la Gaule, de part et d'autre de l'urbanisation romaine —, l'épreuve essentielle est le passage à la permanence, à la pérennité de la fonction, dans le temps et dans l'espace, à son association étroite avec l'habitat. En un certain sens, la ville est l'opposé de la foire, s'y substitue ou, du moins, la subordonne. De même, elle se distingue du château ou de la forteresse. Plus près de nous, la fixation des activités industrielles ne s'identifie pas à la ville. Au XVIIIe siècle, l'essor de la manufacture dispersée joue à l'encontre de la concentration urbaine, au point d'entraîner le déclin ou la stagnation de sa population. Comment classer les zones industrielles — en particulier les grands ensembles d'industries lourdes, du temps présent —, la baie de Delaware ou Fos-sur-Mer, même si elles sont comprises dans des zones considérées comme urbaines ? Comment assimiler ces grands établissements pratiquement autonomes et les vieilles industries urbaines entrelacées étroitement au marché et aux espaces urbains ?

Si elle est plus rigoureusement urbaine, la fonction commerciale n'en acquiert pas pour autant une homogénéité incontestable. Le *marché* médiéval, dont H. Pirenne a montré comment il supporte le développement urbain, se définit-il essentiellement par les relations à distance, par les horizons lointains de cette classe de nouveaux aventuriers (comme le voulait la thèse de Pirenne, lui-même) ou par l'enracinement dans les campagnes immédiates (comme il est confirmé par exemple pour Metz au XVe siècle) ? Peut-on conduire dans les mêmes termes, au début des temps modernes, l'analyse des villes de La Hanse, de Lyon et celle des villes de terroir ? Fonctions, structures, nature des aires d'influence paraissent fort peu similaires. Sans doute convient-il de distinguer, comme le suggérait Camille Jullian, l'élément de formation des éléments de développement. Mais c'est abandonner l'analyse séparée des fonctions, porter le regard sur leur cumul, leur substitution éventuelle ; c'est réfléchir sur un processus de croissance (ou de déclin) et non sur des catégories. C'est, en un certain sens, valoriser aussi le *lieu*, la ville, construction continue, par rapport à la simple considération statique des relations.

Le déterminisme géographique n'y gagne pourtant pas. Il est trop simple de rapporter une fonction élémentaire à tel avantage du site, à tel attrait de la situation. Mais Lucien Febvre rappelait heureusement que les sites privilégiés sont moins rares qu'on ne le croit, mais inégalement mis en valeur, que les avantages de situation sont utilisés ou négligés, aménagés ou construits de toutes pièces, plus que donnés, que l'emplacement des villes, une fois acquis, résiste au temps, alors que les techniques de production et d'échange, du génie militaire ou civil, les directions des courants commerciaux, les structures politiques changent. En ce domaine encore, il convient de distinguer l'élément de formation de l'aménagement de la topographie immédiate ou de la position, qui suppose des étapes et, éventuellement, des changements de stratégie.

Faut-il bâtir, à partir de ces fonctions élémentaires, de leur succession dans le temps, une histoire des villes à long terme ? La fonction première de la ville appartiendrait au religieux, au politique, au militaire. Dans la trame des expériences historiques, on lirait la triade indo-européenne : le prêtre, le roi, le guerrier, comme principe d'organisation et de division de l'espace. Léo Oppenheim rappelle l'importance du temple, du lieu de culte, dans la genèse des villes de Sumer : les maîtres du sol y juxtaposent ensuite leur résidence et le pouvoir politique s'y développe. Athènes et sa confédération de familles et de tribus sont inséparables de l'Acropole dont la valeur défensive prête à discussion, mais dont la fonction principale est bien d'abriter la déesse protectrice de la cité et le trésor de la ligue. Peut-on prolonger cette description pour toute ville préindustrielle ? Sjoberg souligne comme caractère premier de ce type de ville, la prédominance du politique et du religieux. Mais n'est-ce pas nier l'apport de Pirenne ? On sait ce que la thèse de l'historien belge a d'excessif, de trop particulier ; interprétation historique, fondée surtout sur les régions rhénanes et les Flandres, qui est très discutée aujourd'hui. La reprise de l'activité commerciale viendrait de la demande locale (celle des « rentiers » du sol que deviennent les seigneurs) plus que de la fixation dans les villes de marchands itinérants. Mais peut-on négliger pour autant la place nouvelle réservée aux marchands et au marché, l'alliance nouée entre ville, monnaie, capitalisme, comme F. Braudel s'est plu à le souligner ? Est-ce à dire que l'ère du politique est terminée ? La capitale moderne est essentiellement politique et dans l'essor de la « ville moderne », telle que J. C. Perrot l'étudie à partir de Caen, la mise en valeur des fonctions associe échanges et administration.

L'industrialisation, le capitalisme du XIXe siècle mettent à nouveau au premier plan les fonctions économiques : « Ainsi s'expliquerait donc, par un développement économique intensifié, la formation de ces villes immenses », écrit M. Halbwachs des grandes cités contemporaines. Fonctions économiques dont l'équilibre se modifie dans le temps. La ville du XIXe siècle est plus ou moins profondément transformée par la production directe des biens, par l'usine, les transports lourds et leur agglomération. C'est le temps de la manufacture concentrée, puis de la grande industrie. Ce qui n'empêche pas les grandes villes d'apparaître surtout comme les lieux d'organisation, d'échange de l'économie industrielle, comme ses « vitrines ». Celle du XXe siècle, si l'on généralise, rejette à l'extérieur une part de la production directe ; elle exprime à la fois de nouveaux principes de localisation industrielle et le déplacement global des emplois vers le tertiaire, qu'il s'agisse d'activités d'échange, de commandement, de service ou de production culturelle : mais dans cet encadrement et cet essor urbain du XXe siècle, la gestion et l'incitation sont, de plus en plus, de nature politique et non le simple reflet du marché. Le temps est, de nouveau, aux capitales, seraient-elles étendues à une région vaste, à une *Megalopolis* et à leurs relais. Dans la France actuelle, au terme d'une phase accélérée d'urbanisation, c'est la vieille armature urbaine du XVIIIe siècle, plus que les cités industrielles du XIXe siècle qui désignent les points d'accrochage et les lieux de forte croissance. Il serait donc risqué de calquer la succession historique des fonctions sur l'évolution linéaire qui conduirait des valeurs mythiques et symboliques à la rationalité économique. Les fonctions ne sont que des catégories, dont le contenu réel change dans le temps et plus qu'une histoire cloisonnée des fonctions, c'est la place relative qu'elles occupent, c'est leur combinaison, caractéristique d'une société, d'une civilisation, ou d'une formation historique, qu'il faudrait définir. C'est en ce sens que l'analyse des fonctions urbaines et celle de la division et de la hiérarchie des tâches restent étroitement dépendantes l'une de l'autre. L'addition de fonctions élémentaires ne fournit d'explication suffisante, ni en terme de genèse, ni en terme de structure. En revanche, on accorderait plus de valeur à l'imbrication initiale du religieux, du social et de l'économique, notée dans les cités ; par exemple, gauloises. On s'approcherait ainsi de la définition d'une *fonction urbaine*, forme plutôt que contenu. Henri Lefebvre, à travers l'éclatement présent de la ville, découvre ainsi « l'urbain » : « C'est plutôt une forme, celle de la rencontre et du rassemblement de tous les éléments de la vie sociale, depuis les fruits de la terre (trivialement : les produits agricoles), jusqu'aux symboles et aux œuvres dites culturelles. »

Typologies fonctionnelles.

Les travaux empiriques qui ont essayé de mettre en valeur la relation entre les fonctions et de définir, à partir de cette relation, une typologie des villes ont porté, pour l'essentiel, sur la composition de la population active. Le premier exemple a été proposé pour les villes américaines par Harris, en 1945. À partir de seuils variables selon les activités (60 % pour l'industrie, 20 % pour le commerce), Harris définit la fonction prépondérante de chaque ville. Il obtient ainsi neuf catégories, dont la dernière, faite d'activités multiples et où l'on retrouve Boston, Chicago et New York. Classement quelque peu arbitraire, négligeant la taille de la ville et laissant les plus importantes dans la catégorie composite, qui échappe en l'occurrence à toute qualification fonctionnelle. Alexandersson a affiné l'analyse, en déduisant de la population active celle qui dessert directement la population urbaine. On a tenté de faire varier cette population « banale » selon la taille de la ville. L'intérêt n'apparaît pas seulement dans les résultats empiriques (Alexandersson, pour les États-Unis, Le Guen et Noin pour la France) ; la méthode a des implications ou des présupposés théoriques. Elle oppose, par une simple dichotomie, les activités de base, celles dont la ville exporte la production ou les services, aux activités internes, qui travaillent uniquement pour la clientèle urbaine. Elle conduit à distinguer, dans une analyse économique du fonctionnement ou de la croissance urbaine, ce qui est *moteur* et ce qui est *induit*. On sait l'application qui a été faite de ce fondement théorique dans l'aménagement du territoire. Les critiques demeurent : d'abord l'estimation en terme d'emplois, d'activités plus ou moins correctement agrégées : quel est l'effet des différences de productivité ? La distinction entre activités de base et activités banales n'est pas commode, les découpages sectoriels ou professionnels ne sont pas nécessairement pertinents : c'est à l'intérieur d'un secteur, d'une branche, qu'il faudrait dissocier la part de l'exporté ; enfin la dichotomie, ni en pratique, ni en droit, n'est parfaitement délimitée. Les activités d'exportation s'appuient elles-mêmes sur des activités annexes ; comment discerner avec rigueur ce qui est directement exporté, ce qui l'est indirectement, de ce qui est destiné à la clientèle urbaine ? La composition professionnelle n'autorise que des approximations : il faudrait recourir à des méthodes plus précises de mesure des échanges interindustriels, à une véritable comptabilité urbaine, interne et externe. Enfin, à partir de firmes relativement « délocalisées », définies comme des entités non spatiales, comment cerner avec rigueur les flux territoriaux ?

Au-delà, l'opposition du moteur et de l'induit soulève une critique plus sérieuse. C'est, dans le processus de croissance, privilégier à l'extrême l'action de la demande. Or, la croissance urbaine dépend, plus directement, des avantages de localisation — qu'il s'agisse de main-d'œuvre qualifiée, d'économies d'échelle et de proximité (les « externalités »), du rôle agglomérant (du moins jusqu'à un certain point) des biens collectifs et non divisibles que sont les équipements, la présence d'institutions scientifiques ou culturelles, etc. L'éclairage est alors porté sur l'offre plus que sur la demande ; mais le coût de l'agglomération et de la concentration reste imprécis. Enfin, structure sociale et équipements rares sont étroitement imbriqués ; ils commandent autant le développement des fonctions qu'ils en sont l'expression. L'étude de la composition par branche ou par secteur rend compte des spécialisations urbaines plus que des phénomènes de cumul. Elle laisse indéterminée l'organisation de l'espace ; elle conduit au mieux, dans cette direction, à fixer des aires particulières — marché d'une industrie, hinterland d'un port, zone de recrutement d'une université ou de commandement de centres financiers, sans que l'articulation entre aires, fonctions urbaines, villes différentes, concurrentes ou complémentaires, apparaisse d'emblée.

Hiérarchies et aires urbaines.

À l'opposé les études de hiérarchie et d'armature urbaines privilégient l'organisation de l'espace et la fondent directement sur l'analyse fonctionnelle. Elles s'appuient plus ouvertement sur la vie de relations et une conception unifiante de la fonction, alliée au concept de centralité. Elles indiquent plus directement une réflexion théorique et au-delà de la délimitation empirique d'aires d'influence, une définition des modèles. Modèles de gravitation, par exemple, qui entre deux villes font dépendre la délimitation de l'aire de chalandise, de la population de chacune d'elles et de la distance. Plus ambitieuse est la théorie des lieux centraux. L'origine vient de la théorie de la rente et de l'application qu'un économiste allemand fit au début du XIXe siècle à la répartition des zones de culture. Autour d'une ville isolée, du plus intensif au moins intensif, le prix croissant du transport détermine des auréoles concentriques, à supposer que les terres soient d'égale fertilité. W. Christaller, un siècle plus tard, inverse la démarche pour rendre compte des localisations et des hiérarchies urbaines, à partir de la distribution des biens et des services, en posant une clientèle également répartie dans l'espace. Aux biens les plus rares, recherchés le moins fréquemment, tolérant un coût plus élevé de transport, correspondent des aires de marché plus larges. Aux biens de grande banalité, quotidiennement recherchés, conviennent des aires plus resserrées, à distance réduite. Ainsi deux notions s'entrecroisent, pour définir l'équilibre du marché et le choix des localisations : le seuil de marché (déterminé par la rareté du bien et la fréquence des achats), la distance. W. Christaller en déduit une hiérarchie des niveaux (jusqu'à 7), chaque niveau correspondant à un ensemble de biens aux conditions de marché analogues ; un principe d'organisation spatiale qui détermine le nombre et la disposition des aires de marché et des villes. Il est démontré qu'un dessin hexagonal minimise les « effets de distance » et réalise l'équilibre entre deux villes concurrentes. Plus discutable est la progression du nombre des villes d'un niveau à l'autre. Déjà Christaller propose des coefficients différents selon que les villes et les aires obéissent au principe du marché, à celui du trafic ou à celui de l'administration. Ce que Lösch met en question, dans une analyse plus approfondie, c'est l'existence d'une loi de progression privilégiée.

De tels modèles soulèvent en général deux séries de critiques : validité empirique, présupposés théoriques. Christaller avait fondé son étude sur le cas de l'Allemagne du Sud. Berry, apportant quelques retouches à la formulation de celui-ci, teste cette thèse dans le Middle West américain et Skinner sur la structure urbaine de la Chine traditionnelle. Au total l'expérience soulève plus de réserves que de confirmations. L'idée même d'une hiérarchie urbaine en niveaux distincts paraît s'opposer au continuum statistique, décelé empiriquement par la loi rang-taille. Il faut invoquer l'interférence entre l'organisation régionale hiérarchisée et le jeu des fonctions spécialisées, ou même l'effet d'une distribution aléatoire pour réconcilier les deux schémas. Toutefois, les faiblesses d'un modèle viennent plutôt des choix *a priori* que des décollages toujours prévisibles entre formulation abstraite et réalité. À l'origine de la construction d'un Christaller, deux affirmations implicites : c'est la demande finale, la clientèle qui commande l'organisation des aires de marché et la localisation des villes ; cette demande agit selon les règles de l'économie classique, le comportement rationnel de l'acheteur, agent économique. Sur ce point, des enquêtes entreprises au Canada ou aux États-Unis ont démontré que les comportements d'achat et en particulier les choix de fournisseurs ne dépendent pas exclusivement de la fréquence et de la distance mais d'attitudes qui varient selon les groupes religieux ou culturels. C'est donc vers une analyse psychosociologique du comportement des consommateurs que glisserait ce type d'études. D'autre part, peut-on fonder le principe de localisation et de hiérarchie des villes sur des comportements de consommation ou la distribution des biens et des services à un moment déterminé ? Assurément, il s'agit d'une interprétation très réductrice du réseau urbain, d'où l'on exclut à la fois la complexité des fonctions et la durée. Le modèle Christaller peut, dans une certaine mesure, mettre en évidence certaines règles de fonctionnement, dans des conditions préalablement déterminées. Il ne peut à lui seul rendre compte de la genèse, à long terme, des structures urbaines, ni des espaces urbains. Plus que l'indicateur démographique, les études de marchés urbains ont eu le mérite de souligner que les villes n'étaient pas des accidents ponctuels, formaient système, qu'une certaine hiérarchie s'établissait entre elles, concurremment à la diffusion de l'économie commerciale. Le risque serait d'en retirer l'idée d'une organisation spatiale trop simple. Une sorte de niveau élémentaire de la *praxis* : des espaces emboîtés, à la manière de poupées gigognes, différant seulement par la taille ; le changement d'étage n'impliquerait pas de changement de logique, tout s'effectuant selon les règles du seuil de marché et de la distance, ou même de la distance-temps. Or rien ne dit que les zones d'influence immédiate des villes répondent au même schéma que les constructions économiques, politiques ou même administratives plus vastes, plus ambitieuses : les industriels, en France par exemple, ont longtemps bénéficié de tarifs de transports préférentiels. L'aire des investissements ou même de redistribution des produits rares, du rayonnement culturel, de l'information peut résulter d'une maîtrise plus libre des effets de distance. Elle dépend aussi des techniques sans cesse en mouvement ; pensons par exemple à l'extension progressive des régions de distribution électrique, avec l'amélioration des transports en haute tension, de 1890 à 1940. Aux équilibres durables des marchés, il faudrait substituer alors la notion de rivalités urbaines, de concurrence, éventuellement de concentration, dont les mécanismes fondamentaux s'écartent de la géométrie. D'autre part chaque client-usager, sujet ou citoyen compte-t-il d'un poids égal dans la demande et donc l'organisation des marchés ? À l'homogénéité de l'espace géographique (topographie et densité), le modèle ajoute d'autres présupposés d'homogénéité, tenus plus implicites : celle du pouvoir d'achat, des types de communication, des attentes culturelles, de la participation politique. Il ne s'agit plus de simplifier le raisonnement en effaçant les différences géographiques, mais d'interpréter les bases sociales de l'échange, dans le sens d'une égalité illusoire : or, c'est le postulat qui mérite d'être soumis à la critique de l'historien et même de l'analyste du temps présent.

Par ses rigidités, son caractère d'intérêt public, l'impossibilité d'admettre aisément les recouvrements de compétence, c'est l'organisation administrative qui s'approche le mieux du modèle, établi pourtant en pensant en priorité aux aires commerciales. La localisation des villes et leur place dans la hiérarchie n'en sortent pas pour autant clairement expliquées. En 1789-1790, la Révolution française a voulu rationaliser l'armature urbaine du pays, en même temps qu'elle découpait le territoire en départements. Il est vite apparu que désigner les chefs-lieux des nouvelles circonscriptions demandait autre chose que le simple respect de centralités géométriques. Il fallait tenir compte des « convenances », c'est-à-dire des courants déjà acquis, du passé institutionnel ou culturel ; arbitrer, par conséquent, entre des rivalités urbaines plutôt qu'enregistrer l'existence d'un dispositif quasi-naturel ; combien de fois a-t-on modifié le dessin du département pour ne pas heurter à l'excès le principe de centralité ! Il n'est donc pas impossible que la ville forme le territoire, plus que le territoire et la géométrie ne définissent son importance et sa place.

Limites du modèle des places centrales.

Prenons le cas de l'Europe occidentale, à la fin du XVIIIe siècle. On serait plutôt frappé par la discontinuité, l'hétérogénéité à l'intérieur du « réseau » ou de « l'armature urbaine ». Rupture profonde entre les relations locales, à la fois enracinées et limitées, construites autour des villes de terroir, d'où ressortent assurément, à la mesure de l'économie physiocratique qui se développe alors et de la commercialisation de l'agriculture, des ensembles régionaux mieux hiérarchisés. D'autre part, le domaine des échanges lointains, situés d'emblée au niveau colonial ou international : les villes commerçantes, selon les conjonctures et selon leurs stratégies, tissent leur réseau de relations, plus mobile sans doute, mais débordant des strictes affaires vers les contacts sociaux et culturels. Entre deux domaines, des marchés nationaux inégalement constitués et unifiés. De l'un à l'autre de ces principes d'organisation, il faudrait saisir les articulations, éventuellement les tensions. Dirons-nous que le réseau urbain hiérarchisé a été supporté par l'industrialisation ? Pour Michel Rochefort « le développement progressif de la concentration économique a façonné une armature urbaine hiérarchisée, dont l'unité n'est pas la ville mais le réseau régional » : l'exemple donné est ici l'Alsace. Mais ces réseaux du XIXe siècle sont-ils si homogènes et faut-il penser que les principes du marché, ceux de l'administration, le jeu des localisations industrielles, les stratégies bancaires ou financières agissent dans le même sens et convergent vers le même résultat ? On serait tenté d'accorder l'intérêt principal à la compétition entre villes et réseaux de villes, aux effets de drainage et de concurrence, de conflits ou de cumul entre des unités ou des systèmes appartenant à des âges différents. Faut-il alors chercher des exemples plus simples dans les pays de colonisation récente : Pred a montré comment aux États-Unis, on passait d'un système fonctionnel commandé par la spécialisation et l'exportation, à une organisation spatiale ordonnée autour d'une métropole polyvalente. Cette évolution, elle-même, est-elle achevée ? Brian Berry n'admet pas cette perspective, à l'intérieur même de la géographie commerciale. « C'est la spécialisation spatiale, plutôt que la superposition de niveaux analogues dans une hiérarchie de places centrales, qui permet de comprendre les formes métropolitaines les plus modernes de la géographie du commerce. »

L'urbanisation généralisée érode plus nettement les bases de l'analyse classique des réseaux urbains. On ne peut opposer la pyramide des villes, définies par leurs fonctions de plus ou moins grande rareté, à la masse d'une clientèle qui serait essentiellement rurale. C'est à l'intérieur des espaces urbains, des agglomérations, des régions urbaines à noyaux multiples (P. Geddes avait inventé le mot de conurbation au début de ce siècle), des vastes conglomérats enfin, dont le *Megalopolis* américain a dessiné le modèle, que la division fonctionnelle s'opère, selon des principes qui ne sont pas exclusivement hiérarchiques mais combinent spécialisation, complémentarité, concurrence. Ajoutons que le classement des fonctions est lui-même sujet à des modifications. En période de croissance, certaines activités se banalisent alors que d'autres conservent ou acquièrent prestige et pouvoir d'organisation ou de discrimination. Le principe des poupées gigognes ne fonctionne plus. Prenons l'exemple de Milan ; Dalmasso reconnaît trois niveaux d'organisation : celui de l'agglomération ou de la région urbaine ; celui de la région économique, « espace mouvant, instable, variable selon les critères considérés » ; celui enfin de la nation, pour lequel Milan exerce une fonction de capitale économique. Mais les espaces qui en dérivent concrètement sont-ils rigoureusement emboîtés ? L'expansion urbaine, repérée à travers les migrations journalières de travailleurs, déborde parfois l'aire d'influence régionale, économique, administrative ou culturelle ; dans le commandement exercé par Milan, il est malaisé de distinguer ce qui reviendrait à l'action directe sur la région économique et ce qui relèverait du rôle national. En un autre sens, R. Dugrand, dans le bas Languedoc en crise, à la fin des années 1950, avait montré la décomposition du réseau régional, le court-circuitage des relais urbains par l'influence directe de Paris, l'intervention des réseaux commerciaux ou financiers nationaux ou même étrangers, l'éclatement géographique de la propriété citadine. Ainsi la structure de l'armature urbaine est doublement remise en question, qu'il y ait développement ou crise. Dans l'expérience française, on peut douter que la politique dite des métropoles régionales ait efficacement renversé ce mouvement.

Genèse des réseaux urbains.

Deux caractères s'opposent à l'ajustement immédiat entre réseau urbain et évolution fonctionnelle, à la réalisation d'un équilibre qui explique à la fois, dans un schéma territorial simple, le dispositif des villes et le dessin de leurs aires d'influence. D'abord l'inertie du semis urbain — c'est-à-dire des sites des villes, des fondations urbaines — une fois qu'il est constitué. Résistance d'un habitat, résistance plus ou moins longue et victorieuse d'une société localisée. Ensuite l'interférence entre structure urbaine et constructions politiques. Certes, les relations peuvent jouer dans les deux sens : les changements politiques, la réorganisation des pouvoirs ou de l'administration (France révolutionnaire et impériale), unités nationales (Allemagne ou Italie) ont exercé

MÉGALOPOLIS

Le modèle de la Mégalopolis fut construit par Jean Gottmann au début des années 1960, à partir d'un cas particulier, apparemment exceptionnel, celui du littoral nord-est des États-Unis. Coulée urbaine et suburbaine qui s'étendait alors sur 1 000 kilomètres de long, 130 000 km² de surface, et regroupait près de 40 millions d'habitants, de Boston à Washington, en englobant les métropoles de New York et Philadelphie, notamment. « Région laboratoire de l'urbanisation moderne », écrivait alors Gottman pour qualifier cette région urbaine et le sens de son analyse. Car, si l'origine de cette constellation urbaine s'inscrit dans l'histoire précise des États-Unis et de leur peuplement, si la structure de cette région porte la marque des anticipations américaines (concentration des entreprises, expansion des activités autres que la production directe des biens, puissance financière internationale, suburbanisation précoce et « déferlante », etc.), on est en droit de s'interroger sur la valeur de cette expérience, comme modèle général, capable de rendre compte des caractères de l'urbanisation contemporaine hors des États-Unis. À travers des formes d'occupation du sol qui restent différentes, inégalement intensives (paysages, densités, types d'habitat et d'installation), l'ensemble de cette « nébuleuse » semble pris dans un réseau de relations de toute nature (mobilité des personnes, infrastructures de circulation, interférences de compétences et de responsabilités) qui remet en question nos images plus sages du réseau urbain et de ses hiérarchies. Sorte de « capitale » collective, où, sans nier la position exceptionnelle de New York, les autres sites urbains ne s'y subordonnent pas simplement (considérons seulement la localisation des grandes universités et des bureaux de recherche), où les complémentarités et les concurrences brouillent les niveaux habituels de l'organisation régionale, où tout est « urbain », des vastes espaces forestiers, des exploitations « hobbies » aux gratte-ciel. Les fonctions jouent sans cesse — et non plus la seule résidence — de balancements subtils entre centralité et périphérie. Bref une expérience qui érode sérieusement les concepts traditionnels de la géographie.

Capitale collective, la Mégalopolis du Nord-Est trouve des rivaux (et complices à la fois) dans ces autres capitales collectives qui s'érigent en Californie ou au Texas. Elle subit l'effet de l'attraction du Pacifique. Et c'est bien sur l'autre rive du Pacifique que l'on trouve le meilleur équivalent, le long de la mer intérieure du Japon, entre Tokyo et Fukuoka. Sur un fond de paysage et de culture totalement différents, des phénomènes analogues de « déferlement » et de « concentration » établissent là aussi une continuité des mobilités et des pouvoirs, quitte à réserver à Tokyo une place exceptionnelle. Un millier de kilomètres d'extension ; 50 millions d'habitants dans les années 1960. Aujourd'hui 30 millions pour la seule région urbaine de Tokyo.

Faut-il étendre la notion de Mégalopolis à l'Europe occidentale ? Les configurations changent selon les experts. La Mégalopolis est-elle bordière de la mer du Nord et de la Manche, prise entre les bouches du Rhin, celles de la Seine et le rivage anglais ? Ou se dessine-t-elle plus fortement dans la longue coulée urbaine qui, de ces mêmes bouches du Rhin mène à l'Allemagne rhénane, aux cités suisses, aux capitales de l'Italie du nord ? L'axe historique qui allait de Gênes et Venise à Amsterdam et Anvers, suggérait Jean Gottmann lui-même. Longtemps le morcellement politico-économique des nations a poussé à réserver la réponse. Paysage et intégration fonctionnelle laissaient des hiatus. L'unité européenne précipite l'acceptation de ce schéma. Mais quelle est, alors, dans cette Mégalopolis, la place de Londres et de Paris, excentrées par rapport à la coulée urbaine, mais très tôt (de ce fait sans doute) capitales de vieux États et seules peut-être à être capables de rivaliser avec les grandes places mondiales ? Question d'actualité.

En tout cas, il est normal de réserver la notion de Mégalopolis à ces vastes et puissantes nébuleuses. Le phénomène plus modeste de la métropole ou de la conurbation (terme ancien pour désigner la « symbiose » de villes proches, étroitement liées par leurs fonctions, type Lille-Roubaix-Tourcoing ou Marseille-Aix-étang de Berre) doit en être distingué. La Ruhr elle-même appartient à cette échelle plus qu'à celle de la Mégalopolis.

des effets sélectifs entre villes, tout comme les décisions et les rapports de forces politiques ont souvent commandé le dessin des nouveaux réseaux de transport. Les traditions politiques plus durables ont pesé sur l'organisation urbaine et ses hiérarchies : pratiques centralisatrices, ici, principe fédératif là. Paris et Washington n'ont pas le même profil. Berlin, dans l'Allemagne tardivement unifiée, n'a pas écrasé les capitales rhénanes. L'Italie contemporaine a dû compter avec la dualité entre Rome, lointain héritage, capitale symbolique avant d'être politique et Milan, lieu des commandements et des initiatives économiques. Mais les rapports peuvent être inversés : c'est dans une certaine mesure la densité, la richesse du semis urbain, le particularisme — ou non — des sociétés qu'il a fixées, qui sont des facteurs de l'histoire : les constructions politiques, le développement des États-nations, leur plus ou moins grande précocité, les étapes et les modalités de leur formation en dépendent. Considérant l'héritage de l'Empire romain, Rokkan souligne que les systèmes les plus forts, les plus durables émergèrent à la périphérie, là où de puissantes capitales, Londres ou Paris, purent imposer leur loi à des villes moins nombreuses, moins fières de leur indépendance. Inversement, les régions centrales de l'Empire, Italie et Allemagne rhénane, du fait même de la multiplicité des sites urbains et des rivalités entre villes, restèrent plus longtemps divisées. Il resterait à établir ce qui revient à l'héritage romain et ce qui revient au foisonnement urbain du Moyen Âge. Mais le schéma explicatif demeure : la relation entre fonctions et villes ne joue pas à sens unique, le déterminisme de la géométrie ou du marché ne se substitue pas au vieux déterminisme géographique ; il faut parfois inverser la filière d'explication et chercher dans la répartition des villes, la population qu'elles ont fixée, les institutions qu'elles se sont attachées, la raison de l'organisation territoriale.

La même remarque peut porter sur les fondements

économiques des hiérarchies urbaines et des aires qu'elles déterminent. La priorité que l'on accorde d'ordinaire à la demande de biens et de services semble discutable, en tout cas trop partielle comme principe d'explication. Il est utile, aussi, d'inverser la démarche et de partir, non plus de la clientèle d'un produit, mais de la production ou de son contrôle, de l'initiative des entrepreneurs ou de la domination financière. Types de capitalismes et de capitalistes, stratégies de l'investissement seraient à placer à l'origine de la formation ou du remaniement des réseaux urbains, des espaces économiques commandés ou desservis par les villes. Derrière la ville, ce serait retrouver, du moins dans les économies libérales, les acteurs réels, élites plus ou moins enracinées, détentrices des capitaux ou capables d'innovation technique. C'est dans la structure sociale des villes, plus que dans l'addition de leurs fonctions, qu'il faudrait saisir le pouvoir d'organisation territoriale, à travers ces changements historiques, de l'accumulation de la rente du sol à la constitution des réseaux bancaires ou financiers. Cette dimension ne disparaît pas, avec la délocalisation progressive du capital et le poids, plus ou moins déterminant selon le système économique, des décisions politiques. C'est encore à travers la structure sociale que se lit le plus clairement l'inégalité dans la hiérarchie des tâches ou des responsabilités entre les villes. Une tentative de classement des villes américaines, selon les techniques de l'écologie factorielle, fait ressortir en tête des facteurs la composition socioprofessionnelle et non les oppositions classiques de fonctions. Les services rares, dont on se plaît à dire qu'ils sont les plus significatifs de l'organisation actuelle de l'espace, répondent aux besoins de ces groupes sociaux plus qu'à ceux d'une clientèle également répartie autour de la ville ; témoins l'aéroport international ou le théâtre d'avant-garde. Par là, pouvoir économique et lieux de création culturelle combinent leurs effets, dans la formation des différences territoriales. Si l'on ne peut plus qualifier une ville isolément, mais un ensemble de villes, une métropole ou une vaste région urbaine, une Mégalopolis, l'échelle territoriale est simplement modifiée ; le principe demeure, à travers des discriminations de nature sociale plus que fonctionnelles, même s'il oppose de moins en moins clairement villes/campagnes ou types de villes, mais régions « fortes » et régions « faibles ».

Sans doute, comprend-on mieux l'impossibilité d'appliquer au tiers monde le principe d'un réseau ordonné et hiérarchisé. La colonisation classique a laissé des traces durables : la hiérarchie des villes, créée par la domination espagnole, a modelé en grande partie l'organisation politique de l'Amérique ibérique, que cette domination ait réutilisé ou non des sites précolombiens. De même, le rôle des villes de colonisation — villes d'administration et villes de comptoirs — persiste dans le dessin politique de l'Afrique indépendante. Mais le fonctionnement n'est pas demeuré intact et les centres relais, les centres purement spécialisés dans l'économie coloniale, ont perdu tout ou partie de leur rôle ancien. Bataillon, à partir de l'exemple du Mexique, voit ces relais écrasés entre le développement des grandes agglomérations et la résistance ou le réveil des lieux de marché, précoloniaux, correspondant aux besoins immédiats des campagnes. G. Sautter note cette désarticulation en Afrique : « Double dissociation : sectorielle et d'échelle. D'un côté, le semis des centres banaux, distributeurs de services. De l'autre, des métropoles nationales, concentrant tous les leviers économiques, sociaux et techniques, en prise directe sur les producteurs et consommateurs ruraux. Atomisation et macrocéphalie donc, résultant d'évolutions contradictoires sur deux plans non communiquant. » L'ambiguïté de la notion de réseau urbain est alors plus évidente : cette notion combine un fonctionnement, lié à certaines règles, à un type de développement économique ou politique, et une armature, héritée de phases, de « strates » historiques différentes, soit un ensemble de formes urbaines dont le jeu et l'utilisation varient dans le temps, sans aboutir le plus souvent à un effacement total. La ville n'est presque jamais une table rase.

CHAPITRE IV

Ville et culture urbaine

Qu'entend-on par culture urbaine ?

La ville est définie souvent par une troisième notion, celle de culture, comprise comme un ensemble de comportements et de conduites. Cet aspect n'est pas indépendant de la population ou de l'activité fonctionnelle. L'originalité du modèle urbain tiendrait, selon Wirth, à la dimension démographique et à la densité, d'une part, à l'hétérogénéité sociale d'autre part. Cette hétérogénéité est elle-même liée à la division et à la multiplication des tâches, donc à l'exercice des fonctions urbaines. Cadre de vie, modes de vie, attitudes seraient donc résumés et associés dans la description de la culture urbaine, voilà qui donne un autre sens au concept d'urbanisation. Toutefois, le mot culture charrie avec lui ses ambiguïtés ordinaires. La ville est présente, dans la tradition classique de l'Europe, comme le lieu de *la* culture, notamment de la culture écrite. Civilité et civilisation, urbanité et urbain sont des mots proches parents ; ils sont opposés à la rusticité. Cet avantage ne va pas seulement à la grande ville, qui suscite au contraire des jugements contradictoires, mais d'abord à la ville de l'ordre commun, celle qui, dans la pratique et l'esprit, se distingue du terroir et des campagnes, tout en y dessinant parfaitement sa place. C'est bien ce caractère et l'existence d'une classe du loisir qui donnent leur caractère urbain aux petites agglomérations du monde méditerranéen (M. Agulhon) et les distinguent éventuellement de villages plus peuplés. Définition morale, élitiste et globale tout à la fois, qui vient de l'Antiquité et, à travers des fluctuations, persiste jusqu'au XVIIIe siècle. Mais cette continuité n'est pas particulière à la civilisation occidentale et illustrerait également la civilisation chinoise. Spengler affirme encore vers 1920 que toutes les grandes cultures sont nées de la ville et que l'histoire du monde (opposée à l'histoire de l'humanité comme espèce) est celle des citadins. C'est à travers le dérèglement de la ville contemporaine, qu'il lit le déclin irrémédiable de la civilisation. Park, fondant l'écologie urbaine avec ses amis de l'école de Chicago, reprend le thème : « La ville est finalement l'habitat naturel de l'homme civilisé », avant d'analyser les comportements dans le milieu de la grande ville américaine où il dissèque pourtant les phénomènes de désorganisation sociale.

Entre la ville de civilité et la ville-productive et affairiste existe-t-il pourtant une commune mesure ? Pour l'originalité d'une culture urbaine, c'est en effet se heurter à deux difficultés corrélées. Quel est le principe d'unité d'une société à l'autre, d'une période à l'autre — et pour une même société et un même temps, d'un groupe à l'autre —, qui permet de parler d'*une* culture urbaine ? En quoi le cadre urbain, la définition d'un habitat ou d'une écologie, peuvent-ils expliquer des comportements et des conduites ? Redfield et Singer (1954), saisissant la difficulté, opposent deux types d'urbanisation. Celle qui s'inscrit dans la lignée d'une culture et d'une société rurales, en exprime ou en transpose les traits principaux, culture conservatrice par excellence. Quel est alors le rapport entre cette culture et l'idéologie des puissants ? C'est retrouver le rôle de la ville comme lieu de résidence, de consommation de la rente, d'exercice du pouvoir, d'expression d'une élite traditionnelle.

En face, l'urbanisation « hétérogène », apportant nouvel état d'esprit et nouvelles techniques ; c'est elle qui susciterait l'émergence de modèles culturels qui rompent avec la tradition et en assurerait la diffusion. La référence à Max Weber est toute proche ; la thèse converge avec certaines idées de Pirenne. On court le risque d'une division en deux pôles, entre lesquels, selon une démarche linéaire, évolueraient les sociétés : c'est le jeu tradition-novation, valeurs morales/valeurs techniques, archaïsme-modernité. Les aspects opposés délimitent-ils deux types de villes — et même deux types successifs — ou rappellent-ils l'ambiguïté de la ville, les tensions et les conflits qui s'y déroulent et dans une certaine mesure la caractérisent ? Comment identifier alors ces conflits, dans leur forme et leur contenu culturels ? Sont-ils le fait d'un groupe dirigeant qui se divise — aristocratie et bourgeoisie ont chacune connu ces entraînements opposés — ou la manifestation d'une lutte entre groupes différents ? Que reste-t-il d'une culture urbaine qui ne serait pas celle d'une « élite », plus ou moins unifiée ?

Villes, institutions, élites.

Que la ville apparaisse comme le lieu de la culture « élaborée », celle des privilégiés, n'est pas surprenant. Il n'est que de s'en rapporter aux fonctions urbaines et à la composition de la société ; les comportements doivent être replacés d'abord dans le tissu social et le réseau d'institutions, au lieu d'être confrontés aux simples effets mécaniques du nombre ou de l'agglomération. La religion, dès qu'elle prétend dépasser les cultes familiaux, l'enseignement, les spectacles et les jeux n'échappent pas aux règles de la centralité. Longtemps ces « catégories » culturelles ont été confondues ou étroitement imbriquées. Mais il serait vain d'établir ici une coupure entre le préindustriel et l'industriel. C'est bien dans cette relation culture-institutions qu'un aspect de continuité peut être reconnu, même si d'un temps à l'autre, d'une société à l'autre, le contenu idéologique ou la réalité sociale sont fortement modifiés.

Ces institutions culturelles bénéficient de la durée ; elles la fondent très souvent, même si elles ne conservent qu'un rite ou des pratiques formelles. De ce fait, elles entretiennent la vie urbaine autant qu'elles la modèlent. Dans l'inertie du semis urbain, elles ne sont pas un facteur négligeable. C'est l'organisation religieuse qui dans le haut Moyen Âge a maintenu les *civitates* et donc les points d'accrochage d'une nouvelle vague d'urbanisation. Continuité lisible en France et en Italie, mais encore dans les régions rhénanes. Autre chose est de constater les changements intervenus dans l'importance relative des villes, leur composition fonctionnelle ou sociale ; les éventuels déplacements de site à court rayon ou la naissance de nouveaux noyaux urbains autour des *portus*. Les *civitates* ont été doublement conservatrices : d'un schéma territorial, d'une culture écrite. Mais que trouvons-nous au XIXe siècle ? C'est autour des institutions culturelles — créées par les pouvoirs publics ou les « élites » locales — que se replient bien des villes de province, laissées ou restées à l'écart de l'industrialisation. Vie étriquée, sans doute, mais capable de fixer des groupes sociaux, d'entretenir une certaine activité et une certaine population. Ces villes, partiellement « hibernées », ont été capables de tirer parti de la redistribution des fonctions et des activités urbaines, quand les sociétés industrielles ont diversifié leur procédure de travail ou en ont appelé plus généralement aux activés « tertiaires » et quand l'équipement culturel est devenu, à son tour, un facteur de localisation des activités productrices. Pensons au destin d'Aix-en-Provence, de Dijon ou de Caen. Le modèle culturel est-il pour autant le même ? Bourgeoisie intellectuelle, classique, traditionaliste et « intelligentsia » nouvelle, deux versions dont il est difficile de fixer les limites et les articulations — mais qui toutes deux qualifient assurément la culture urbaine.

La culture urbaine hérite donc, comme par nécessité, des ambiguïtés des institutions culturelles et notamment de celles qui touchent à l'école et à l'enseignement, associant mécanismes de reproduction et tendances au changement. Dans l'Europe des Lumières, la ville devient « République des Lettres », à la fois par l'institution scolaire, sa densité, le nombre relatif des personnes alphabétisées, l'activité intellectuelle, le goût des cercles et des académies. « Civilisation des élites lisantes », écrit J. Meyer (1974). Mais cette civilisation est étrangement mêlée aux héritages immédiats de la contre-réforme, à l'intensité persistante de la vie religieuse ou à la densité même de l'encadrement ecclésial. C'est à l'intérieur et du fait de cette civilisation « lisante », que les idéologies naissent, s'entrecroisent, entrent en conflit, même si l'on doit en trouver plus loin les attaches profondes.

Unité ou diversité de la culture urbaine.

Même traversée de courants contraires, cette culture unifie-t-elle la société urbaine ? Le débat crée-t-il la cohésion ? D'abord, les élites. La vie urbaine, les institutions culturelles facilitent, assurément, l'interférence entre les groupes sociaux privilégiés, dont l'origine, la nature de l'activité, le niveau et la composition des fortunes, la participation au pouvoir urbain peuvent, au départ, varier. Dans la cité italienne des XIIIe-XIVe siècles, on opposait naguère idéal de la noblesse et idéal bourgeois ; la césure est aujourd'hui remise en question. Les maîtres de la terre, les rentiers du sol ont sans doute participé au mouvement des affaires, s'ils n'ont apporté à la banque sa première puissance. À l'inverse, les tours ne sont pas l'œuvre des seuls aristocrates, transférant dans la ville les signes d'autorité du *Castellum* ; selon Fiumi

« les générations qui élevèrent les tours sont celles des marchands et des usuriers ». De ce recouvrement des élites, du rôle de l'institution culturelle et religieuse comme agent, les villes musulmanes du XIIe siècle et encore à l'époque de l'État mameluk, donnent le meilleur exemple. La langue, la religion, le mode de vie ont cristallisé autour des *ulémas*, hommes de la science sacrée, les groupes privilégiés, quelle que soit la base économique (terre ou commerce) ou administrative de leur fortune. Sans doute la notion de patriciat urbain est-elle confuse : mais elle recouvre, d'une société à l'autre, d'une époque à l'autre, une relation qui reste à éclairer entre le statut économique, la culture et l'autorité politique. Dans l'Europe du XIXe siècle, la bourgeoisie n'ignore pas systématiquement les valeurs « aristocratiques », quelle que soit l'origine de sa fortune et de son ascension. En France notamment, le modèle aristocratique demeure plein de séduction et expliquerait, à l'échelle régionale, les inégalités ou les blocages de la croissance. D'Angers, Chassagne (1975) écrit : « Toute l'ambition de ces grands bourgeois urbains est de succéder aux aristocrates ruraux dans leur rôle de grands propriétaires, d'abord ; dans leur domination sociale et politique, ensuite. » Nier l'existence de conflits irait à l'excès ; mais la culture urbaine ne démarque pas, purement et simplement, l'origine économique des groupes sociaux et les lignes de clivage qui en dérivent.

Au-delà des élites, existe-t-il un pouvoir unificateur de la ville ? C'est aborder, d'une part, le problème de la *diffusion* : le modèle des classes supérieures s'étend-il simplement, par contiguïté, par imitation, par le jeu des institutions (école, église ou divertissement) aux classes populaires ? Quelles sont les véritables barrières sociales, voulues ou subies ? À travers la ville — et les échanges migratoires villes-campagnes — c'est ici tout le problème de la mobilité sociale et culturelle, de la culture comme privilège et moyen de maintenir le privilège ou comme facteur d'intégration ou d'assimilation qu'il faut évoquer. La ville n'est alors qu'un support, un cadre écologique qui explique fort peu de choses si ce n'est la coexistence. L'analyse de situations historiques, de rapports sociaux précis peut seule apporter une réponse.

Les cas de « démocratisation » ne manquent pas. Mais ne sont-ils pas en partie illusoires ? Chaque démocratisation d'une institution culturelle, d'un comportement ou d'une consommation, ne s'accompagne-t-elle pas de la création d'une nouvelle barrière ou d'un nouveau signe distinctif, réservé aux privilégiés et d'abord à la catégorie la plus exigeante, celle qui crée les modes culturelles : car n'est-ce pas tout le système de la mode qui se développe ici, à partir de la société urbaine et de ses hiérarchies ? Prenons l'exemple d'un spectacle, l'Opéra, dont l'audience s'élargit au début du XIXe siècle, parallèlement au déclin du mélodrame, avec les œuvres romantiques. Un nouveau clivage ne tarde pas à se dessiner : les « raffinés » soutiennent l'organisation de concerts où l'on délivre une musique plus délicate, plus moderne, débarrassée des contraintes scéniques et des facilités du *bel canto*. Or, c'est assurément la ville qui est le lieu de naissance et de diffusion, le monopole de ces pratiques nouvelles et sans doute les villes en tirent-elles, entre elles, une stricte hiérarchie. La « démocratisation » ou le mythe urbain comportent donc leur part de faux-semblants et de malentendus. Dans les pays qui sont actuellement entraînés par une urbanisation rapide — telle la Grèce — c'est à un vieux schéma de culture urbaine, de bourgeoisie traditionnelle que se réfèrent les migrants d'origine paysanne ; au même moment, les classes privilégiées de la ville aspirent à d'autres modes de vie ou de valeurs, calqués sur les images de la Mégalopolis américaine.

Mais s'agit-il seulement de diffusion ? La culture urbaine est-elle seulement la culture des classes supérieures urbaines, serait-elle enrichie, nuancée, diversifiée par des apports sociaux différents ou des tendances opposées ? Les classes populaires se contenteraient-elles d'un reflet affadi — ou parfois tourné en dérision — de ce modèle ? Si l'on en reste à la période préindustrielle, la culture populaire propre à la ville reste assez mystérieuse, prise entre les manifestations communautaires prêtées au Moyen Âge et la marginalité reconnue à une large fraction de la population urbaine. En s'en tenant à l'Europe moderne, la ville est gonflée d'une population « flottante », mal intégrée, qui s'y fixe à titre provisoire, attirée par des promesses d'emplois de bonne rencontre ou les filières d'amitiés, plus encore par les institutions sociales, caractéristiques aussi de la ville, de l'hospice à l'atelier de charité ; ville-refuge aussi pour les errants, les mendiants, les exclus d'une société rurale encore plus stricte — les filles-mères notamment. Mais si ce paysage culturel appartient à la ville, est-il pour autant d'origine, de caractère urbain ? C'est bien la tradition rurale, souvent transposée ou transférée qui s'exprime, dès que le groupe conserve assez de cohésion. Réminiscences d'un folklore et de pratiques paysannes, que les efforts d'intégration entrepris par la société urbaine désorientent. Ainsi à Lyon : la bonne société impose à ses pauvres, le plus souvent immigrés de date récente, venant des campagnes, des « formes de piété savantes » et une « culture de l'écrit », qui les repoussent vers la déchristianisation et le refus. Les classes dangereuses que dépeint Louis Chevalier dans le Paris du premier XIXe siècle, ne sont que la manifestation ultime, alourdie par la croissance démographique, « condensée » à l'intérieur des limites urbaines trop resserrées, de ce type d'immigration. Mais faut-il chercher dans les annales de la criminalité, les seules expressions d'une culture populaire des villes ? Et cette culture est-elle un témoignage tardif de mécanismes anciens et de comportements traditionnels, saisis au seuil de l'ère industrielle ou au contraire le signe des transformations que cette ère déclenche, la rupture des anciennes communautés, le relâchement du contrôle social ?

Au-delà des contrastes trop tranchés entre les extrêmes sociaux, peut-on retrouver les linéaments d'une sociabilité urbaine qui aurait des caractères originaux ? M. Agulhon a montré la persistance en Provence, dans les villes, bourgs et jusqu'aux villages d'habitat concentré d'une vie d'association très riche, libre dans son origine, à l'intention à la fois religieuse, philosophique, mais plus encore d'entraide ou de simple sociabilité. Des confréries de pénitents aux loges maçonniques, des clubs aux sociétés populaires nées sous la Révolution, des cercles aux premières ébauches du mouvement ouvrier ou socialiste, on saisit comme une continuité de forme, à travers les déplacements de participation sociale, les changements de référence idéologique. La vie et les pratiques de l'association assurent une permanence, de part et d'autre des bouleversements sociaux et politiques. C'est la part des institutions et des relations sociales volontaires mais organisées. En face, il faudrait placer les ruptures et les débordements venant d'une urbanisation rapide. La ville n'est donc pas à situer totalement, d'un côté ou de l'autre : elle touche à la fois à l'organisation et à la désorganisation. Le problème est de saisir le moment et la raison des changements d'équilibre : une urbanisation qui, chronologiquement, se place à la fois en amont et en aval de l'industrialisation — ou l'industrialisation elle-même ?

Le modèle de société et de personnalité urbaines.

L'opposition entre société urbaine et société rurale, formulée de manière systématique, scientifique, date de la fin du XIXe siècle. Effets de l'urbanisation et effets de l'industrialisation s'associent étroitement dans les réalités et restent mêlés dans l'élaboration des schémas. Aussi bien cette analyse définit-elle clairement les caractères et les liens entre les caractères distinctifs d'une société, saisie en termes globaux ; elle explique moins la genèse et l'origine spécifique de chacun de ces caractères. C'est Tönnies qui en Allemagne (1887) décrit l'urbanisation comme le passage d'une communauté, fondée sur les liens du sang, à une société construite sur les liens électifs et l'association. Durkheim, fondant sa thèse sur la division du travail social, construit l'opposition entre solidarité mécanique (celle de la communauté rurale) et solidarité organique, conscience collective et société contractuelle. Il introduit, dans son champ d'analyse, le risque de l'intégration imparfaite, de la tension et de l'anomie. Simmel et Spengler s'engagent plus profondément dans la description de la désorganisation sociale : chez Simmel, c'est la crise de la personnalité en niveau urbain qui est conçue en termes psychiques, sous l'effet des stimulations multiples ; chez Spengler, c'est à la fois l'exaspération de l'individualisme et la destruction de la civilisation elle-même. L'analyse sociologique comme le procès de la ville sont en germe dans ces écrits. C'est à l'école de Chicago qu'il revient, dans une situation historique déterminée (la croissance urbaine américaine du début de ce siècle), devant un cas privilégié, Chicago des années 1920, de reprendre ces thèses, d'en donner une construction théorique où la ville devient l'objet central. À la différence de Burgess et de Park, orientés vers l'étude des mécanismes subsociaux et inconscients, concentration, compétition, répartition des groupes en « aires naturelles », Wirth s'intéresse d'abord aux comportements, aux conduites individuelles et collectives, même s'il les fonde sur les caractères écologiques de la ville (l'agglomération, la taille, la densité et l'hétérogénéité sociale). C'est son *Urbanism as way of life*, qui construit le schéma d'une société urbaine, à laquelle la sociologie américaine n'apporte ensuite que des retouches ou des compléments. Mais ce schéma est lui-même déchiré entre la conception de la ville comme une nouvelle forme de communauté, comme un tout, imposant ses caractères à chaque participant et la sensibilité aux aspects de désorganisation sociale que le taudis, le ghetto ou la délinquance font surgir. Le risque est de construire une *personnalité urbaine* à partir d'une solution à la fois historiquement localisée et socialement indéterminée.

Les caractères prêtés à la société et à la personnalité urbaines sont devenus classiques : les relations primaires (relations de famille et de voisinage) cèdent devant les relations secondaires (les associations — formelles ou informelles — affectées à des fins particulières) ; cette substitution découle de la segmentation des rôles, de la fragmentation des diverses activités qui concernent le même individu — et, en premier lieu, de la rupture de la famille comme cellule de production. L'impersonnel, l'anonyme l'emportent dans les conduites, à travers un jeu de normes, de notions, un vocabulaire qui gagnent en uniformité ce qu'ils perdent en signification. Les formes communautaires s'effacent ainsi devant la concurrence des individus ; le contrôle social n'est plus assuré par des règles intériorisées mais par l'autorité extérieure. Ainsi, à côté d'éléments positifs (technique, niveau de vie, moyens de communication, y compris l'alphabétisation et la scolarisation) se définit une pathologie de la société urbaine et de la personnalité du citadin : individualisme exacerbé, éclatement de la personnalité, manque de participation sociale ou politique, anomie et délinquence. Certains caractères sont repris ultérieurement dans cette sorte d'exagération de la culture urbaine que serait la culture de masse.

À partir de ces définitions, deux séries de critiques peuvent être menées : les unes portent sur l'explication du phénomène. Comment les simples faits d'agglomération, de densité ou d'hétérogénéité sociale peuvent-ils déterminer des comportements ou des conduites ? Quelle est la relation entre le collectif et l'individuel ? Entre les caractères d'une société, dans ses aspects territoriaux, et les attitudes psychiques des individus ? La critique la plus forte vient des modalités, par lesquelles on lie structure sociale et société urbaine. Il est facile de démontrer que bien des traits retenus relèvent d'une manière indissociable de l'urbain et de l'industriel. Wirth, en faisant intervenir comme facteur d'explication l'hétérogénéité sociale, implique la division du travail, à la fois comme cause et comme effet de l'urbanisation ; or il est impossible de ne pas rapporter la division du travail, la décomposition et la hiérarchie des tâches ou même la fragmentation des rôles aux modes de production. Tantôt la référence s'impose à l'organisation industrielle, tantôt au développement de l'échange marchand et son extension à la plupart des aspects sociaux et culturels de la vie urbaine. Celle-ci ne peut échapper aux déterminants de la société globale et, comme le fait remarquer O. Lewis, l'urbanisation n'est ni un phénomène simple, ni un ensemble de modalités universelles.

La seconde critique vient à l'appui de la première. La personnalité urbaine est-elle, à l'intérieur d'une même société, identique d'un groupe à l'autre, d'une situation à l'autre ? Par exemple, la désorganisation sociale tient-elle aux caractères généraux de la ville ou à la mobilité qui peut être différente selon les ensembles urbains et selon les groupes sociaux. Déjà les fondateurs de l'écologie urbaine, Park et Burgess, séduits par les analogies naturalistes, avaient accordé une attention particulière à la mobilité, dans ses aspects globaux, et rapproché les mécanismes d'assimilation de la ville et leurs troubles de ceux du métabolisme. La *nouvelle histoire urbaine* aux États-Unis s'est tournée vers l'étude des phénomènes inégaux de mobilité et de leurs effets sur les attitudes socio-politiques. Thernstrom essaie d'interpréter l'absence de conscience de classe ou la faiblesse du courant socialiste, dans l'histoire américaine, par ces contrastes de mobilité. Les groupes sociaux relativement stables, à la fois fixés et intégrés, sont ceux de la réussite. Au contraire, les catégories moins privilégiées sont brassées par un *turn-over* géographique (qui ne coïncide pas nécessairement au vieux mythe de la réussite par la migration) : l'instabilité freine ainsi le passage de la condition à la conscience. S'il y a une personnalité « urbaine », elle se définit au moins à la rencontre d'une écologie et de trajectoires collectives ou individuelles, elles-mêmes variées et capables de donner un sens différent, selon les cas, à l'urbanisation.

Cultures et sous-cultures dans la ville.

L'urbanisation conduit-elle inexorablement à la « désorganisation sociale » ? Les traits culturels des sociétés rurales cèdent-ils en bloc avec la migration ? D'autres formes de solidarité et d'organisation ne se constituent-elles pas dans les villes, même dans les classes les moins favorisées ? Cette grappe de questions ébranle le schéma stéréotypé d'une personnalité urbaine uniforme et celle d'une évolution linéaire, synchrone des traits culturels, quand on passe du rural à l'urbain. Oscar Lewis, à partir de l'exemple de Mexico, a montré que les groupes d'immigrants ne manquent ni de cohésion sociale, ni de fidélité à certains traits paysans ; qu'au contraire, l'urbanisation établit plus de discipline, dans les attitudes religieuses notamment ; qu'enfin les relations de famille élargie subsistent, même si elles ne correspondent plus à une unité de résidence. La reconstitution des structures familiales a été notée chez les immigrants irlandais des taudis de Londres ; le maintien de liens familiaux et de liens ethniques, leur rôle dans la formation de filières de migration ou de réseaux d'entraide, sont observés à travers la croissance des villes africaines ou asiatiques. Au-delà du simple transfert de caractères ruraux, la ville n'élimine pas les relations primaires, le face-à-face, même si elle les développe à partir de pratiques ou d'institutions différentes. L'urbanisation de l'Europe occidentale au XIXe siècle a mis en évidence le rôle du café, comme lieu de rencontre, dans une société qui distend les liens entre lieu de travail et lieu de résidence, famille et activité, travail féminin et travail masculin. Mais d'autres formes de sociabilité, liées à la proximité, touchent les groupes d'une manière plus globale : Oscar Lewis, l'un des premiers, a souligné la naissance, dans les quartiers prolétariens ou de minorités ethniques des États-Unis, dans les zones d'habitats « sous-intégré » d'Amérique latine, d'une culture de la pauvreté qui n'est pas désorganisation sociale mais crée ses normes, ses codes, transmet son modèle, tisse un réseau de relations, de solidarités ou même des types de conflits fondés sur le voisinage. Culture locale : si elle tient par certains indicateurs démographiques, scolaires ou économiques, à la fois de la campagne et de la ville, elle se distingue de la référence à un style de vie, à des traditions dites rurales. Elle allie à la fois sentiment d'une communauté et sens de la territorialité.

L'importance des relations de voisinage, des liens de famille qualifie, de la même manière, les faubourgs ouvriers de Londres (Wilmott et Young). Ces mondes relativement clos tiennent-ils à la classe sociale, au fait que les ouvriers s'enfermeraient volontiers dans un réseau de relations proches ? Ou s'agit-il au contraire, quel que soit le niveau social, d'un effet de l'homogénéité sociale ? Sans doute les liens de proximité sont-ils plus intenses quand le quartier ou la ville bénéficient d'une grande homogénéité. Au contraire, le voisinage ne suffit pas à fonder des relations très étroites, dans des lieux qui juxtaposent des groupes sociaux différents. La proximité spatiale ne saurait, par elle-même, rapprocher les individus et effacer les distances sociales ; au contraire, elle conduirait plutôt à la confrontation agressive ou défensive d'expériences et de sensibilités opposées. Telle est la leçon tirée, par exemple, des « grands ensembles » français, dont on faisait trop tôt le creuset d'une société, effaçant les distinctions de classe ou même de groupes.

Il est alors possible de délimiter, d'une manière plus correcte, l'effet qu'exerce le milieu urbain sur les attitudes et les comportements. Identifier la ville par les indicateurs trop simples de la taille ou de la densité, qualifier l'habitat ou l'habitation par ses caractères physiques (quartiers insalubres, pavillons, blocs de logement collectif) n'éclaire guère les conduites : déterminisme parfois naïf. Mais il serait tout autant naïf de nier les cohésions et les rapports territoriaux qui apparaissent dans toute analyse écologique. Les corrélations entre caractères ou attributs apparaissent, plus fortes au niveau des collectifs (une unité géographique ou administrative) qu'à celui des individus. Chacun sait qu'un quartier ouvrier votait plus massivement pour les partis d'inspiration prolétarienne que ne le font les ouvriers pris individuellement ; les quartiers noirs figurent, dans les villes américaines au bas de l'échelle des revenus sans que les noirs, pris individuellement, soient nécessairement les plus pauvres. Il existe donc des aspects particuliers de la composition territoriale qui éclairent la réflexion sur la culture urbaine et simplifient les images. Effets de cumul, tout d'abord. Les attitudes similaires ne tiennent pas, mécaniquement, à la proximité ou à l'homogénéité sociale. Ceux qui se ressemblent finissent par s'assembler, soumis aux mêmes conditions d'insertion dans la ville, choix ou imposition d'un quartier, d'un mode d'habitat, d'un voisinage identiques. Les conduites expliquent la composition territoriale plus que la composition territoriale ne les fondent : mais au total les deux effets s'additionnent. Inversement la juxtaposition, dans un même espace, de groupes différents, de familles suivant des trajectoires contraires, dissemblables dans leurs aspirations et dans leurs chances de les réaliser, modifie les comportements des uns et des autres, en accentuant les différences et en aggravant leur perception. Si la société globale fonde la division entre les groupes, cette division est ressentie à travers des situations de travail, des situations d'habitat ou même de divertissement. Le phénomène n'est assurément pas propre à la ville ; mais l'analyse de la culture urbaine passe par la mesure de ces différences, inscrites dans la composition, les pratiques, les paysages de la ville. C'est dire aussi qu'il n'y a d'approfondissement de la notion de culture urbaine qu'à travers la connaissance de la ville, de l'intérieur, dans ses divisions fonctionnelles, sociales et culturelles — et plus matériellement, morphologiques.

On pourrait opposer à ce fractionnement la tendance qui s'affirmerait aujourd'hui dans les grandes agglomérations : uniformité et culture de masse. Mais l'on sait que cette apparente uniformité ne dissout pas les différences ni leur recherche, même si elle en déplace les manifestations. Le choix du costume, de l'automobile et du logement en témoignent. On pourrait surtout opposer à ces strates culturelles, développées au cours de l'urbanisation, un principe fédérateur qui les engloberait : ce que l'on appelle le patriotisme citadin, qui est à la fois sentiment d'appartenance et souci d'entretenir une distinction, entre une ville déterminée et les autres villes. Mais ce patriotisme est-il encore de notre temps ?

Le patriotisme citadin est attesté, ce qui est normal, quand la cité constitue, par excellence, l'unité politique. Tel est le cas de l'État-cité, de l'Antiquité classique ou de l'Occident médiéval. Mais il persiste avec la création d'organisations politiques plus complexes, l'empire romain ou les nations modernes ; à travers la France centralisée, on le retrouve en plein XIXe siècle, dans le patriotisme communal, qui peut déboucher évidemment sur le particularisme ou l'esprit de clocher. Ce patriotisme n'exclut pas, dans sa forme la plus haute, la lutte des classes. Les communes italiennes, du XIe au XIVe siècle, en donnent la preuve. Dans sa forme dérivée, il ne supprime pas l'intensité des luttes pour le pouvoir municipal. L'ampleur même des conflits témoigne de l'importance attachée à l'institution et des sentiments d'appartenance. La dépolitisation relative au niveau communal est loin d'être uniformément démontrée et irréversible. Mais l'attachement à telle institution, à telle manifestation, à une équipe de sport demeure.

À travers ce sentiment, il faudrait apprécier ce qui est la mesure exacte des intérêts, intérêts territoriaux recoupant les intérêts socio-économiques ou de groupes. Or cette revendication territoriale n'est pas l'un des aspects les moins contradictoires du monde actuel. À la mesure des intérêts, s'ajoute leur appréhension ou leur déformation idéologique. Le patriotisme citadin est assurément une idéologie et souvent utilisée, sinon créée, par les classes ou les élites dirigeantes. Mais ce qui pose problème, c'est moins la nature idéologique de cet apport, que la manière dont elle gagne — et unifie inégalement — la société urbaine. Il faudrait compter avec les symboles et les manifestations : des emblèmes aux rites et aux fêtes collectives, dont on découvre aujourd'hui l'importance. Il faudrait aussi retrouver le symbole dans le tissu urbain, monument ou lieu, qu'il ait été créé volontairement ou imaginé et valorisé après coup ; enfin, tenir compte du double mouvement qui anime actuellement le pouvoir urbain, du moins dans les grandes agglomérations : une personnalisation, de type présidentiel ; une mobilisation d'images et d'interprétations « valorisantes ».

CHAPITRE V

Morphologie et plan de la ville

Il est habituel d'opposer à l'étude globale de la ville, l'étude interne : comment la population, les activités se répartissent-elles dans le tissu urbain et comment ce tissu est-il organisé ? La première démarche privilégie l'analyse des fonctions, à laquelle elle subordonne volontiers celle de la population et du mode de vie urbain ; la seconde s'attache davantage aux formes et à la manière dont le mode de vie urbain s'y ajuste. Les notions n'ont pas la même netteté dans cette seconde perspective : celle de *paysage urbain* n'a jamais été formulée avec rigueur (à la différence de la notion de paysage agraire) ; on y croise la constatation ou la mesure des volumes, dispositifs physiques, dessins architecturaux avec le sentiment ou la perception qu'en ont les habitants ou les visiteurs. La notion de *morphologie* conviendrait mieux, si l'on posait qu'elle ne se réduit pas à la description raisonnée des objets urbains et de leur arrangement (à tous les niveaux, agglomération, quartier, rue, îlot, maison) mais s'étend aussi à la répartition dans la ville des groupes sociaux et des fonctions. Mais reconnaître les formes, les classer, éventuellement les dater, suffit-il ? De nouveau, deux chemins : l'un conduit à chercher les régularités, par exemple la décroissance des densités du centre vers la périphérie, à saisir comment accessibilité et rareté interviennent dans l'affectation du sol, dans la forme même donnée à la ville, dans sa croissance. L'autre, à montrer l'articulation entre formes et société urbaine, afin de dépasser l'opposition entre un *cadre* et une vie urbaine qui s'y moulerait. Derrière les objets urbains, leur arrangement, on s'efforce de retrouver l'action de la société qui les construit, les utilise ou les interprète. Derrière les répartitions, le jeu de relations et les changements à terme dont elles ne sont que l'expression figée. Ainsi les formes ramènent-elles généralement aux aspects démographiques, fonctionnels et sociaux de la ville ; à l'inverse c'est à travers elles que les cultures urbaines exercent leur pouvoir de création ou simplement exercent leurs pratiques. Mais l'œuvre n'est pas pour autant caprice renouvelé : elle définit des contraintes ou cristallise des habitudes et des intérêts. En ce sens, il existe une certaine logique des formes urbaines, qui n'est pas seulement inertie. Dans l'analyse interne de la ville, il est bon aussi de ne pas confondre structure, fonctionnement et genèse.

On a longtemps cherché, dans le plan de la ville, l'élément le plus stable, celui qui constituerait la matrice de tous les arrangements urbains. Maisons et rues, espaces bâtis et espaces ouverts, dans leurs dimensions et leur volume, subissent des transformations qui ne remettent pas forcément en question le plan, reconstructions individuelles, corrections mineures apportées par les alignements de façade, regroupement de parcelles : œuvre souvent lente, inachevée, comme en témoignent par exemple les vieilles rues de Paris, ponctuellement élargies et construites en retrait. Dans les villes américaines, l'édification des gratte-ciel ne met pas en question forcément la trame des voies.

L'utilisation du bâti ou du sol, « l'usage » sont enfin considérés comme plus malléables. Des bureaux se glissent dans la coquille d'anciens appartements bourgeois, des ateliers artisanaux dans les bâtiments et les cours d'anciennes demeures aristocratiques, des meublés dans les immeubles naguère cossus. De ce fait, on aboutit à une superposition d'éléments, dont la durée et les contraintes structurelles sont inégales.

Le plan et les étapes de la croissance.

Le plan ne se résume pourtant pas en une simple géométrie, aux effets prolongés. Ce que l'on reconnaît d'abord, à travers les indications qu'il donne, ce sont les étapes de la croissance : les formes successives sont séparées souvent par des limites physiques, plus ou moins fortement marquées dans le paysage. Les enceintes perpétuent leur tracé dans le dessin des rues ou les lignes de boulevards volontairement créées à l'emplacement des anciennes murailles. On lirait ainsi l'histoire de la ville dans ses anneaux successifs, comme celle d'un arbre. Cette analyse reste uniquement formelle. On ajoute un autre principe de discrimination, quand on rattache les dessins de la ville aux fonctions originelles, les emplacements aux nécessités qui les ont créés. Ganshof, dans son étude classique sur les villes entre Loire et Rhin avait décelé les noyaux de formation, ancien camp romain, forteresse, cité ecclésiastique et les lieux de commerce qui s'y juxtaposent : *burgus, vicus, portus* ; puis les faubourgs qui peuvent correspondre au développement ou à l'éveil de nouvelles fonctions. Chaque conquête peut donner lieu à la construction d'une enceinte. Ainsi étude morphologique et étude fonctionnelle apparaissent réconciliées et peuvent être ainsi poussées jusqu'à l'apparition de quartiers industriels aux confins d'une gare et des « shopping-centers » ou de grands ensembles à proximité d'un nœud routier. La fonction peut recouvrir des peuplements différents : à Pékin, la ville tartare, siège de l'autorité et de la minorité dominante, s'est installée sur l'emplacement occupé par l'ancienne dynastie des Mings et s'oppose à la ville chinoise. Les colonisations européennes n'ont cessé de juxtaposer aux villes dites « indigènes », et notamment aux medinas islamiques, les formes urbaines de la métropole, qui supportent d'autres fonctions et un autre peuplement. À Alger comme à Tunis et à Dakar, le paysage en tire son articulation principale.

À cette influence dominante de la fonction, modulée par l'origine du peuplement, on joint celle de la topographie. Le site initial combine généralement les deux (*site défensif*, par exemple). La ville utilise ensuite, tant bien que mal, les données du cadre naturel pour assurer son développement. Le plan paraît souvent se modeler sur les indications du relief, le long des dépressions et des axes de circulation, ou bien évoquer les aménagements accomplis pour en vaincre les difficultés (du pont fixateur de faubourgs aux ports artificiels, aux travaux et ouvrages d'art autoroutiers). Remarques qui ne sont point fausses et participent à la description raisonnée des villes. Mais de cette accumulation d'observations, on ne peut tirer qu'une confirmation : la très forte corrélation entre ville et circulation, qui exprime l'effet de centralité exercé par la ville, sans que l'on en déduise pour autant, sans autre forme de procès, la part de la géographie naturelle et celle de l'histoire. Circulation, aménagements des terrains, construction de bâtiments relèvent de techniques qui changent selon les temps et les sociétés, sont inégalement puissantes, mais aussi inégalement coûteuses. Le site d'une ville est tout autant le résultat d'investissements, donc de choix sociaux et politiques que de la nature. Mais il faut alors saisir dans le plan autre chose qu'un jeu sommaire des fonctions et de la topographie.

À la description historique qui décompose et juxtapose les étapes, on ne peut guère opposer qu'un classement systématique des formes de croissance, qui se réduit, en fait, à celui de la forme extérieure de la ville, aux références géométriques ou biologiques. Croissance annulaire ou étoilée, polycentrique ou en polypier. Réduction risquée, car ces formes doivent être replacées dans un ensemble ; classement peu efficace, car, pour aboutir à une interprétation, on devrait considérer le sens de ces formes comme univoque. Au total, la notion de plan s'en trouve elle-même appauvrie ; la comparaison universelle de ces formes tendrait, d'autre part, en confondant les temps et les lieux et en oubliant à l'excès la composition de la ville, y compris dans ses aspects physiques, à négliger des ruptures essentielles. Jusqu'à l'articulation du XVIIIe et du XIXe siècle, la ville est finie, elle a donc une forme dessinée, qui est soulignée évidemment par l'existence de murs mais ne la suppose pas nécessairement. Le « désembastillement » qui s'opère alors, dans la ville de l'Europe des Lumières, et s'étale pendant un bon siècle, n'est pas seulement destruction ou simple débordement d'une barrière physique. L'urbanisme « ouvert », l'idée d'une croissance indéfinie marquent une différence fondamentale dans la conception de la ville — inégalement perçue, subie ou souhaitée par les contemporains. La notion de forme en sort sérieusement modifiée.

Les formes élémentaires :
plan régulier et plan irrégulier.

Il convient de restituer à la notion de plan sa complexité : elle implique non seulement une limite, mais un agencement, en particulier un dispositif de voies et d'espaces ouverts qui commande, plus ou moins directement, la répartition entre le bâti et le non bâti, le public et le privé. Ainsi défini, le plan est plutôt saisi à travers ses formes originelles, ses dispositifs élémentaires qu'à l'échelle d'une agglomération moderne, faites de pièces juxtaposées, plus ou moins fortement reliées entre elles. Les divers types de plan sont classés selon un jeu d'opposition : régulier (géométrique)/irrégulier ; naturel (ou spontané)/planifié ; l'essentiel est alors le rapport que l'on établit entre un certain dessin et les raisons — conscientes ou non — qui l'inspirent. Le plan en damier est, d'ordinaire, considéré comme le plan ordonné par excellence, celui qui traduit l'action d'une autorité centrale — propriétaire ou pouvoir politique — capable d'imposer la régularité du schéma, sa cohérence. Il caractériserait les villes de fondation face aux villes « spontanées ». Sans doute est-il particulièrement représenté dans les expériences de colonisation, de la Sicile grecque aux villes américaines — ou dans les zones pionnières de l'urbanisation, cités ouvrières ou lotissements de banlieue. Mais cette ubiquité, si elle permet de réfléchir sur les variables, qui, à travers l'histoire, ont déterminé l'adoption de ce schéma, ne réduit-elle pas la signification qu'on peut lui accorder ? Dans l'Antiquité, il s'accompagne assurément de l'idée de fondation. Constitué, sans doute, à travers des expériences multiples, il prend sa forme parfaite dans les cités étrusques, les cités ioniennes et surtout les rejetons grecs construits dans ce pays neuf qui était la Sicile, au VIe siècle. La théorie ne prend forme qu'après coup, avec Hippodamos de Milet, au milieu du Ve siècle. Mais s'agit-il seulement de la reproduction d'un dessin géométrique ?

Dans les villes étrusques, le plan en damier s'accompagne d'une vision cosmogonique : les deux voies principales, le *cardo* et le *decumanus*, orientés selon les points cardinaux, donnent au lieu de leur croisement, une valeur symbolique, celle du centre du monde. Dans les villes grecques ou siciliennes, les orientations échappent aux directions cardinales ; la structure de la ville ne vient pas d'un réseau orthogonal relativement neutre (en Sicile, il reproduit le dessin des morcellements de terres agricoles entre les colons), mais de la définition et du regroupement des emplacements publics et religieux, temples et agora.

D'où l'ambiguïté du plan en damier : tantôt il est considéré comme neutre, non hiérarchisé, qualifié parfois de démocratique, puisqu'il ne privilégie aucun point de l'espace. Tantôt, il exprime le souci principal d'ordonner la cité. Synonyme de planification, on le rapporte à toutes les fondations systématiques : castra romains ; bastides de la France du XIVe siècle, villes nouvelles des XVIe-XVIIe siècles ; villes coloniales de l'Allemagne orientale ; villes de la reconquête espagnole, projetées ensuite dans l'organisation du nouveau monde. Le damier, pris dans un dessin général et fini — souvent celui d'un système fortifié — est présent dans les utopies de la Renaissance. Planification et égalité sont conciliées dans l'œuvre de W. Penn, jetant à Philadelphie les bases territoriales d'une communauté religieuse de chefs de famille égaux entre eux, célébrant chacun le culte, hors de tout clergé et de toute Église. Mais le plan en damier, c'est aussi la solution de facilité pour le lotisseur de terrain, à l'échelle d'une ville, comme ce fut le cas aux États-Unis, d'un quartier ou d'une banlieue. L'affectation du sol est alors laissée aux seules lois du marché. Los Angeles, sous son réseau de circulation autoroutier, est un conglomérat de vastes lotissements. Dans la banlieue des villes françaises et notamment de Paris, les lotissements pavillonnaires, construits entre les deux guerres, ont été considérés vers 1950 comme l'exemple le plus néfaste de la croissance anarchique. C'est dire que la géométrie supporte des intentions et des mécanismes fort variables ; mais inversement l'initiative du spéculateur ou du planificateur ne s'enferme pas dans un dispositif topographique unique.

Le plan radioconcentrique ne se prête pas à une interprétation plus simple : Dickinson (1961) l'identifie, avec ses deux caractères, développement annulaire autour d'un noyau central, voies radiales, à des formes de croissance naturelle qu'il décèle en particulier dans les villes médiévales. Autour d'un château, d'une forteresse, d'une cathédrale ou de la place du marché, maisons, boutiques, hôtels se seraient agglomérés, glissant le long de chemins qui conduisent hors de la ville, se rejoignant sous forme d'anneaux concentriques. Le dessin des voies serait ainsi partiellement subordonné à des actions fractionnées. Le plan est-il, pour autant, privé d'intention ou de logique ? On le retrouve dans les cités hittites, sans doute chargé, autant que le damier des Étrusques, de valeur symbolique. À juste titre, P. Pierotti (1972) critique la notion de spontanéité appliquée à ce type de croissance. À partir de l'exemple des cités italiennes du Moyen Âge et notamment des cités apparemment complexes comme Sienne, il montre comment les formes urbaines répondent aux besoins d'une collectivité. La ville est faite de trois noyaux, installés sur trois collines, les axes principaux qui les desservent s'enracinent dans la Piazza del Campo : « La forme de la ville et sa fonction urbanistique sont étroitement liées et nécessaires. » Peut-on parler de croissance désordonnée ou de décisions fragmentées, si dans la pratique elles obéissent, les unes et les autres, à un dessein global ?

Le plan radioconcentrique prend d'ailleurs à l'époque de la Renaissance, puis du baroque, une autre dimension : celle des grands projets d'embellissement, qu'il s'agisse d'extension ou de création. Vision monumentale et destinée à mettre en valeur les monuments, convergence des larges perspectives vers des places centrales, dispositif en étoile, tels sont les nouveaux aspects de la croissance planifiée, plus ou moins combinés, d'ailleurs, avec le damier. Ils commandent la création de villes royales ou princières, comme Versailles ou Karlsruhe, l'agrandissement de capitales ; ils sont exportés hors d'Europe avec la fondation d'une ville comme Washington, modelée par L'Enfant. Sous-tendant cet urbanisme, L. Mumford (1961) reconnaît l'action d'un nouvel art militaire, d'une idéologie politique, celle de la monarchie centralisée, d'une nouvelle conception de l'espace, inspirée de la philosophie mécaniste. Les liens avec le développement d'un capitalisme mercantile prêtent à discussion, en revanche, l'affirmation d'un pouvoir et d'une hiérarchie (qu'il s'agisse de l'Église romaine avec la Contre-Réforme, du pouvoir de la monarchie absolue ou des despotes éclairés), paraît étroitement associée à cet ordre urbain. Mais est-ce le dessin radio-concentrique, lui aussi ambigu, qui est chargé de signification ou un dispositif plus précis dans lequel l'ordonnancement des voies, leurs dimensions, les liaisons et les perspectives qu'elles établissent, l'affectation des espaces enfin prennent plus de valeur qu'une simple géométrie et définissent la ville-spectacle.

Le plan irrégulier, tel que le définit Dickinson, avec l'incohérence très apparente des voies, leur absence de continuité, d'alignement et l'établissement comme hasardeux des bâtiments, fait contraste avec les deux modèles précédents. On le retrouve dans les noyaux médiévaux d'Europe, les villages agglomérés et devenus urbains. Mais les caractères ne sont exprimés en leur totalité qu'en certaines régions. Villes maures d'Espagne, cités islamiques d'Afrique du Nord et du Proche-Orient (le plan irrégulier y marque souvent la désorganisation d'un plan initial orthogonal, de l'époque hellénistique), villes des Balkans pendant la période turque. Une manière de traiter la ville, que l'on rapproche d'ordinaire des aspects politiques et culturels de l'Islam. De Planhol (1968) rapproche cette disposition apparemment désordonnée, « l'enchevêtrement de blocs mal aérés par un labyrinthe de rues tortueuses et d'impasses obscures », la rareté des places et des espaces vides, l'absence d'une vie collective municipale de l'importance de la cellule familiale. Cette oblitération de la géométrie n'exclut pas des articulations données par l'emplacement de la Mosquée ou du Bazar ; mais les souks et les résidences se disposent essentiellement comme des espaces intérieurs, réunis par des venelles. La médina de Tunis est ainsi résumée :

« Toute la ville est donc un système d'enclos » ; l'organisation du sol témoigne de la puissance des lignages et des structures familiales, à laquelle la vie urbaine est subordonnée : « Être admis dans la maison abolit la qualité d'étranger et nous intègre à la cité. »

La composition des formes.

La juxtaposition de plans différents qui caractérise les villes importantes et la croissance des villes, depuis l'époque classique ou baroque, ne peut être traitée en simple addition. Ce sont bien des ruptures économiques, sociales, idéologiques (et l'explication ne passe pas linéairement des infrastructures aux superstructures) qui donnent l'explication raisonnée de cette complexité des formes. Qu'il y ait des continuités plus longues ou des transferts de modèles, d'une société à l'autre, ne peut être nié ; encore faut-il que la société d'accueil donne un sens à la réutilisation des formes anciennes ou à l'importation de formes étrangères. Les plans, d'autre part, peuvent définir des matrices plus ou moins efficaces pour assurer le développement topographique des villes. Sur ce point, le damier constitue une trame qui peut se répéter comme à l'infini ; ainsi apparaît-il dans les villes américaines ; en Europe même, des damiers dessinés à l'époque classique ont pu constituer l'enracinement des lignes de croissance, déroulées ensuite aux XIXe et XXe siècles, ainsi à Marseille, à partir de l'agrandissement monarchique de 1666. À Barcelone, l'*ensanche*, plan quadrillé coupé de diagonales, a été établi dans les années 1850-1860 pour commander l'extension de la ville ; il en forme encore, autour de la vieille ville ceinte de boulevards, la trame principale. À cette puissance de diffusion, le damier ajoute une certaine malléabilité dans l'affectation du sol et la construction ; les reconstructions peuvent être entreprises à l'intérieur de chaque bloc, indépendamment les unes des autres ; ainsi les centres des villes américaines sont-ils passés de l'âge de la maison coloniale à celui des buildings, sans modification nécessaire de l'assise géométrique. Manhattan a porté successivement des villes différentes. C'est bien les conditions modernes de la circulation qui ont marqué les limites de ce dispositif, avant que l'on insiste sur sa pauvreté « urbanistique ».

La tolérance à l'égard des changements reste pourtant limitée. Plus que le plan quadrillé, les noyaux anciens par leur lacis serré, et quelle qu'en soit la géométrie, ont créé des obstacles à la circulation et des zones menacées plus ou moins de vieillissement ; ainsi éclate dès le XVIIIe siècle, la contradiction entre le tissu urbain et le nouvel usage fonctionnel que l'on attribue à la ville. La rationalisation du plan est d'abord conçue comme un ajustement aux exigences de la circulation. L'investissement routier ou portuaire commande la logique des élargissements ponctuels. C'est avec l'âge industriel qui entraîne tout à la fois de nouveaux principes et de nouvelles modalités de la production et de l'échange, que la nécessité de remaniements plus amples s'impose. Il est normal que la conception de la ville soit plus touchée par la mise en place des réseaux modernes de communication, et surtout le chemin de fer que par les transformations de la production. En effet les conditions du travail industriel changent lentement, ponctuellement ; la grande usine ne s'associe pas forcément à l'idée de grande cité. En revanche système général de circulation et réseau de villes paraissent étroitement imbriqués et la grande ville doit s'ouvrir à la révolution des transports, s'organiser en son image. Pour des raisons techniques : n'insistons pas sur le rôle des gares. Pour d'autres raisons plus profondes : la ville lieu de l'échange, de la circulation (y compris des invisibles) ne tolère plus la fragmentation, héritée d'une croissance par addition. Il faut rendre au centre son rôle moteur et faire qu'il irrigue sans obstacle la ville jusqu'à sa périphérie. De ce fait la valeur de la ville réside dans la *mobilité* des personnes et des biens et cette mobilité doit atteindre les valeurs foncières, rapprochées somme toute dans la représentation que l'on s'en fait des valeurs mobilières. Circulation et spéculation sont donc associées dans cette nouvelle image de la ville importante. Par corollaire, la ville doit être « affinée », épurée, de tout ce qui s'y agglomère sans utilité et de formes dissuasives. Tel est le sens de l'haussmannisation, dont le modèle se construit avant Haussmann, dans le sillage des utopistes et s'étend bien au-delà de l'expérience parisienne, dans les années 1850-1870. Parallèlement, l'ingénieur des chemins de fer Cerda formule un autre modèle à Barcelone, qui, somme toute, répond aux mêmes objectifs de croissance non limitée. Le mouvement de transformation urbaine s'étend aux villes européennes : en Autriche (Vienne), en Italie (pendant la phase 1880-1890, à Rome, Gênes ou Naples) ; il se prolonge dans les travaux urbains de l'Allemagne Wilhelmienne. Il s'articule enfin avec les aménagements britanniques. Londres a fourni des références à l'haussmannisation avant que les villes industrielles en viennent, elles aussi, à « percer » leurs quartiers.

L'haussmannisation surimpose donc à l'ancien système de voies, le tracé de percées qui éventrent les anciens quartiers et ouvrent vers la périphérie : un nouveau système qui ne détruit pas, le plus souvent, la totalité du tissu urbain hérité, mais le fractionne plutôt. Reprenant en partie des modules et une esthétique de l'urbanisme classique, le sens de la ville-spectacle, le réseau haussmannien prend un siècle d'avance sur les réalités du trafic. Ce constat révèle la pauvreté d'une explication qui lierait exclusivement plan et circulation ; à travers le réseau des voies, c'est le bâti, le dessin parcellaire et l'usage du sol qui sont remis en question. Dès lors, les intentions comptent peu : elles peuvent être multiples mais s'enchaînent les unes les autres. Que l'on veuille établir des voies stratégiques, réduire des quartiers insalubres, détruire un milieu inquiétant de « classes dangereuses », valoriser les espaces, encourager les constructions nouvelles ou embourgeoiser la cité, créer l'infrastructure de services modernes et d'un fonctionnement régulier, tous les objectifs se combinent, à des degrés variés. L'ancien système ne peut éclater qu'à l'aide de la puissance publique, qui met à la disposition de l'opérateur l'arme de l'expropriation et des moyens de financement. La mobilisation des terrains et du crédit est l'une des conditions de cette transformation comme la formation de sociétés immobilières.

Un siècle plus tard, c'est une combinaison voisine qui conduit le remodelage des centres anciens en Europe comme aux États-Unis, même si les mobiles varient ; comme légitimation, la circulation automobile et les jonctions autoroutières se substituent à la liaison entre les gares qu'avançaient les haussmanniens. En Europe, les destructions de guerre ont souvent facilité le regroupement des parcelles et l'appropriation collective ; les moyens classiques ont été repris ensuite. Aux États-Unis, c'est la lutte contre les *slums* qui a donné à ces opérations le poids et le financement de l'autorité publique. Mais les vieux motifs de lutte contre l'insalubrité et le risque social se sont mêlés au souci de redonner à ces emplacements dévalorisés leurs avantages de situation et leur valeur foncière ; de répondre à la concurrence des centres marchands de la périphérie ; les remodelages ainsi entrepris à Philadelphie, Boston, Chicago ou New York confirment que « libérer » les terrains, c'est laisser place aux jeux de nouveaux mécanismes sociaux, qui échappent en partie aux intentions initiales des pouvoirs publics ou les dévient. Le plan prend son sens non seulement des zones uniformément ordonnées qu'il dessine, des imbrications qu'il révèle, mais aussi des discontinuités spatiales et temporelles qu'il souligne.

Plan et transports de masse.

Les moyens de transport de masse ont assurément multiplié ces discontinuités. Changement d'échelle, d'abord : l'aire des déplacements s'est trouvée dilatée, assouplie dans ses formes. Discontinuité topographique, ensuite : la ville s'accroît par une série de bourgeonnements, englobant d'autres unités urbaines, accrochant à telle ville ancienne de nouvelles zones d'emplois ou de résidence. Ainsi se constitue un réseau général de circulation, qui, à la différence du réseau de type haussmannien, n'est plus limité à sa périphérie : sorte de squelette, sur lequel se greffent des plans particuliers d'aménagement du bâti. Le quadrillé simpliste des lotissements ou la répartition stéréotypée des blocs d'immeubles ne sont qu'une solution à l'économie ; dans une étape plus proche, dans les pays plus soucieux du site (Angleterre ou pays scandinaves), on recherche de nouvelles distributions entre les volumes et les espaces libres, qu'il s'agisse d'habitat individuel ou collectif : revanche d'une architecture sur les disciplines de l'ingénieur. De nouveau, l'adaptation à l'environnement, la multiplicité des formes sont invoquées : illusion de la spontanéité ou du moins d'un ordre intérieur, qui ne serait pas mécanique. Mais, de toute manière, on aboutit à l'éclatement de la double fonction initiale du plan : commander la disposition des bâtiments ; dessiner le réseau de circulation. La circulation elle-même est identifiée aux moyens de transport de masse.

Les exigences ou les possibilités techniques ne sont pas les mêmes, selon les étapes et les moyens de transport : l'utilisation des chemins de fer, variables selon les pays, de succès relativement tardif (surtout dans les années 1900 aux États-Unis et dans la région parisienne), impose des structures rigides mais privilégie les longues distances : d'où son rôle à l'origine de la *Mégalopolis* américaine. Le métro s'adapte aux flux plus qu'il ne contribue à les créer. Au contraire l'emploi des omnibus à chevaux, des tramways (particulièrement utilisés aux États-Unis avant les années 1880 et responsables du premier effet de diffusion), des *cable-cars*, celui des tramways électriques, qui entre 1890 et 1930 ont modelé en grande partie les villes européennes, apportent plus de souplesse, utilisent le réseau existant de voies, pénétrant dans la périphérie rurale. L'automobile, puissante dans la circulation américaine dès les années 1920, accroît d'abord cette souplesse, en étalant ses effets. Mais l'intensité de son emploi pousse à la création de réseaux autoroutiers à l'intérieur des zones urbaines et hiérarchise à nouveau la circulation dans deux directions : croissance périphérique, remaniements par feed-back du tissu urbain ancien. Exigences techniques ? Il ne serait pas difficile de trouver des pressions et des choix sociaux, en amont ; mais tenons aussi à l'importance des effets et de leur combinaison. Le plan se dissocie ; d'un côté il s'assimile aux aspects plus ou moins normatifs d'une organisation générale des transports, réglée et financée en grande partie par les investissements publics. Les structures du paysage sont ainsi subordonnées à des phénomènes de mobilité, aux « mouvements pendulaires » qui déplacent les travailleurs et les acheteurs. Les courbes isochrones et les zones de tarification se substituent au vieux dessin des limites urbaines. D'autre part, les distinctions fonctionnelles et sociales s'étalent, se développent dans l'espace urbain et le contenu devient plus expressif que les formes.

CHAPITRE VI

Division sociale et division fonctionnelle de l'espace urbain

La ville ou l'agglomération urbaine présente deux aspects complémentaires : elle est à la fois lieu de différences qui s'expriment dans l'aménagement interne et séparent d'une manière plus ou moins visible les groupes sociaux, les fonctions, les usages du sol ; elle est aussi lieu de regroupement, de convergence qui maîtrise ou efface, autant que possible, les effets de la distance. Les notions de division sociale et fonctionnelle, d'une part, de centralité, d'autre part, sont à l'opposé l'une de l'autre mais s'appellent mutuellement. Il est normal que l'analyse urbaine insiste sur les mécanismes qui commandent l'affectation des sols, dans leur spécialisation ; qu'à l'inverse, on ait appliqué à l'espace urbain intérieur, la théorie des places centrales, même si l'on doute à juste titre de l'uniformité de la demande et de la simplicité du schéma topographique qui en serait l'aboutissement.

Le rapport entre division sociale et division fonctionnelle.

La distinction entre division fonctionnelle et division sociale fait problème. La répartition des fonctions paraît répondre d'abord à des exigences techniques — celles du commerce de détail, des équipements rares ou des bâtiments industriels. Mais elle dépend aussi du coût des terrains et des avantages que l'on peut retirer de telle ou telle position. Elle s'inscrit donc dans une compétition économique. Elle ne peut être dissociée, que l'affectation du sol soit commandée par les mécanismes du marché ou non, d'une certaine hiérarchie des tâches, d'un jugement de valeur de nature sociale qui, s'ajoutant aux effets purement physiques (discontinuité dans le paysage ou le tissu urbain, « dégradation » des paysages ou de l'atmosphère) rend certaines activités attractives, d'autres répulsives. De même, la division sociale ne peut être mesurée, comme on le fait d'ordinaire, à la seule répartition de l'habitat. Il faudrait compter aussi avec la fréquentation des lieux de la rencontre. Toutefois, c'est le choix de la résidence (ou les contraintes qui la déterminent) qui exprime le plus clairement les différences sociales entre les groupes. La carte sociale de la ville est le plus souvent identifiée à celle de l'habitat et de ses composantes socio-professionnelles. Deux risques, néanmoins : peut-on placer les modes de vie et d'habitat sur une échelle unique, déterminée par les revenus ou la profession ? Un seul modèle est-il possible ? D'autre part, le schéma spatial qui en dérive rend-il compte uniquement de solidarités ou d'identités entre « égaux » ou exprime-t-il, éventuellement, des solidarités verticales, famille, ethnie ou dépendance économique ? Passer de la division fonctionnelle et sociale au concept de *ségrégation* ne va pas sans difficultés. Sans doute peut-on mesurer, sans trop d'incertitude, la ségrégation entre travail et résidence (mais est-elle subie de la même manière par tous les groupes sociaux ?) ; plus difficile est de concevoir les rapports entre ségrégation de l'habitat et ségrégation sociale. La mixité d'un quartier (par exemple d'un quartier en rénovation) n'implique pas, pour autant, l'existence de relations entre les groupes extrêmes qui l'habitent — probablement dans une phase transitoire. On ne peut donc réduire la ségrégation à ses manifestations spatiales et, à plus forte raison, à une simple distance géométrique. C'est au contraire le rapport entre distance topographique et distance sociale, qui peut, dans une certaine mesure, qualifier les sociétés et permettre d'apprécier les effets de compositions territoriales concrètes.

Il serait encore plus vain de mesurer la ségrégation selon une échelle unique dans le temps. On ne peut comparer directement une société urbaine médiévale, la phase européenne de première industrialisation, les manifestations amorcées d'une société postindustrielle et tout convertir en degrés. La définition des groupes sociaux et de leurs relations doit être rapportée, à la division du travail, à ses formes successives ; on retrouve alors l'unité du fonctionnel et du social ; la division du travail commande l'affectation du sol à des activités différentes, de même qu'elle détermine, par des médiations, le contenu des groupes sociaux et les inégalités du pouvoir, d'accès aux biens ou d'expression culturelle qui les caractérisent. Mais la division du travail ne peut être saisie dans le moment : la ville, plus que la cité industrielle, cumule des formes qui appartiennent à des âges différents. L'organisation du travail de type artisanal caractérise encore la production dans les grandes villes du XIXe siècle qui ne sont pas essentiellement vouées à l'industrie ; les capitales politiques des États ou les capitales provinciales, par exemple. La structure des échanges détermine aussi des entreprises et des types de relations sociales très différentes et chevauchant les périodes de l'histoire. Il faut enfin compter avec les groupes qui détiennent la fortune foncière et immobilière et l'effet conservateur des patrimoines qui marquent fortement l'usage de la ville et de ses constructions. La diversité sociale et fonctionnelle dans nos villes relève en fait de strates historiques, successives, inégalement puissantes, inégalement effacées.

Dimensions historiques de la division.

La liaison activités-résidence, division fonctionnelle-division sociale est donc inscrite dans l'histoire urbaine. S'il ne reste parfois que des noms de rues, aux consonances pittoresques, le groupement des métiers est un principe répandu dans les villes médiévales. Mais son caractère est plus ou moins rigide, selon l'importance même des corporations ou des guildes dans la vie politique de la cité. À Pérouse, la division topographique s'accorde avec l'organisation des *Arti* et leur poids dans le gouvernement de la ville. En Allemagne occidentale, les corporations jouent un rôle central et ordonnent souvent le tissu urbain. Même dans les villes islamiques, où les corporations sont beaucoup moins maîtresses d'elles-mêmes, le contrôle administratif ou fiscal conduit à des regroupements géographiques de métiers ou même à leur concentration. Il reste de ceci une forte liaison entre le domicile et le travail, qui n'oppose pas d'emblée maîtres et ouvriers, riches et pauvres. À Paris, au XIVe siècle, boutiquiers et artisans vivent d'ordinaire sur le lieu de leur travail ; la formule n'a guère changé au moment de l'haussmannisation. L'inertie du bâti, du parcellaire qui contraint le modèle des maisons, même après reconstruction, consolide cette liaison. Si le rapport direct domicile-travail s'est dilué depuis le XIXe siècle, dans les villes d'Europe continentale, la proximité topographique de l'un et de l'autre persiste et caractérise notamment le patronat du petit et moyen commerce et de l'artisanat. Mais cette proximité va de pair, le plus souvent, avec le maintien d'un tissu urbain ancien.

D'autres formes de groupement s'opposent à cet aménagement par le travail : groupements autour des grandes familles, des réseaux de lignage ou de clientèle, des solidarités religieuses ou ethniques, allant jusqu'au phénomène de ghetto. À Gênes, Bologne ou Florence, la ville s'organise d'abord autour des *domus* des grandes familles. Les villes de l'Islam classique se présentent comme des agglomérations de quartiers autonomes : les liens familiaux, ethniques et religieux y recoupent les strates sociales. L'étranger, la minorité appartiennent au paysage des villes du Moyen Âge ; quelle que soit la place qui leur est accordée, le statut reconnu, ces minorités tendent à constituer des noyaux de peuplement, à la mesure de leur cohésion interne : il faudrait donc distinguer ce qui est exclusion, mise à l'écart et ce qui est recherche d'une identité et manifestation de la particularité. Question qui sous-tend toute interrogation sur les faits de ségrégation et ne se limite pas à la ville du Moyen Âge ou des temps modernes.

Recoupant aussi les strates sociales, la simple dépendance ou clientèle économique constitue des ensembles variés. La domesticité, d'abord ; puis les boutiques et les services qui accompagnent les classes privilégiées ou enrichies et leur consommation. Dans le Paris du XVIIe siècle, hôtels particuliers et boutiques se juxtaposent dans les quartiers du centre ; ils s'appuient sur l'imbrication de deux parcellaires, grandes parcelles, situées d'ordinaire au centre des îlots, laniérage qui s'insère entre les grandes parcelles ou se greffe sur les chemins de grande circulation. L'haussmannisation, dans la mesure où elle superpose deux dessins, ajoute de nouveaux contrastes et peut-être des complémentarités de cet ordre, entre habitat bourgeois et milieu boutiquier. Mais elle rompt aussi les continuités et fait que les deux types d'espaces peuvent suivre des courbes sociales indépendantes.

La division sociale gagne en netteté, à partir de l'époque classique ou baroque — avant que l'industrialisation ne produise directement ses effets sur la ville. Elle se marque d'abord dans l'opposition entre ville et faubourgs, opposition de fonctions inégalement nobles et de contenu social. Distinction qui s'accentue avec les prémices de l'industrialisation, la manufacture dispersée et l'apparition aux confins de la ville, ainsi à Amiens au XVIIe siècle, de quartiers ouvriers. À l'intérieur de Rouen, une même dichotomie s'observe au XVIIIe siècle, sans opposer pour autant centre et périphérie. La seconde explication vient de l'urbanisme nouveau qui inspire aussi bien les pouvoirs publics que les classes privilégiées et conduit, dans les nouveaux espaces conquis par la ville, à constituer des sociétés plus homogènes, caractéristiques de l'élite sociale, ou de telle ou telle catégorie. C'est ainsi qu'à Paris s'organisent, à l'ouest et au nord des résidences royales, des quartiers de luxe, dont le « faubourg » Saint-Germain ou le « faubourg » Saint-Honoré donnent le modèle. Ainsi deux principes de division s'articulent : le premier valorise la ville par rapport à la croissance périphérique et lie la *centralité* à un lointain héritage. On a noté, dans les villes italiennes, à Bologne comme à Milan, cette combinaison étroite de l'institution et de la résidence des classes supérieures et le rôle symbolique attaché, de ce fait, au centre historique. Le second oppose les quartiers neufs, largement construits, qualifiés par leur modernité ou le mode de vie qu'ils offrent, exprimant dans le dessin spatial l'identité et le goût des élites dirigeantes — et les quartiers anciens, laissés à la confusion et au surpeuplement. L'extension n'est pourtant pas le contraire de la centralité et ne dissocie pas nécessairement fonction et contenu social. La marche vers l'ouest de la résidence des classes supérieures entraîne, à Paris, le déplacement progressif des fonctions considérées comme les plus nobles et les plus importantes. Plutôt que la négation de la centralité, c'est la création d'une nouvelle centralité, caractérisée à la fois par la nature du peuplement et la qualité des fonctions qui s'y exercent. À l'inverse, l'Est parisien confirme sa spécialisation artisanale et fixe, de préférence, les classes populaires. Dichotomie antérieure à l'haussman-

L'HAUSSMANNISATION

La transformation de Paris sous le second Empire peut être considérée comme un cas exceptionnel : résultat de la volonté politique d'un régime à la recherche de l'ordre urbain et social, du prestige ou même du développement des affaires. On a tendance à rapporter cette ambitieuse intervention à Napoléon III, au préfet de la Seine Haussmann, responsable de ces œuvres depuis 1853 ou à leurs inspirateurs immédiats. À vrai dire, ce moment particulier où « la forme d'une ville » change, s'inscrit dans deux environnements de plus grande durée. Pour Paris, une longue « crise urbaine » — véritable condamnation de la ville ancienne, qui naît du discours des Lumières. Pour l'Europe, un vaste mouvement qui part des transformations de Londres, pour gagner l'ensemble de l'Europe en un peu plus d'une génération. Paris en est certainement une étape principale, avec parallèlement Barcelone (et le projet de l'*ensanche* de Cerda) et Vienne.

Modèle international et d'abord modèle pour la France, les grandes villes de province suivant, avec plus ou moins d'ardeur et d'efficacité, l'exemple de la capitale. Les motifs sont multiples : épreuves politiques de la ville (pour le seul Paris, il ne s'agit pas uniquement de 1848, mais des émeutes des années 1830, du souvenir encore proche de la Révolution française) ; hygiène publique (le choléra est l'une des grandes peurs des années 1830-1850) ; circulation (la ville doit bien se raccorder au nouveau système de circulation qu'établit le chemin de fer) — et sans doute, plus au fond, disponibilité de capitaux prêts à s'investir dans la création de nouvelles formes urbaines. L'important n'est donc pas l'intention — ces motifs se recoupant ou se recouvrant — mais la politique à laquelle ils aboutissent. Les maux de l'ancienne ville (et surtout quand il s'agit d'une capitale) sont rapportés au tissu urbain : un réseau de voies tortueuses, étroites ; des immeubles « dégradés » ; des échanges bloqués (la question des Halles) et surtout la présence au cœur de la ville des « classes laborieuses et dangereuses » que décrit Louis Chevalier, dans la lignée des *Misérables*.

L'utopie des Lumières conduisait à la table rase ; le pragmatisme des spéculateurs du premier XIXe siècle au « déplacement » de Paris, c'est-à-dire à la construction de nouveaux quartiers faisant éclater l'unité de la ville (notamment vers le nord-ouest). L'haussmannisation recueille de la pensée des ingénieurs — projetant de rendre à Paris un réseau de circulation « bien uni et bien lié », capable d'assurer grâce aux embarcadères ferroviaires le lien avec la circulation générale —, l'idée de percée. La percée est à la fois ouverture vers l'extérieur, guide de croissance et remodelage de la ville ancienne. Pour reprendre l'heureuse formule de M. Darin, « avec la percée, l'ordre pénètre dans la ville existante et porte la lutte sur le terrain même de son adversaire. La volonté est donc de maîtriser l'ensemble à l'aide d'une transformation partielle ». Si l'île de la Cité, alors lieu de toutes les inquiétudes, est en partie rasée et reconstruite autour des institutions représentant l'ordre social, l'aménagement de la grande croisée parisienne est significative de la nature des grands travaux.

Toutefois la circulation de surface n'est pas le seul objectif. Assainir et moderniser la ville, c'est aussi établir une ville souterraine grâce à un réseau d'alimentation en eau et de récupération des eaux usagées. L'égout complète en sous-sol la rue ou le boulevard. D'autre part, les voies appellent un paysage, une reconstruction des immeubles au moins en façade, qui est aussi une condition de la réussite économique et esthétique du projet. Haussmann échoue à confisquer la plus-value sur les terrains pour financer les grands travaux ; mais le nouveau tracé des voies impose, plus ou moins profondément, un remodelage du parcellaire ; concentration de la propriété du sol et action des sociétés immobilières vont de pair. De l'immeuble à la parcelle et à l'îlot, le paysage parisien s'imprègne donc d'une nouvelle logique qui s'articule tant bien que mal aux fragments de l'ancien Paris.

À vrai dire ce remodelage n'est pas symétrique dans la ville : vers l'ouest, les anciens quartiers sont profondément transformés et les voies débouchent vers de nouvelles terres à conquérir, vers la plaine Monceau ou de part et d'autre des Champs-Élysées. Le remodelage du centre se prolonge dans l'organisation systématique de quartiers bourgeois. Vers l'est et le sud, les percées sont moins nombreuses et fragmentent simplement le Paris populaire, dont l'occupation se densifie à la périphérie. Bref, l'haussmannisation va, sur ce point, dans le sens des contrastes sociaux déjà amorcés. Unifier par la circulation n'est pas donner de l'homogénéité à la ville.

Sur ce schéma d'« haussmannisation », la politique urbaine parisienne ne revient pas dans le demi-siècle qui suit. À l'intérieur des murs construits en 1844 et du territoire banlieusard annexé par Paris en 1860, la capitale fait alors l'expérience d'un glissement : des grands travaux spectaculaires à l'aménagement, aux équipements, à l'institution des grands services (jusqu'au métro de 1900). Le Paris haussmannien encadre et organise la ville jusqu'aux transformations du second XXe siècle.

nisation, que les travaux haussmanniens ne renversent ni ne corrigent et qu'ils auraient au total pour effet d'accentuer.

À Londres, fonctionnel et social se distinguent plus fortement et d'une manière précoce. Sans doute la ville est-elle organisée autour de deux pôles : à l'est, la Cité, le monde des affaires ; à l'ouest, les institutions monarchiques et politiques avec Westminster. Aristocratie et haute bourgeoisie londoniennes construisent vers l'ouest, bien au-delà des emplacements officiels, ces quartiers de maisons-terrasses et de squares qui, aux confins des XVIIIe et XIXe siècles, marquent le prestige et l'art de vivre et déterminent, pour longtemps, la division sociale.

Les effets de l'industrialisation sur la division fonctionnelle et sociale sont multiples ; ils ne peuvent être jugés que dans leur totalité (technique, organisation de la production et des échanges, classes sociales, mécanismes d'urbanisation). Mais deux directions principales se dessinent. En premier lieu, l'industrialisation au sens strict, c'est-à-dire le développement de la production dans des usines concentrées et mécanisées, définit un nouveau type d'espace urbain : le quartier industriel et ouvrier, confondant à la fois activités et note sociale, exprimant directement dans le paysage — et d'une manière fortement individualisée et ségrégée, la nouvelle condition prolétarienne. L'homogénéité culturelle s'impose encore mieux que l'homogénéité professionnelle, dans la mesure où ces quartiers comprennent aussi leurs commerçants et leurs artisans. À l'opposé, se définit la notion de quartier *résidentiel* qui, au contraire, est identifié à la résidence bourgeoise. En second lieu, l'expansion urbaine dont les corrélats sont multiples — distinction entre production directe et indirecte, multiplication des emplois tertiaires, concentration des services et des bureaux, émergence d'une nouvelle stratification sociale (accroissement quantitatif des « employés », identification des cadres). Mais cette expansion urbaine s'appuie sur la création successive de nouveaux réseaux de transports : les chemins de fer, les tramways urbains, la circulation routière. Cet éclatement de la ville, s'il n'est pas uniquement d'origine et de signification technique, accentue la ségrégation entre les activités, la division entre lieux d'emplois et lieux de résidence. L'opposition centre/périphérie prend une nouvelle dimension, sous la forme ville/banlieue. Des clivages se dessinent entre les nouvelles zones de résidence ouvertes à la périphérie. On sait l'homogénéité sociale qui caractérise les *suburbs* américains et les distinctions de strates qui s'établissent entre *suburbs*, même si elles jouent à l'intérieur de la *middle class* ou de l'*upper middle class*. Les contrastes sont encore plus vifs sur le continent européen où l'opposition habitat collectif/habitat individuel se combine avec des affectations sociales plus tranchées, de la « cité d'urgence » au logement social et aux résidences de luxe. Ainsi apparaît plus nettement une dissociation entre division fonctionnelle et division sociale. La première tend à suivre des tendances analogues dans les pays industrialisés ; à l'intérieur de la ville, des modes de spécialisation plus poussés ont pris forme dans les pays anglo-saxons (*City* de Londres ; *Central Business District*) ; ainsi tendent à s'accumuler des fonctions complémentaires qui excluent plus ou moins l'habitat ; à l'intérieur de cette zone, des spécialisations secondaires peuvent se lire entre secteurs de commerces rares, bureaux, institutions financières ou publiques, lieux de loisir et de culture. Les fonctions productives se reportent à la périphérie ou hors de la ville. Tel est le modèle, moins rigoureusement suivi sur le continent européen. La division sociale, si on la rapporte entre centre et périphérie, revêt au contraire des couleurs différentes d'une société à l'autre ; ici la banlieue est socialement valorisée (États-Unis, Angleterre, pays de l'Europe du Nord), et avec elle l'habitat individuel ; les zones d'habitat de la ville, plus ou moins menacées, au contraire, de vieillissement et de dégradation ; là, la banlieue est encore affectée de signes négatifs et l'attachement aux centres historiques, seraient-ils fortement remaniés, à la proximité des équipements et des institutions, à l'immeuble de ville, reste plus fort (pays latins).

Les modèles de l'écologie urbaine.

C'est à partir d'un exemple américain, Chicago, que vers 1920, Burgess a construit un premier modèle qui rend compte de la répartition des groupes sociaux dans une grande ville. Empruntant les méthodes et les notions des sciences naturelles, surtout de l'écologie végétale, Burgess a montré comment, par le jeu de la compétition, se constituent des *aires naturelles*, homogènes, définies par la présence de groupes sociaux déterminés, par un « peuplement » en excluant d'autres. Ces aires, saisies dans l'espace, ne sont que l'expression d'un *processus* qui les différencie et les fait se déplacer de l'intérieur vers l'extérieur de la ville, au cours de la croissance. Ainsi se développent des zones concentriques à partir du *Central Business District* ; le niveau social, l'ancienneté dans la ville, l'assimilation de la population augmentent grosso modo du centre vers la périphérie ; on observe d'abord la zone de transition et de dégradation qui touche au CBD mais en attente d'une transformation, et accumule les nouveaux arrivants et notamment les minorités ethniques ; puis la zone de population ouvrière intégrée, qui entoure celle-ci, enfin les zones résidentielles périphériques qui attirent les classes moyennes ou supérieures. La domination du centre sur l'ensemble du processus est affirmée ; mais c'est essentiellement par un mécanisme d'*invasion-succession* que s'opère dans chaque zone la substitution des catégories plus pauvres et moins assimilées aux couches plus anciennes et plus favorisées. Ce modèle a suscité de longues discussions et constitue, aujourd'hui encore, une référence reconnue. La critique a porté sur plusieurs points : la réalité des *aires*, aires géographiques, bien délimitées ou simple tendance, simple gradient indiquant la direction du mouvement ; la nature des mécanismes (mécanismes inconscients de compétition ou de sélection d'inspiration darwinienne ou mécanismes sociaux ?) ; la disposition topographique, elle-même. D'un travail plus large sur un échantillon de villes américaines, Hoyt (1939) a proposé un autre modèle : les zones concentriques n'ont pas d'homogénéité fonctionnelle, ni sociale ; l'expansion conduit les groupes sociaux à se porter vers la périphérie à partir de leur point d'enracinement à proximité du centre : le développement sectoriel l'emporte sur le développement concentrique. Enfin, plus que le processus d'invasion, c'est le choix par les classes favorisées d'un nouvel habitat et de nouveaux modes de vie qui dirige le mouvement, les immigrés récents venant s'infiltrer dans les zones en cours d'abandon. Le modèle de Hoyt, fondé sur une bonne connaissance du marché foncier, accorde une plus grande place aux choix et aux phénomènes sociaux, imitation, identification, répulsion. Firey, enfin, étudiant Boston, a montré le rôle des valeurs symboliques qui

ENCLAVES ET EXCLUSIONS : LE GHETTO

Le mot ghetto est attaché à la localisation précise des communautés juives, à l'intérieur des villes du Moyen Âge. C'était à la fois l'effet d'une solidarité entre membres de la communauté et d'exclusion, au moins partielle, de la part des « gentils » et de la religion chrétienne dominante. En pays islamique, la distinction topographique n'était pas nécessairement ainsi marquée. Dans les deux cas, la division des communautés ne reposait pas obligatoirement sur des statuts différents explicites, mais sur une série d'interdits pratiqués de fait. Pour les juifs, ils concernaient à la fois des métiers et des formes de propriété (foncière notamment). La ségrégation ne s'explicite dans des textes que peu à peu et surtout tardivement avec la Contre-Réforme, quand est créé le ghetto de Rome et que le caractère officiel de l'enclave judaïque s'étend en Allemagne, en Pologne comme en Italie. La distinction des communautés prend alors des formes matérielles qui accroissent et manifestent plus visiblement les discriminations : le ghetto est ceint de murs, ouverts de quelques portes, soumis à un régime de contrôle et d'impôt particuliers, fermé la nuit et lors des grandes fêtes religieuses de la chrétienté ; le statut qui confère à la judéité le caractère d'une humanité particulière, souvent dénoncée, tout en lui assurant une certaine autonomie de gestion. Le libéralisme du XIXe siècle en Europe détruit en partie ou en totalité les dispositions légales, sans pour autant modifier totalement les pratiques. Ce n'est qu'en *droit* que le ghetto de Rome disparaît avec la prise de Rome par le royaume d'Italie en 1870. On rappellera simplement, comme étape de la persécution, le retour à des dispositions « légales » pendant le nazisme et la Seconde Guerre mondiale.

C'est sans rupture véritable que le mot ghetto s'étend à une autre réalité et qu'il est utilisé de nouveau, à partir des villes américaines, quand autour de 1920, l'immigration et la division ethnique de la ville deviennent aux États-Unis objet d'inquiétude et souci scientifique. Car l'un des quartiers qui exprime les traits ethniques les mieux identifiés est bien le quartier juif, formé de nouveaux immigrés d'abord originaires d'Europe centrale, puis orientale. L'École de Chicago, qui reprend une partie des thèmes de la sociologie allemande, insiste à la fois sur les phénomènes de mobilité, de cosmopolitisme, de rupture avec les relations primaires que la grande ville accentuerait (l'étranger, le *hobo*, le *juif* en deviennent des types extrêmes) et les tendances « naturelles », du moins au cours d'étapes transitoires, qu'ont ces minorités de se rassembler dans des sites particuliers, notamment les zones d'accueil proches du centre des villes, abandonnées par les classes plus avantagées socialement, mieux intégrées culturellement. On débat encore, dans ce regroupement des minorités, sur ce qui dérive de faits de compétition anonyme et ce qui vient d'affinités conscientes et parfois organisées (filières) qui poussent au regroupement ou à l'exclusion de tel ou tel type « d'étranger ». Le ghetto juif est ainsi l'une des enclaves de Chicago ; une étape en même temps, en attendant l'entrée dans un quartier mieux intégré, le *Deutschland*, la terre promise du premier immigrant, et la pénétration plus complète dans la société américaine. Ainsi la thèse du ghetto peut s'inscrire dans une vision optimiste du *melting pot* et une vision plus pessimiste sur la désorganisation sociale qu'entraînerait la grande ville.

Aux États-Unis, on a appliqué à d'autres minorités culturelles (les Italiens ou les Polonais après les Irlandais, les Portoricains puis les Mexicains) les mêmes types d'analyse, sans nécessairement employer le terme de ghetto. À l'inverse, le mot fut plus directement rapporté à la constitution massive de quartiers noirs : phénomène relativement tardif dans les villes du nord ou de l'ouest, lié au déplacement de cette population pendant les deux guerres mondiales, au statut économique de fait qu'elle tient, comme réserve de main-d'œuvre, en dessous du seuil de pauvreté : mélange d'identité (langue, religion) et d'anomie à l'égard de la société américaine, en tout cas de ses représentations. Sans disposition légale à proprement parler dans les États du Nord, la discrimination sociale a reconstitué des ghettos de fait ; les « explosions » de la fin des années 1960 en ont souligné les risques. Si l'on a tenté de lutter contre la discrimination (en matière scolaire, par exemple, par le *busing*), les ghettos noirs se déplacent plus qu'ils ne disparaissent, évacués en partie de villes-centres par des actions de rénovation ou de gentrification, débordant au contraire vers les banlieues vieillies. Leur survivance marque les limites de l'intégration sociale, même si la population noire cherche à prendre plus sérieusement en mains sa propre gestion comme celle des villes.

En Europe, par un effet retour, la notion de ghetto fut appliquée à la formation de noyaux « ethniques » provenant des courants d'immigration les plus récents, venant d'Afrique ou d'Asie. On a parlé de ghetto surtout dans le cas de quartiers urbains relativement proches du centre, caractérisés par des fonctions multiples (la Goutte-d'Or à Paris, Belsunce à Marseille). Les bidonvilles de la périphérie puis les grands ensembles n'ont été ressentis comme tels que tardivement. Pour les grands ensembles, il s'agit le plus souvent du résultat d'un cycle. À l'origine, on a souligné, ne serait-ce que sous l'effet des mécanismes d'attribution des logements, les distances sociales multiples qui existent dans ce type d'habitation. C'est par une décantation progressive que la population s'aligne sur des niveaux semblables d'ordre économique ou culturel (même si des groupes différents par la langue ou la religion subsistent). Autrement dit le ghetto se fabrique, par ces phénomènes d'enclavement, qui ne tiennent pas seulement à la difficulté des déplacements, à la marginalité géographique, mais à l'impossibilité de sortir de cette situation de logement et même d'un certain statut social : populations captives, dit-on. Le risque est de fabriquer par la même occasion, au-delà des traits culturels initiaux, de nouvelles distinctions nées seulement de la ségrégation ; aux cultures « traditionnelles » ne se substitue alors qu'une culture de la pauvreté.

attachent une classe sociale, la bourgeoisie de la ville, à ses lieux habituels et brisent de ce fait toute évolution mécanique. La compétition impersonnelle, qu'elle se reporte au darwinisme ou aux règles de l'économie classique, ne peut répondre, à elle seule, au dessin chargé de sens que prennent les agglomérations. Renonçant à choisir entre des processus, Harris et Ulmann ont insisté sur la nature composite de la ville et l'existence de noyaux différenciés, recoupant en somme évolution concentrique et expansion sectorielle.

L'*écologie factorielle* et la *social area analysis* ont repris l'analyse et tenté de la fonder théoriquement en rapportant l'organisation spatiale de la ville aux caractères de la culture urbaine, tels que Wirth et ses suivants les avaient identifiés. Ainsi ont-ils isolé trois dimensions dans les villes américaines : le statut socio-économique, l'urbanisation (ramenée de plus en plus à des critères démographiques et familiaux et à l'opposition entre le centre, habité par des familles restreintes, chargé de célibataires, caractérisé par un taux d'activité très fort, et la périphérie, caractérisée par des familles jeunes, fécondes, à taux d'activité faible, sous le double effet de la structure d'âge et d'un emploi féminin réduit), l'ethnicité, enfin. Ces dimensions ont été rapportées à des dispositifs préférentiels : développement sectoriel pour le statut, concentrique pour l'urbanisation, nodal pour les minorités ethniques. Assurément, l'analyse a son efficacité, à l'intérieur de la société américaine. Reprenant un large échantillon de villes aux États-Unis et l'opposition centre-périphérie, Schnore a vérifié l'hypothèse ancienne de Burgess — les catégories privilégiées à l'extérieur, les moins favorisées dans la ville centrale — sous deux conditions : la taille de l'agglomération et son ancienneté. Le phénomène ne serait pas lisible dans les villes trop médiocres et à peine amorcé dans les villes de fondation récente. Se plaçant dans une hypothèse évolutionniste, la comparaison a été étendue au continent américain : ici, l'on trouverait les traces d'un ancien modèle (les classes dirigeantes au centre), plus ou moins corrigé selon la modernité et le degré d'évolution des sociétés, ce qui conduirait dans les cas extrêmes à l'affirmation d'une tendance inverse, proche de celle des États-Unis. Mais la multiplication d'études comparatives faites dans l'ancien continent, en Europe, comme en Asie et en Afrique, ont révélé les failles d'une thèse trop simple ou d'un schéma de vocation universelle. En Europe, la dimension ethnique apparaît plus tard, tandis que la mobilité prend place plus difficilement dans le système ; statut socio-économique et statut familial sont moins indépendants qu'il n'apparaissait dans les études américaines ; c'est leur combinaison qui, selon McElrath, rendrait compte de l'organisation sociale de Rome. Au Caire, les « dimensions » se distingueraient fort peu et c'est bien le statut socio-économique qui commanderait l'ensemble. Faut-il, de nouveau, rapporter la complexité croissante de l'organisation urbaine à une loi du développement ou chercher la marque indélébile de sociétés et de culture, difficilement réductibles à l'unité ? Question théorique, que l'échange effectif des modes et les faits de contagion, à travers le monde, ne permettent pas de confronter aisément aux résultats empiriques.

L'économie du sol urbain.

C'est à l'économie spatiale que l'on a demandé de rendre compte, à partir de bases théoriques plus sûres, de la division du sol. L'école des *Land economies*, renouvelant la démarche de Van Thünen, applique la théorie de la rente à l'espace interne des villes. Mais elle se place d'emblée dans une perspective néo-classique, où le prix et l'affectation du sol sont déterminés sur le marché par la préférence des agents économiques et notamment des consommateurs. C'est en effet la localisation qui fait la valeur d'un terrain, dans la mesure où elle en commande l'usage. Le prix du sol — capitalisation de la « rente » — s'établit en fonction de l'utilité que l'acheteur lui reconnaît, à la rencontre des courbes d'offre et de demande. Or cette utilité est liée à l'*accessibilité*, assimilée à la proximité du centre urbain. Dans un marché de concurrence, c'est l'utilisation la plus intensive par les satisfactions qu'elle peut apporter, localisation d'un commerce, d'un service ou d'un logement, qui l'emporte. C'est à partir des préférences individuelles que l'on aboutit ainsi à un équilibre global, chaque parcelle trouvant son meilleur emploi. L'accès au centre de la ville est la clé de ce schéma spatial, dont on déroule ensuite les conséquences : les usages du sol, les valeurs foncières ou immobilières, les densités se répartissent en zones concentriques autour de ce point central où les valeurs sont exaltées. Avec Haig et Ratcliff, la notion d'accessibilité est précisée et l'effet de distance (friction) introduit dans le raisonnement sous forme d'un coût, complémentaire de celui du loyer. Chaque activité ou chaque usage obéit à des contraintes différentes, en combinant différemment ces charges.

Théorie des localisations et théorie des valeurs foncières sont donc étroitement liées. Alonso puis Wingo les ont reprises, en s'intéressant à la répartition des ménages dans l'espace urbain. La localisation des activités — et notamment des lieux d'emploi — est donnée au départ, fixée au centre-ville. Quatre variables sont introduites, interférant entre elles : le prix du sol ou du loyer, le coût du transport, la demande d'espace, enfin la part consacrée par chaque ménage au couple loyer/transport dans l'ensemble de ses dépenses. Si l'on tient pour constant ce dernier facteur, les préférences des consommateurs s'exercent donc entre la qualité d'espace dont ils veulent disposer et le coût du transport. Ainsi se définissent des courbes d'indifférence, correspondant par des combinaisons variées à la même satisfaction. Mais ce modèle n'implique pas d'emblée de répartition sociale. Il débouche même sur un paradoxe apparent : les classes privilégiées s'installent, dans le schéma classique de la ville américaine, dans les zones où le prix des terrains est peu élevé ; les plus défavorisées, près du centre, où les valeurs sont hautes. Il faut admettre que, pour celles-ci, une localisation centrale traduit l'impossibilité de supporter à la fois un loyer et un coût de transport excessif. Au contraire, les premiers, s'ils désirent disposer d'une grande quantité de terrain, se déplacent vers les zones périphériques, sans souffrir du prix du transport. L'accessibilité viendrait en première urgence pour les « pauvres » ; la demande d'espace serait essentielle pour les « riches », ce qui n'exclut pas éventuellement, puisqu'ils ont les ressources suffisantes, d'autres localisations, notamment centrales.

Les thèses de *Land économies* et le modèle d'Alonso Wingo s'inscrivent dans une perspective théorique dont on connaît les présupposés et qui ne sont pas critiquables en tant que telles : rôle décisif de la demande ; construction du système à partir des conduites entièrement rationnelles du consommateur ; limpidité du marché ; homogénéité sociale de la clientèle ; éliminations des différences topographiques. Répondent-elles pour autant à toutes les attentes d'une analyse urbaine ? On peut mettre en question le schéma spatial dont elles héritent, le rôle clé du centre-ville. Des travaux plus récents ont souligné le rôle des centres secondaires, dans la structure urbaine et leur caractère entraînant (y compris s'il s'agit de *Shopping Center*) à l'égard des choix résidentiels. On peut critiquer les variables qui sont retenues pour expliquer le choix du consommateur et la formation des prix fonciers : coût du transport et appétit d'espace suffisent-ils à expliquer les localisations résidentielles ? On peut invoquer l'attraction d'équipements qui ne sont pas nécessairement concentrés (équipements scolaires ou de loisir), l'agrément du paysage, l'aspect répulsif ou non des activités fixées, le désir de l'habitant de vivre à l'écart de certains groupes ou au contraire d'affirmer son identité, en se situant dans son propre groupe social ou son groupe de référence. Toutes conduites rationnelles, mais qui supposent d'autres priorités et d'autres hiérarchies des préférences. Yeates, à propos de Chicago, a montré comment à long terme les effets déterminants de la distance au centre s'étaient effacés et n'expliquaient plus, que pour une part modeste, les variations dans le prix des terrains ; s'accroissent, au contraire, l'influence des centres secondaires, celle des lieux cotés socialement et plus encore l'effet répulsif des quartiers occupés par la population noire. On peut enfin reprocher à ces analyses d'ignorer tout de la morphologie urbaine, de l'héritage bâti, des valeurs symboliques attachées à tel ou tel lieu, bref de traiter la ville comme une table rase. À vrai dire — et c'est bien là la limite majeure de cette démarche —, elle explique un fonctionnement à partir des résultats, des faits agrégés que l'on saisit dans le moment ; elle pénètre fort peu dans l'analyse des *processus* et de la *durée*.

Les comportements résidentiels.

Assurément, cette recherche conduit à mieux connaître la demande, à substituer aux comportements stéréotypés de l'*homo œconomicus*, consommateur ou entrepreneur type, une analyse plus variée des motivations et des décisions. Cette psychosociologie mieux affinée, ouverte à la compréhension des différences, a été lancée par les travaux de Butler et Chapin.

Mais deux questions restent posées : les mêmes motivations ne jouent pas à des échelles différentes ; le choix de l'immeuble ou celui du quartier de la ville ne relèvent pas du même type de décision, ne reposent pas sur le même type d'information. C'est insister sur le fractionnement relatif — à la fois social et territorial — du marché immobilier. En second lieu, les conduites individuelles, par leur simple agrégation et leurs effets de rebondissement, peuvent aboutir à des résultats qui ne sont pas le résultat d'une stratégie voulue. Schelling a interprété dans ce sens, à partir de mobiles fort modestes et particuliers au départ (le désir des habitants d'une certaine

« catégorie » — sociale ou ethnique — de voisiner avec quelques-uns de leurs « semblables »), les mécanismes de cumul qui entraînent une ségrégation sévère. En Europe, le vieillissement, l'obsolescence physique ont longtemps précédé le départ des classes riches ou privilégiées, ou de la petite bourgeoisie. Aux États-Unis, la rapidité des contagions sociales — fuite ou accumulation — fait la dégradation physique d'immeubles, qui initialement étaient loin de la décrépitude, ou à l'inverse assure le succès de la « gentrification ».

Ces conduites individuelles ne peuvent-être, néanmoins, isolées de phénomènes collectifs : définition économique des groupes, mais aussi sentiment d'appartenance, modèles culturels suivis plus ou moins consciemment. À l'intérieur de la société industrielle, des comportements collectifs de cet ordre participent sans doute à la définition des classes. M. Halbwachs avait insisté, à juste titre, sur les différences qu'ouvriers et employés, à revenu égal, démontraient dans la composition de leurs budgets et dans la part consacrée au loyer. Sans doute faudrait-il tenir compte aussi de la diffusion des modes, notamment des nouvelles manières d'habiter qui constituent souvent, plus que l'augmentation strictement quantitative des besoins, le moteur de déplacements résidentiels, engouement pour l'urbanisation périphérique ou, à l'inverse, regain d'intérêt pour les quartiers historiques. L'inégalité s'est toujours affirmée en ce domaine : par leur force économique comme par l'idéologie qu'ils diffusent, ce sont bien les groupes dominants qui, en tant que *consommateurs*, conduisent le développement urbain et la division du sol. M. Halbwachs (1932) plaçait donc la bourgeoisie au centre des relations sociales qui font la ville, le tissu social comme le paysage urbain, entraînant les couches sociales relativement stables. Comparant Chicago à Paris, il formulait un principe très général : « Ce n'est pas parce que étrangers, mais parce que ouvriers, surtout parce que manœuvres et ouvriers de la grande industrie, que la masse des immigrants, admise à résider, est cependant séparée de la vie urbaine, exclue du courant traditionnel et continu qui n'entraîne que les éléments vraiment bourgeois ou en relation et en contact intime et familier avec la bourgeoisie. » Voilà qui permet de prendre quelque distance avec les thèses qui réduisent le phénomène urbain à la reproduction de la force de travail. Toutefois les analyses d'aujourd'hui doivent tenir compte de deux phénomènes : la nécessité d'une politique de logement social ou d'aide plus ou moins efficace à la construction, mais qui introduit d'autres logiques ; une perception plus affinée des catégories qui conduisent les changements de modes de vie : faibles en nombre ou « marginales », sans être dépourvues de moyens économiques, mais capables de faire valoir l'innovation : intelligentsia, artistes, « créateurs ».

Plus difficile est d'apprécier ces modèles « culturels » qui semblent opposer pays à pays, civilisation à civilisation, dans le monde industriel : la recherche de l'habitat individuel et de l'espace dans les pays anglo-saxons ; le goût de la « centralité » et du collectif dans l'Europe latine. Une enquête française retenait encore en 1970 que « le Français est moins sensible à la quantité d'espace dont il dispose qu'à la valeur symbolique de cet espace » (J. Mercadal) ; ce qui relativise les « modèles » américains, même si les transferts s'opèrent aisément de part et d'autre de l'Atlantique. Faut-il invoquer les conditions juridiques ? L'importance du bail emphythéotique en Angleterre aurait modifié le rapport entre terrain et immeuble, limité les constructions de « rapport », amené le propriétaire à veiller avec plus de soin à la qualité sociale et architecturale de la maison qui, au terme du bail, revenait à sa famille. Mais, aux États-Unis, régime de spéculation sur les terres par excellence, on arrive au même résultat par d'autres mécanismes. Une histoire différente du rapport industrie-villes ? L'Angleterre, précocement industrialisée, aurait porté dans le tissu même de ses villes les traces de cette industrie : d'où l'attrait de la banlieue pour les classes favorisées. Le cas serait analogue aux États-Unis, où les zones touchant immédiatement le centre ont été d'emblée modelées par les entrepôts et les installations ferroviaires : prix de la jeunesse ici. Faut-il en appeler à l'action du couple : sociétés immobilières/plan d'extension, qui, au contraire, aurait jeté à Berlin, à Barcelone, mais aussi dans les quartiers ouest de Paris, les bases d'une croissance pour gros immeubles ? À la précocité des politiques de transports publics ou de l'aide à la construction individuelle, lancées en Grande-Bretagne et aux États-Unis, à l'essor du trafic automobile aux États-Unis ? Mais encore faut-il expliquer l'origine de telles politiques. Au-delà, c'est le domaine plus incertain, mais qui pour autant n'est pas négligeable : individualisme, formes de sociabilité, rapports avec la nature ; ces modèles seraient-ils dessinés avant tout par les classes aisées ou comme hérités de l'aristocratie ? Voici qui conduit une fois encore à l'idéologie.

Acteurs sociaux et modes de production de l'espace.

Inégalité, idéologie : le regard se porte non plus vers les consommateurs mais vers les producteurs de l'espace bâti. Dès 1954, Form avait critiqué l'écologie urbaine, la compétition impersonnelle, le marché libéral, les processus subconscients qui distribueraient les groupes dans la ville. Il place au contraire, au centre de l'analyse, ceux qui exercent un pouvoir social. D'abord les propriétaires du sol et d'immeubles, propriétaires individuels, agissant à travers la constitution et la gestion de leur patrimoine. Puis les organisations économiques qui, d'une part, utilisent l'espace à leurs propres fins (banque, commerce ou spectacle), d'autre part, interviennent dans la « fabrication de la ville » : compagnies ou sociétés immobilières, entreprises du bâtiment, plus récemment affaires de promotion qui intègrent les différentes phases de la construction et sont elles-mêmes très dépendantes des organismes de financement. Enfin les pouvoirs publics qui selon des modalités variées, parfois contradictoires, accompagnent les opérations du capital privé. Ainsi sont définis un certain nombre d'acteurs ou de règles, dont les décisions ou les effets paraissent contraignants par rapport à la masse des clients, des usagers de la ville et de la distinction entre espaces privés et espaces publics. Encore convient-il de qualifier le rôle de chacun d'eux et la manière dont les rôles s'articulent ; selon les formations historiques, le jeu est certainement différent ; une modélisation hors du temps devient purement artificielle. Une série d'études notamment en France ont tenté de replacer ces mécanismes dans une perspective marxiste (Castells, Lipietz, Topalov).

Pour nos sociétés occidentales, le propriétaire est le personnage le plus classique, prélevant le « tribut » du loyer, exerçant un droit considéré comme abusif parfois sur l'immeuble et le tréfonds (sauf en cas de location de terrain ou de cession à bail où la propriété, elle-même, se divise). Propriétaire foncier ou propriétaire d'immeuble, il est regardé comme doublement bénéficiaire de la hausse des valeurs du sol et de la rareté des logements, qu'il contribuerait à aggraver par son inertie et d'éventuelles attentes de plus-values. Sans doute, le mécanisme éclaire-t-il l'évolution du stock immobilier, une fois qu'il est constitué, la « dégradation » par entassement et le non-entretien des quartiers anciens, où ne joue plus qu'une rente de rareté ou, à l'inverse, les manœuvres spéculatives des propriétaires à la périphérie urbaine. Si l'on tient pourtant que la propriété individuelle n'est pas nécessairement concentrée, elle est elle-même dépendante. Le propriétaire qui veut faire construire doit compter avec le marché : marché du sol, coûts de construction, pouvoir d'achat des locataires éventuels. La plupart des possesseurs et des constructeurs de patrimoine immobilier sont des acteurs individuels, dont il reste à expliquer la composition des décisions, le passage à des conduites collectives. Le monopole qu'exerce la propriété individuelle est relatif à certaines localisations et à certains emplois et donc éventuellement menacé par des changements de la structure urbaine. Le rôle du propriétaire ne peut donc être défini dans l'abstrait, hors de son statut et de son pouvoir social et économique, en dehors de la clientèle dont il tire ses revenus. Maurice Halbwachs, étudiant le prix des terrains à Paris à la fin du XIXe siècle, avait défini des *types* de couples propriétaires-clients, distinguant les attitudes des uns et des autres en quartiers bourgeois et en quartiers ouvriers. Ainsi apparaîtraient et s'imbriqueraient des logiques différentes de la construction. La diffusion de la copropriété ou de la propriété à usage individuel assimile encore plus la situation du propriétaire à celle d'une clientèle plus que d'un producteur de l'espace bâti.

Les entreprises de construction pèsent, par leur technique, leur productivité, leur recherche du profit, sur le coût de la construction et donc les possibilités du marché ; mais le coût comprend aussi la charge foncière et le revenu tiré de l'immeuble dépend autant de sa position que de la qualité du bâti ; c'est, au contraire, le choix de l'emplacement qui commande cette qualité, par le loyer et la clientèle espérés. Le processus de production de l'immeuble au sens strict est donc resté longtemps subordonné à toutes les opérations qui l'environnent et le préparent. Procès artisanal, simplement modifié par la répétition des modèles et l'ampleur des marchés. Ce n'est qu'avec l'industrialisation du bâtiment, plus ou moins tardive selon les pays, que la concentration, l'organisation, l'intégration de cette industrie ont été changées et avec elles l'origine même du profit. Mais ce procès longtemps artisanal a été englobé dans un mode de mobilisation des terrains et d'organisation de leur emploi de type capitaliste. Le rôle des compagnies immobilières, qui commande la nature et l'ampleur des opérations est alors central. Il traduit l'action d'un capital, plus ou moins concentré, dans la fabrication de l'espace urbain. Cette action peut aller de la simple mobilisation des terrains, suivie de revente, à l'aménagement, à la construction des immeubles, à l'éventuelle gestion du patrimoine ainsi constitué. Mode d'organisation capitaliste, si l'on veut, qui exprime à la fois une rupture par rapport à l'état physique du milieu urbain, à la répartition initiale de la propriété du sol, au schéma des voies, à la valeur attachée aux sites. C'est ainsi que l'haussmannisation s'est appuyée en partie sur la compagnie des frères Péreire ; les promoteurs d'aujourd'hui, fortement intégrés au capital bancaire et dominant toutes les étapes de la production modèleraient par leur stratégie et le profit espéré le besoin et le goût des acheteurs, l'affectation sociale des sols, la charge symbolique affectée aux lieux. Sans attribuer d'indépendance à l'action des spéculateurs, M. Halbwachs (1909) avait défini en ce sens la *spéculation* : anticipation sur les attentes de la société, sur la création de nouvelles valeurs urbaines plus que bénéfice passif d'une plus-value d'origine externe. Le prix des terrains, dans son évolution chronologique, ses variations brutales, exprimerait les ruptures dans le jeu d'affectations, d'opérations et de signes, qui fabrique la ville. Invention de déséquilibres plus que fonctionnement d'un système à la recherche de son équilibre.

Cette spéculation doit apprécier la demande des acheteurs ou des occupants. Les modes de production de l'espace bâti peuvent coexister dans le temps et correspondre à des clientèles différentes. À Paris, l'action des compagnies à l'époque haussmannienne ou dans les années 1900 contribue surtout à « fabriquer » les nouvelles avenues ou les rues destinées aux classes favorisées. À côté de cela subsistent des modes d'organisation et de production plus dispersés, plus artisanaux, moins spéculatifs d'une autre manière ; commerçants et artisans font construire dans les quartiers périphériques et sur les voies secondaires de petits immeubles, destinés à la fois à leur propre usage et à la location ; patrimoine très discret en valeur, mais assurant souvent des rendements élevés ; la spéculation se porte, d'autre part, sur la simple vente de terrains périphériques aux ouvriers, sur la construction de logements hors de toutes normes d'urbanisme, avec des matériaux légers, encombrement et comblement des cours et des enclos. Dans d'autres cas, plus ponctuels, c'est la « caserne » ouvrière. Mais, au total, l'habitat ouvrier paraît mis en marge d'une production capitaliste ; il est un sous-produit de la ville plutôt qu'un mécanisme central, dans l'organisation de l'espace urbain ; il récupère les immeubles délaissés par les classes plus aisées, dans le vieux tissu de la ville comme à la périphérie. La ville traduirait par là la relation conflictuelle entre le salaire, coût de production de l'industrie, et le loyer ; l'opposition d'intérêts entre *propriétaires* et *entreprises*. Il a fallu les différentes formes de logement social ou d'aide à la construction, amorcées à la fin du XIXe siècle, développées pendant l'entre-deux-guerres, pour créer des organismes de construction qui échappent, partiellement, aux règles du marché (construction municipale en Grande-Bretagne, aux Pays-Bas ; offices d'habitations à bon marché, puis à loyer modéré en France ; *Public housing* aux États-Unis) ou pour offrir l'occasion d'opérations financièrement intéressantes aux constructeurs et aux promoteurs privés. La division des mécanismes de construction consolide la division de l'espace.

Plus encore que dans les villes des pays industrialisés, le tiers monde donne l'exemple de ces ruptures et de la coexistence de modes de production du bâti. Les villes sont soumises à une croissance très rapide, socialement et économiquement hétérogène ; ainsi s'explique dans ce paysage urbain l'imbrication de modèles de croissance du type « occidental », résultat d'opérations systématiques et spéculatives, audacieuses par leur architecture ; un habitat planifié à « destination sociale », aidé ou financé par les fonds publics, mais fixant mal sa clientèle, désajusté à l'égard de ses possibilités économiques et de ses attitudes sociales, et la prolifération, sous différentes facettes, de l'habitat dit « spontané », favelas du Brésil, *jacales* du Mexique, baraquements ou villages des périphéries urbaines en Afrique et en Asie. Ruptures inégalement traduites dans l'espace : l'habitat spontané occupe les terrains négligés par la grande construction, pentes excessives ou fonds mal drainés ou plus simplement les lots en attente d'une opération d'envergure (Brésil notamment). Ailleurs, c'est l'habitat périphérique qui supporte essentiellement l'effet de ce mode de croissance.

L'intervention publique.

À travers les normes d'urbanisme ou l'aide au logement apparaissent les interventions publiques. Celles-ci visaient traditionnellement à assurer par des règlements — hauteur des immeubles et largeur des voies — des conditions satisfaisantes de circulation et de salubrité.

Les lettres patentes de 1783 à Paris, réglementant la hauteur des immeubles, en sont un exemple. Tradition qui s'ajoute à la préoccupation, explicite depuis la Renaissance, « d'embellir » la ville. Dans cette lignée, l'action publique ne s'oppose pas nécessairement aux intérêts privés, même si elle impose ses normes et si le partage de la plus-value attendue des terrains pose toujours problème. Au contraire, la réflexion « humanitaire » des médecins et des hygiénistes comme les propositions techniques des ingénieurs ont souvent servi d'appui à l'intervention du capitalisme immobilier. La question se poserait plutôt en sens inverse : seules les

PARIS : VILLES NOUVELLES ET PLANIFICATION URBAINE

À Paris, la planification urbaine s'anime dans les années 1960 : le plan rédigé en 1959, dit PADOG, avait été conçu dans la perspective d'une décentralisation active et d'un freinage de la population parisienne, plafonnée à 10 millions d'habitants pour la fin du siècle. Les objectifs changent avec l'établissement de la Ve République. Le district de Paris, placé en 1961 au-dessus des départements, est chargé de formuler une politique à l'échelle de la région urbaine de la capitale : plus réaliste, car il faut tenir compte des forces et de l'utilité de la croissance parisienne, jugée en partie irréversible (l'horizon 2000 est évalué à 14 millions d'habitants), plus ambitieuse aussi, sous l'inspiration gaullienne. C'est dans ce sens qu'un schéma directeur est établi en 1965, document d'orientation plus qu'impératif, destiné à tracer à long terme les voies de l'expansion parisienne et à l'ordonner. Parmi les pièces de ce dispositif, la création de villes nouvelles, à la périphérie parisienne, doit permettre de maîtriser la construction, les équipements, la localisation des activités. On en prévoit initialement huit, disposées selon deux axes, l'un au nord de la Seine, de Marne-la-Vallée à Cergy, l'autre au sud, de Melun à Mantes : chacune de ces fondations nouvelles devrait atteindre de l'ordre de 500 000 à 1 000 000 d'habitants, ce qui est considérable. Le plan de transports doit répondre à cette stratégie, corriger de ce fait le vieil héritage radioconcentrique, repris en grande partie par les axes autoroutiers. Le projet de *Réseau express régional*, ambitieux au point d'effrayer les entreprises les plus directement impliquées, SNCF et RATP, devait répondre à ces objectifs de « quadrillage » régional.

Le schéma directeur, pourtant, n'est qu'un document périssable : non seulement parce qu'il est toujours souhaitable d'amender une première projection ; mais à peine arrêté (et non encore approuvé), il est soumis à un jeu de conjonctures changeantes. Dès 1968-1969, les orientations du ministre de l'Équipement deviennent plus libérales, plus favorables au desserrement de la construction, à la mobilisation la plus large possible de terrains constructibles, à la diffusion de la maison individuelle. On rabat donc dès 1970 les objectifs démographiques et le nombre des villes nouvelles à cinq (Melun-Sénart, Marne-la-Vallée, Évry, Cergy-Pontoise, Saint-Quentin-les-Yvelines) sans compter les quatre prévues en province. En 1975, réévaluation à la baisse, la taille des villes nouvelles ne devant pas dépasser les 200 000 habitants chacune. À la fois pour des raisons politiques (les tendances libérales l'emportent sur les planificatrices), économiques (la crise est là, par à-coups d'abord), démographiques (la décélération générale de la population française) — enfin, l'immense remise en question d'un urbanisme massif et autoritaire. La légitimation change : la création des villes nouvelles ne doit plus répondre à la pression exigeante d'une croissance indiscutée ; elle devient d'ordre expérimental, qualitatif : elles sont chargées « de promouvoir la qualité de la vie et de l'environnement dans un site urbain ». En fait le projet tient, parce qu'il est parti et qu'il est l'œuvre d'une élite de techniciens attachés à sa réalisation.

Le bilan des villes nouvelles ne peut être établi correctement, compte tenu des objectifs multiples et changeants qui leur ont été donnés. Maîtriser la croissance ? Sans doute est-ce l'aspect le plus positif, si l'on regarde les procédures financières. Les établissements publics, placés à la tête des villes nouvelles, ont su, grâce à la préemption des terrains, bloquer la spéculation et bénéficier d'une grande partie de la plus-value foncière, tout en proposant aux constructeurs de logements, d'équipements, de bureaux ou d'usines des terrains à prix modérés. En termes de population, le résultat est moins net, puisque à l'intérieur de la grande couronne parisienne, les villes nouvelles n'ont recueilli que 25 % de l'augmentation. Pour les activités, enfin, le bilan n'est pas médiocre, mais il est dû en partie à la procédure de l'agrément qui a endigué la localisation des activités à l'intérieur de la région parisienne. Dans une certaine mesure, les avantages consentis pour ces villes ont joué de contrepartie à la décentralisation en province. Autour de Paris, un tiers des entrepôts, un bon quart des surfaces industrielles ou de bureaux ont été construits en ville nouvelle, entre 1975 et 1985. Toutefois, la suppression de l'agrément pour les bureaux, décidée en 1985, a déclenché un mouvement inverse, au profit de la banlieue ouest, et des pentes « naturelles » de l'agglomération. A-t-on réussi à créer de « vraies villes » ? Retenons la valeur des équipements (y compris des équipements « intégrés », à l'intérieur d'un même ensemble), la recherche architecturale, flirtant parfois avec les excès du monumentalisme, l'équilibre relatif (bien que très variable d'une ville à l'autre) entre emplois et actifs résidant. C'est mieux qu'une banlieue dortoir ou qu'un grand ensemble, puisque 38 à 40 % des habitants des villes nouvelles travaillent en villes nouvelles.

Mais en même temps, tous les maux de la croissance périphérique n'ont pas été écartés. Problème de transport, d'abord : les réalisations les plus importantes ne viennent qu'après coup, pour les routes (en cours de construction comme la rocade dite la Francilienne), pour les transports en commun (rattachement tardif au Réseau Express Régional, sauf pour Marne-la-Vallée) ; plus encore, les relations locales (en particulier dans l'environnement des périmètres de « nouvelle agglomération ») laissent à désirer. Les villes nouvelles, elles-mêmes, sont fragmentées en opérations, ce qui entretient les phénomènes d'enclavement ou de ségrégation. Elles manquent peut-être de densification..., en tout cas d'enchaînements.

Les villes nouvelles sont-elles destinées à jouer un nouveau rôle stratégique ? Dans la politique de « reprise » et plus largement de maîtrise d'un nouveau développement parisien, sont-elles capables d'attirer les investissements (notamment étrangers), de devenir des hauts lieux de la technique ou du commandement des affaires ? Leur image reste plutôt liée à des tâches d'exécution et leur population reste marquée, malgré sa mixité, par les catégories « moyennes » (revenus et responsabilités). Quelques coups d'éclat dans le *high tech*, la fixation de sièges sociaux, l'installation des grandes écoles et d'établissements scientifiques, n'ont pas suffi à fonder le label. Des opérations plus prestigieuses (la Défense et son large environnement), mieux situées (le pôle d'animation et d'activités prévu à Roissy) risquent de les concurrencer dangereusement. On s'interroge encore sur les effets d'entraînement exercés sur les parcs « ludiques », Mirapolis (de Cergy) ou bientôt Disneyland (de Marne-la-

Vallée). Les villes nouvelles peuvent-elle devenir réellement des pôles — et à quel prix ? Financièrement, elles ne sont peut-être pas les acteurs les mieux placés : si les établissements publics ont bénéficié d'avantages certains pour les investissements initiaux, les syndicats de commune, surchargés de dépenses de gestion et de fonctionnement, ne sont guère libres d'abaisser leur taxe professionnelle, à la différence de communes voisines. Bref, héritières de la planification, les villes nouvelles ne peuvent guère user de leurs acquis et de leurs promesses qu'avec un certain degré de planification qui vienne étayer leur capacité certaine de négociation avec des partenaires.

réponses du capitalisme immobilier ont pu donner corps aux initiatives ou aux intentions publiques. Mais ces initiatives ont justifié l'emploi de procédures exceptionnelles, comme l'expropriation pour cause d'utilité publique, qui permet, grâce à des textes variables d'un pays à l'autre mais datant pour l'essentiel du XIXe siècle, de constituer des ensembles de terrains nécessaires à une opération d'envergure. La procédure aboutit à des concessions ou à des reventes, dont les affaires privées peuvent être en fin de compte les seules bénéficiaires, en termes financiers et dont elles fixent, ensuite, compte tenu des terrains réservés aux emplacements publics, l'affectation. C'est sur le financement des travaux et l'ampleur de la dépense publique que l'haussmannisation bute ; dans les années 1950-1960, la rénovation des centres, dans les villes américaines, conduit à des opérations à perte pour les deniers publics, couvertes par les fonds fédéraux qui soutiennent ainsi les agences locales de rénovation : les constructeurs et promoteurs récupèrent ainsi des terrains regroupés, à des prix inférieurs à ceux de l'expropriation mais suffisants pour les pousser à assurer leur profit en s'adressant à une clientèle ou à des usages de revenu élevé. Ainsi s'est-on aperçu très tôt que l'entreprise de relogement, que l'*Housing act* de 1949 organisait, bénéficiait fort peu aux anciens occupants. Pour éviter la spéculation sur le prix des terrains et contrôler plus directement les usages du sol, la Grande-Bretagne, les Pays-Bas, les pays scandinaves pratiquent, dans le cadre des rénovations centrales ou de la croissance périphérique, la cession à bail (l'immeuble construit retournant à terme au propriétaire du terrain privé ou public) ou la location du sol. L'usage se répand en Europe occidentale, comme antidote de la spéculation privée. Mais, même dans cette hypothèse, l'autorité publique n'est pas nécessairement indifférente aux loyers espérés et donc à une sélection entre les usages et les utilisateurs du sol. Au mieux, essaie-t-elle d'équilibrer financièrement des opérations socialement et économiquement différentes.

Les formes nouvelles d'intervention publique corrigent avec difficulté les tendances ancrées à la discrimination sociale. En réglementant étroitement les densités d'occupation du sol et le *zoning*, comme en France, les pouvoirs publics cristallisent le marché des terrains et participent à la consolidation des écarts de prix. L'aide au logement, en établissant un plafond pour le coût des constructions, y compris la charge foncière, en créant des catégories de bénéficiaires, donc d'immeubles et d'opérations, programme à la fois le contenu et l'emplacement géographique des uns et des autres. Les logements sociaux, H.L.M. françaises, *Public housing* américain et, dans une mesure atténuée, *Municipal housing* britanniques ont leur écologie. De même la création de zones particulières, dont le marché foncier serait rigoureusement contrôlé, conduit à y localiser de préférence et par une procédure cumulative les logements qui bénéficient de l'aide publique. L'expérience française des Z.U.P. (zones à urbaniser en priorité) l'a démontré. Les *villes nouvelles* anglaises, si elles ont fourni un habitat pour les catégories moyennes, ont au contraire contribué très insuffisamment à résoudre le problème du logement pour les catégories inférieures. Ces discriminations sociales sont moins graves évidemment quand l'aide est dissociée du programme, quand les constructions individuelles se substituent aux blocs homogènes ; la législation française depuis 1976 n'a pas abouti sur ce point à des résultats décisifs.

Ainsi l'intervention publique n'efface pas l'influence des mécanismes sociaux. Le choix des emplacements pour les constructions et les équipements collectifs crée des différences qui rejaillissent sur la valeur d'usage et la valeur marchande des terrains alentour. Bref, il n'est pas nécessaire d'invoquer une intention formelle de ségrégation ou la collusion personnelle des intérêts et des administrateurs, pour retrouver en fin de course une certaine logique. Il n'est pas sûr qu'une planification urbaine, armée de règlements, parvienne à corriger les dérives inscrites dans le sol, ni les pratiques des groupes sociaux. Les meilleures intentions n'ont pu, jusqu'à la dernière décennie, « rééquilibrer » à Paris l'ouest et l'est de l'agglomération, ni dans le contenu social, ni dans les activités économiques. Il n'est pas sûr non plus que seuls les mécanismes du marché soient à l'origine de cette division du sol. L'attribution administrative des logements ou des emplois du sol n'oublie pas nécessairement les goûts des attributaires et les hiérarchies du pouvoir ou d'influence. L'H.B.M. du XVIe arrondissement à Paris n'a pas la composition de celui du XIXe arrondissement (l'ancien Belleville) ou à plus forte raison de La Cour neuve. Mais la structure sociale ne se projette pas d'une manière transparente dans la ville. D'une part, les mécanismes sociaux sont modulés différemment, d'une société à l'autre, d'une ville à l'autre, selon les variations mêmes de la composition des groupes, leur répartition territoriale, les orientations politiques. D'autre part, les structures matérielles et culturelles acquises ne se corrigent que lentement : inertie du bâti, des usages du sol comme des attentes de la clientèle ; tout dépend alors de la croissance et des bouleversements qu'elle entraîne dans la société urbaine. Enfin, même en période de croissance rapide, la structure sociale ne relève pas d'une analyse simple ; ce sont les rapports sociaux à l'intérieur d'une société historique déterminée et non tels qu'ils fonctionnent dans le modèle — mode de production dominant, en particulier — qui orientent l'organisation de l'espace urbain. Les élites qui conduisent le changement pèsent autant, sinon plus, que la classe qui définit le mieux le système social. Est-ce l'entrepreneur bourgeois en fin de compte qui a dessiné le Paris haussmannien ? Que reste-t-il du modèle aristocratique dans la croissance des capitales et des grandes villes au XIXe siècle ? L'urbanisme d'aujourd'hui se réduit-il aux seules attentes des firmes multinationales ?

Temps de la construction et temps de l'urbanisme.

Le mode d'articulation entre mécanismes et acteurs ne se révèle donc pas, d'une manière transparente, dans le tissu urbain et les répartitions géographiques. C'est dans le temps que l'on saisit le mieux les chevauchements, les substitutions, le déploiement entre les forces. Or les temps de la ville sont fortement marqués et rien n'évoque une croissance continue, régulière, s'ajustant dans l'immédiat aux pulsions de l'économie et à l'augmentation de la population, même limitée à ses besoins solvables. Dans le court terme, des économistes américains ont décelé au XIXe siècle, un cycle des transports et de la construction qui confirme la relation entre ville et circulation ; il se développe sur 15 à 20 ans, plus long que le cycle court de l'économie, plus contrasté aussi dans ses alternances. C'est dire que l'investissement dans la construction dépend de conditions originales, sinon par leur nature, du moins par leur combinaison. D'un côté, il dérive des décisions d'ordre public qui touchent aux exigences de la circulation ou des échanges ; de l'autre, il exprime les résultats de l'enrichissement privé ou public, de l'anticipation sur cet enrichissement, ou de la plus lente modification des goûts et des besoins. Enfin, il entre en concurrence avec d'autres emplois du capital, selon des critères qui ne tiennent pas automatiquement à la valeur du rendement. Valeur refuge, l'immobilier peut séduire en période de marasme des affaires, pourvu qu'il reste des capitaux disponibles et mobilisables. Il peut être considéré comme un secteur de relance de l'économie (Angleterre et Suède, pendant la dépression des années 1930). En fait, on ne peut dissocier totalement les opérations immobilières et la marche des affaires. Mais le déroulement des premières est long par nature ; encore plus les immobilisations en capital. La réalisation des programmes, surtout s'ils sont ambitieux, déborde le temps court de la conjoncture. Ainsi s'expliquent ces décalages et ces distorsions par rapport aux rythmes de l'économie à souffle plus court et aux tendances semi-séculaires. Mais, inversement, les mobiles de l'investissement immobilier peuvent se cumuler, en période faste et surtout en période de facilité monétaire, au point de dépasser ensuite toutes les possibilités d'absorption par le marché. La régulation est difficile, en raison même de l'absence d'homogénéité du marché immobilier ; le surinvestissement dans l'immeuble à loyer bourgeois peut aller de pair avec le déficit de logements populaires ; les réaffectations, qui sont l'un des mécanismes de la division de l'espace urbain, impliquent un temps très long, contrastant avec la liquidation brutale imposée par les crises. Ainsi peut se définir d'une manière relativement autonome un cycle de la construction. Mais ce cycle est lui-même inégalement pesant dans l'histoire ; en certains temps, les affaires immobilières et le bâtiment deviennent entraînants et attractifs pour l'ensemble de l'économie, les organisations économiques y portent leurs efforts, les opérations d'urbanisme s'enchaînent les unes aux autres. Sorte de rythme séculaire, culminant en des phases assez courtes. Au milieu du XVIIIᵉ siècle, sans doute à travers l'urbanisme actif d'une économie marchande en plein essor ; au milieu du XIXᵉ siècle, encore, le mouvement éclate sur le continent européen et se répand par ondes jusque vers 1890 (de la Grande-Bretagne et de la France à l'Europe centrale et à l'Italie) ; aux États-Unis et en Europe encore, depuis les années 1950. S'agit-il alors de la simple répétition d'un rythme exprimant le fonctionnement d'un système ? Ou d'articulations plus profondes ? Ces temps forts de l'urbanisme ne correspondent pas seulement à la remise en question des infrastructures mais à celle de la structure de la ville, de sa « forme ». Ils paraissent moins enfermés dans un rythme conjoncturel que placés à l'articulation des systèmes : transformations plus durables de la production et des échanges, ruptures dans le modèle culturel.

Ainsi convient-il de corriger l'application à l'urbain de notions qui échapperaient au temps. D'abord, la notion de centralité : certes l'inertie du bâti et du réseau des voies tend à cristalliser les lieux, les usages, les pratiques. Mais l'accessibilité n'est pas donnée par la géométrie : elle varie, d'une part, selon des rythmes très courts, y compris les rythmes journaliers ; elle change à long terme d'emplacement et de contenu, car elle est « fabriquée » et « construite », non subie. Qui conduit alors le changement ?

Il faut accorder leur part aux interventions globales qui relèvent en général des pouvoirs publics, à la création des réseaux et des équipements ; aux décisions de localisation des entreprises ; aux tendances sociales plus cachées qui fondent les choix publics ou privés. Toutefois la fonction n'implique pas la fréquentation. La centralité n'est pas le résultat de gestes purement utilitaires. Sentiment et symbolisme s'y allient : une place publique ou un monument ne sont pas nécessairement reconnus et honorés. Faut-il alors inverser la démarche, rapporter la centralité à l'accumulation des valeurs symboliques qui exprimeraient les hiérarchies et surtout le pouvoir, dans la société ? Reconnaissons une continuité du Temple, du palais du gouvernement aux gratte-ciel de Manhattan. Mais la solution serait trop simple, s'il suffisait de rechercher dans le paysage la transcription naïve du pouvoir. L'idéologie a d'autres détours et les puissants de ce monde ne tiennent pas systématiquement à faire la démonstration de leur force dans le paysage. Si la centralité est un enjeu, c'est selon des modalités et une intensité variables selon les sociétés. Si on mesure enfin la centralité à la rencontre et non aux institutions et à leur emplacement, elle peut se fractionner, se cliver presque indéfiniment selon les activités, les groupes sociaux et ethniques. Il existe des formes, des espaces, des condensations différentes de cette centralité-là. Ainsi doit-on maintenir une distance entre centralité urbaine, « urbanistique » et centralité abstraite, celle du pouvoir et de la hiérarchie.

De même la ségrégation, dont les aspects affleurent déjà dans cette multiplicité possible des lieux de rencontre ; l'isolement, l'exclusion ou la recherche de l'identité ne se lisent pas essentiellement sur une carte ; il faut pondérer les répartitions par les relations réelles qu'elles sous-tendent ; par les inégalités, qu'à leur tour, elles consolident : mondes clos ou ouverts, espaces larges, étendus à l'agglomération et bien au-delà, ou rétrécis. Voilà qui ramène aux conditions concrètes de la vie urbaine : budget-temps, prix de la distance, densité et qualité des équipements ; aux pratiques et aux représentations : nature et lieu des loisirs, cohérences familiales ou non, vie d'association ou atomisation, goût pour la distance ou pour le contact.

L'un des caractères de la ville, puisqu'elle n'est pas table rase et conserve non seulement la trace mais des fragments ou même des structures venues du passé, est de faire converger dans un même temps ces expériences multiples. L'image du palimpseste, le manuscrit où l'on retrouve sous l'écriture la plus récente, la marque des anciens textes, n'est pas suffisante. Ce sont les temps différents de la ville qui sont mis au présent, s'articulent à travers le plan, la trame des voies, les réseaux successifs, la composition sociale. Longtemps ce « désordre » a choqué les esprits rationnels : la philosophie des Lumières ne rêve que de substituer une ville nouvelle à la ville gothique héritée. La condamnation du Paris hétéroclite et invivable de 1780, décrit par Sébastien Mercier, légitime la réorganisation totale de la capitale, et suscite la réflexion des architectes de l'imaginaire, comme Ledoux ou Boullée. Sur ce point, l'haussmannisation serait plus modeste : elle est déjà un compromis. L'idée de faire une richesse de cette accumulation peu cohérente de strates historiques, au-delà du respect des « monuments », est somme toute une idée neuve dans le monde. C'est en cela, sans doute, que le « modernisme » a touché à sa fin.

Cela signifie, en même temps, que l'on ne peut qualifier globalement une ville (sauf endormie comme la Belle au bois dormant ou de création tout à fait récente) par un style (baroque), une fonction (industrielle), un mode de production (telle ou telle forme de capitalisme), ou une organisation technique ou économique (le fordisme). Tendances au plus qui se cumulent, remanient l'acquis fébrilement ou prudemment, sans parfois toucher à l'essentiel. La ville n'est jamais synchrone avec elle-même. Cette remarque ne concerne pas que les structures matérielles, les « cristallisations » du passé dans la pierre ou le béton, mais aussi les modes de vie, les pratiques qui appartiennent à des temps différents, relèvent de rythmes ou de périodicités multiples : des formes de travail, des types de divertissement, des lieux.

Le goût de la ville a changé : la saveur urbaine consiste à jouer de cette diversité, à en faire un bien collectif supérieur. On ne s'enferme plus dans les beaux quartiers, et, tant bien que mal, dans les quartiers populaires. Bien entendu, cette évolution engendre ou manifeste des différences sociales. La malédiction que l'on redoute aujourd'hui est celle de la « captivité ». La mobilité dans la ville est au contraire conçue comme valeur principale ; la forme première de justice sociale est d'en créer la possibilité, ce qui a relativisé cet autre mal de la croissance récente des villes, l'inégalité des équipements fixés sur place.

Ville hétéroclite, qui implique que, tant bien que mal, les éléments soient tenus ensemble. De nouveau, la considération de l'urbain ramène aux représentations et à la politique.

CHAPITRE VII

Ville et politique

La présence du fait politique est partout dans la ville : la ville exerce des fonctions politiques ou administratives à l'égard d'un territoire plus ou moins vaste ; elle participe à l'encadrement territorial. Elle gère, d'autre part, ses propres affaires. Mais la ville, lieu de centralité, est également site privilégié de l'expression, de la diffusion des idées, de la lutte aussi ; capitale, elle organise les dominations comme elle couve les révolutions ; les journées révolutionnaires du XVIIIe au XXe siècle en Europe ont pour cadre le paysage urbain. La Commune de Paris de 1871 illustre, dans son ambiguïté, les deux aspects politiques de la ville : elle proclame l'autonomie de son institution communale ; elle met en question l'ordre établi. Distinguer fonction et gestion ne suffit donc pas. La gestion urbaine en appelle aux inégalités et aux conflits qui relèvent de la société dans son ensemble, même s'ils apparaissent selon un rapport de forces particulier et en fonction d'enjeux localisés. D'autre part, la gestion urbaine ne dépend pas exclusivement de l'autorité municipale ; elle reçoit, de manière plus ou moins directe, contraignante, des impulsions du pouvoir central, ne serait-ce que par l'intermédiaire des lois. La notion de politique urbaine réunit donc à la fois les choix effectués par l'autorité locale et les incitations et les refus, parfois constitués en stratégie, des autorités centrales. La vie urbaine laisse enfin place à des organisations formelles ou non, à des mouvements qui, sans participer aux affaires de la ville, parfois en marge, ont un enracinement et un champ d'activités urbains. Faut-il élargir la question à tous les mouvements sociaux, se demander dans quelle mesure, par exemple, le mouvement ouvrier, les actes collectifs de revendication, de luttes ou de violence prennent leur identité dans la ville ? La difficulté est de saisir l'imbrication entre des courants qui tiennent à la structure sociale globale et, ce qui dépend de la vie urbaine, des formes et des degrés de l'urbanisation ou de la composition territoriale spécifique. Problème de l'histoire urbaine actuelle, qui renvoie en grande partie à l'existence ou non d'effets écologiques ou de cultures propres à la ville.

La cité et l'État.

La distinction entre société globale et composition locale, pouvoir politique et pouvoir municipal s'efface quand la cité coïncide avec l'État. Cité-État de l'Antiquité classique, « ouverte » sur le plat pays, comme le rappelle Fernand Braudel ; cité-État enfermée dans ses murailles, dominant ou non un petit territoire, du Moyen Âge : il existe sinon une continuité, du moins une certaine homologie. La ville exerce la souveraineté au bénéfice d'un jeu très large de franchises et de privilèges qui lui donnent une liberté entière. L'intérêt municipal ne rivalise avec celui d'aucune collectivité territoriale. Ni les empires ou les royaumes hellénistiques, ni l'empire romain n'ont détruit réellement cette autonomie communale, même si le champ en est réduit. Le souverain hellénistique est traité en fédérateur plus qu'en maître ; la citoyenneté s'établit par rapport à la seule ville de Rome ; mais la ville reste une *cité*, dirigée par des notables qui trouvent en elle l'affirmation et la satisfaction de leur autorité.

« Elle était le centre de décision pour toutes les choses de la vie quotidienne, le lieu de référence pour la distance sociale ; la comparaison se faisait de cité à cité » (Paul Veyne). Dans la figure classique, le premier point est la définition de la citoyenneté qui va de pair avec celle du droit ; égalité de principe, que renforce et qu'illustre, à Athènes, l'isonomie : organisation territoriale uniforme qui est substituée aux liens de dépendance et du sang. Mais la citoyenneté n'exclut pas la tolérance à l'égard de l'étranger, ni l'emploi d'une main-d'œuvre servile ; elle n'implique pas non plus l'égalité réelle des droits politiques. À la définition du citoyen, s'ajoutent la distinction entre gouvernement large et gouvernement étroit, le souci de hiérarchiser le corps civil en affectant des droits politiques différents ou inégaux, selon les charges militaires ou financières, la constitution de véritables classes politiques, tendant à se fermer, patriciat de l'ancienne Rome, puis noblesse. La cité du Moyen Âge, société globale également, se trouve affrontée aux deux problèmes : délimitation du corps civique, ouverture du gouvernement. On entreprend la critique, aujourd'hui, du dicton allemand : « L'air de la ville fait la liberté » *(Stadluft macht frei.)* Sans doute mérite-t-il d'être replacé dans des systèmes de relations sociales et de rapports villes-campagnes qui ne sont pas homogènes à l'intérieur de l'Occident chrétien. Mais la liberté ne suppose pas, d'emblée, la citoyenneté ; le droit de bourgeoisie ne s'accorde qu'avec le temps et tend à constituer un privilège fermé au début de l'époque moderne. En Italie, à la citoyenneté pleine de la ville dans son enceinte se juxtaposent des citoyennetés tronquées pour les habitants du contado. S'il est déjà inégalement restrictif, le corps civique ne participe pas directement au pouvoir. Les libertés communales ont été souvent accordées avant que l'organisation corporative soit acquise. Ainsi en Italie, les *magnats*, familles nobles, ont pris le monopole du gouvernement et ne le partagent que difficilement, au prix de luttes sociales et politiques, avec les représentants des grandes corporations des arts majeurs. Mais de même, les arts majeurs s'opposent aux mineurs ; et le *popolo grasso* au *popolo minuto*.

Ainsi la communauté médiévale est-elle loin d'exprimer un *consensus* ; les solidarités réelles, territoriales et mentales, s'accompagnent de conflits et, en particulier, de conflits pour le pouvoir, qu'ils couvrent ou non des intérêts économiques, divisent ou non les fractions ou les familles d'un patriciat, culturellement unifié. Les villes de marchands et d'artisans du nord de l'Europe et d'Allemagne sécrètent aussi un patriciat, enraciné plus simplement dans l'organisation des métiers (parfois des groupements territoriaux comme les paraiges de Metz) ; mais il tend lui aussi à se constituer en « classe de pouvoir fermée et héréditaire » (Berengo) qui est, à son tour, incompatible avec le changement social. La naissance de l'État moderne, à travers l'affirmation des principautés territoriales ou des monarchies, se fait nécessairement aux dépens de la cité, corps autonome, selon des détours, des compromis ou des interventions violentes, des calendriers très variables en Europe occidentale. Ce qui s'efface alors, ce n'est pas seulement la souveraineté communale mais aussi les privilèges politiques, assurément confisqués par une oligarchie. La cité-État cède ainsi devant la ville dans l'État ou support de l'État.

Stade d'une évolution ? La ville en tutelle n'est pas seulement l'étape qui suit la souveraineté ; c'est une autre forme de relation entre organisation politique et entité urbaine. Depuis Max Weber, on oppose aux cités de l'Antiquité occidentale les villes des empires orientaux, de l'Inde et de la Chine ; lieux où s'exerce l'autorité impériale, sièges ou relais du pouvoir, elles ne gèrent en aucune manière leurs affaires. Leur classe dirigeante ne tient quà la bureaucratie de l'empereur ou du prince. De même les villes de l'Islam. Elles sont privées, semble-t-il, alors que la religion musulmane est par excellence citadine, d'institutions municipales, d'autonomie de décision ou même des organisations corporatives qui consolident en Occident la souveraineté urbaine. Sans doute faut-il nuancer et saisir derrière le jeu institutionnel des pratiques moins formelles. On a signalé la formation, autour des Ulemas, d'une élite urbaine qui n'ignore pas l'intérêt public ; les métiers sont organisés en guildes ; mais à chaque fois, la subordination persiste à l'égard du prince ou de l'autorité centrale. Le gouvernement de la ville n'existe pas ; l'idée d'un patriciat qui en monopoliserait la direction est incompatible avec l'exercice d'un contrôle direct des affaires publiques par les agents ou la bureaucratie du prince. Le modèle, semble-t-il, est valable pour la ville arabe, la ville mameluk, la ville ottomane ; la définition de la citoyenneté perd alors de son importance ; les catégories civiques s'effacent devant les affiliations religieuses ; en un sens, la ville de l'Islam est plus ouverte aux minorités ethniques ou confessionnelles que ses sœurs d'Occident.

En Europe, la construction de l'État moderne ne supprime ni la tradition, ni le patriotisme, ni l'organisation municipale ; elle en réduit le champ, en discipline le fonctionnement, en modifie les règles. La structure sociale de la ville subit les effets de ce changement politique. La ville, par sa fonction croissante d'encadrement territorial, fixe l'aristocratie foncière, du moins quand cette urbanisation n'était pas déjà acquise (France, contrairement à l'Italie), reçoit les catégories qui manifestent la présence de l'action de l'État, magistrats et administrateurs. Caractère de la ville moderne, à l'âge d'une économie rurale prédominante ? Des causes analogues se répètent plus près de nous et sans doute ont des effets plus massifs. La bureaucratisation de l'État et des entreprises, dans les sociétés fortement industrialisées, modèle en partie les villes d'aujourd'hui, dans leur composition professionnelle et sociale et commande, plus précisément encore, à la mobilité géographique de ces « cadres ». Malgré cette présence de l'État, il reste à la ville contemporaine, telle qu'elle a été modelée depuis le XVIIIe siècle, des institutions et des responsabilités, même affaiblies par la perte de leurs privilèges.

Les institutions municipales.

Les institutions ont été corrigées ou reconstruites, parallèlement à l'instauration des démocraties libérales et elles en suivent nécessairement les contours. Mais le mécanisme est particulièrement clair en France, où les réseaux d'organisation territoriale et les compétences sont définies par la Révolution française. Mais ce qui reste en question, ce sont les droits relatifs de la commune et du pouvoir central, fixés tardivement par la loi (1884), mais toujours sujets à discussion dans la pratique, dans un pays de forte centralisation. En Grande-Bretagne, les ruptures sont moins nettes : c'est par ajustements successifs que l'administration de la ville moderne se détache, d'une part, des privilèges anciens concédés aux corporations urbaines (celle de la *City* de Londres par exemple) et, d'autre part, des règles banales du gouvernement local, tel qu'il s'exerce dans les comtés. C'est la création progressive de *Borough Counties* qui, au XIXe siècle, accompagne avec des retards toujours importants les réalités de l'urbanisation ; pour sortir d'un dédale institutionnel il faut des lois multiples (1882, 1933, et jusqu'à l'acte municipal de 1948). Une fois définie l'entité urbaine, il reste à organiser le pouvoir municipal : conseils élus et non plus corps privilégiés (en Angleterre, c'est la « loi sur les pauvres » de 1834 qui conduit à instituer de tels conseils) ; extension du droit de vote dans la population, désignation de l'exécutif de la commune, du maire ou de l'administration. Agent du pouvoir central autant que représentant de la population, le maire français est longtemps désigné par le gouvernement (jusqu'à la loi municipale de 1881). Jusqu'en 1976, la ville de Paris n'a pas de maire élu, hors des phases révolutionnaires. En Allemagne, le *Bürgmeister* est un administrateur nommé par le conseil et souvent très stable. Aux États-Unis, les grandes villes ont un maire élu ; les petites et moyennes désignent un *manager* qui administre la ville sous le contrôle du conseil.

Ce jeu institutionnel n'a de sens que rapporté à des responsabilités effectives. Avec la civilisation industrielle, les tâches municipales s'accumulent. À la vieille mission, héritée de l'Antiquité — travaux d'édilité, ravitaillement (annone), maintien de la sécurité (vigiles), distractions publiques — sont apportées des corrections et des additions. Charges liées à l'assainissement et à l'hygiène publique ; équipements publics, l'eau, le gaz et l'électricité ; fonctionnement des transports publics ; charges culturelles, de la scolarisation aux institutions de prestige, dont il convient sinon d'organiser ou de financer la marche, du moins de négocier le développement avec l'État ; subvention aux arts, plus récemment aux sports. La responsabilité de l'ordre public prend une dimension nouvelle, dans la ville contemporaine, où l'ordre relève progressivement de règles formelles, anonymes. Enfin, la croissance peut être contrôlée, si possible aménagée ; les grandes capitales ou les grandes villes, dès le milieu du XIXe siècle, se fixent des plans d'extension, particulièrement en Allemagne, en Scandinavie, en Italie, déterminant au moins les alignements et l'autorisation de construire. Le *Town Planning Act* de 1909 en Grande-Bretagne, la loi qui impose, en France, à chaque grande ville d'établir son *plan d'extension et d'embellissement* (1919), le mouvement pour la planification urbaine aux États-Unis, marquent un renforcement de ces responsabilités. Ce qui varie, d'un pays à l'autre, c'est le contrôle ou l'initiative exercée par le pouvoir central ; c'est le système financier et le cadre législatif. Les villes d'Europe ont renoncé peu à peu depuis le XIXe siècle à leur ressource traditionnelle, l'octroi, de moins en moins compatible avec le développement économique, la consommation populaire et l'impossibilité concrète de délimiter la ville. Il reste à la ville de partager, plus ou moins inégalement, avec l'État, les ressources de la fiscalité ou de l'emprunt. La législation nationale donne enfin aux cités modernes l'occasion d'agir plus ou moins directement. Par exemple, en Grande-Bretagne, les lois de 1870 sur les transports, de 1875 sur les problèmes sanitaires, de 1851, 1868, 1890 sur les logements ouvriers qui accordent aux municipalités le droit de construire et de gérer des logements. De même le législatif permet aux villes de contracter plus ou moins librement avec les compagnies pour leur concéder les services publics, éventuellement de se substituer à ces compagnies. La ville devient ainsi producteur, entrepreneur, transporteur. À prendre l'exemple des transports de masse, c'est la Grande-Bretagne qui la première établit, à la fin du XIXe siècle, une gestion municipale ; les États-Unis laissent jouer l'entreprise privée ; en Europe continentale, une cote mal taillée entre compagnies et municipalités aboutit tardivement à des mises en régie, à des municipalisations, à des nationalisations. Ainsi d'une société à l'autre, le cadre législatif varie, mais aussi les rapports de forces ; à l'intérieur d'une même société, les politiques municipales se distinguent entre elles, selon des rapports particuliers. Ainsi se marquent non seulement la distance entre les textes institutionnels et les pratiques, mais ausi la différence entre la société globale et les compositions territoriales entre lesquelles elle se partage.

Vie urbaine et vie politique.

Qualifier politiquement une ville, c'est définir d'abord les rapports variables entre les groupes sociaux : tel groupe, central dans une ville, se trouve marginal ou minoritaire dans une autre. Le *contrôle social* s'exerce donc au plan local, de manière différente ; il ne répond pas nécessairement aux hiérarchies qui caractérisent la société dans son ensemble. La carte politique d'un pays en sort nuancée : dans la France du XIXe siècle, les villes « *bleues* », marquées par l'idéologie de Révolution française s'opposent aux campagnes, dans les régions peu touchées par l'industrie ; la ville industrielle, ouvrière, tranche sur la ville de province, soumise à une bourgeoisie d'ancien type ; le contraste s'affirme encore aujourd'hui entre la ville de cadres et la ville ouvrière. Mais c'est à l'intérieur des agglomérations que se dessinent les contrastes : les villes-centres, « tertiaires », constituées de classes moyennes salariées, à plus forte raison les capitales, s'opposent aux banlieues restées ou devenues ouvrières ou aux banlieues-dortoirs. À Paris, la « ceinture rouge » était, depuis la fin du XIXe siècle, le négatif d'un Paris devenu conservateur. Aux États-Unis, au contraire, les *suburbs* sont dominés par la « majorité » silencieuse ; les villes-centres, plus variées, groupant les minorités ethniques ou les Noirs, soutiennent des administrations progressistes et mettent à leur tête des maires de couleur.

Il ne suffit pas, en effet, d'étudier la composition sociale, mais aussi la nature des relations sociales et leurs effets sur la gestion de la ville. A. Briggs a ainsi établi des différences dans l'Angleterre du XIXe siècle entre les *villes victoriennes*. Manchester est la ville d'une lutte des classes sévères ; à Birmingham, au contraire, une industrie moins concentrée, une classe ouvrière mieux intégrée, une certaine stabilité des emplois et des chances de mobilité sociale fournissent le support de la politique réformiste entreprise par J. Chamberlain : Birmingham devient ainsi le modèle du « municipalisme » à la fin du XIXe siècle, et l'origine d'un « socialisme municipal », dont la Grande-Bretagne, la Scandinavie, plus ponctuellement certaines villes allemandes ou des communes de la banlieue parisienne sont les protagonistes plus ou moins heureux au début de ce siècle. Le support social ne suffit pas pourtant à déterminer qui dirige la ville. Il faut passer des classes et de la composition sociale à la connaissance des élites politiques qui essaient de se maintenir à la tête de la ville ; leur capacité de gérer, d'absorber ou de dominer les conflits d'intérêts ou les conflits sociaux, leur vieillissement, leur remplacement appartiennent à cette politologie, dont M. Frisch a jeté l'une des bases, en étudiant l'élite gouvernante de Springfield (États-Unis), au XIXe siècle, et son déclin. Mais l'histoire des notables doit être poursuivie au-delà des limites de la bourgeoisie classique et de ses fractions, à travers la connaissance des représentants et du personnel politique des gestions populaires et ouvrières.

On ne peut négliger les groupements ou associations qui, à côté de l'institution municipale, participent, conflictuellement ou non, au développement de la ville, à l'encadrement territorial de la population. Pensons au dédoublement entre municipalités et chambres de commerce, souvent plus riches et plus puissantes, disposant d'une plus large initiative pour ce qui fait l'activité de la ville. Croissance économique et croissance urbaine sont décalées non seulement dans leurs rythmes, mais dans le jeu et les décisions des institutions qui les administrent. À l'opposé, les organisations ouvrières ne se limitent pas à l'entreprise : par les coopératives, elles interviennent dans la construction, dans l'usage du sol, en Italie par exemple ; les sociétés de secours mutuel, les bourses du travail, les sociétés d'éducation populaire, les partis politiques ont des structures et des effets territoriaux ; ils expriment et consolident à la fois l'urbanisation de leurs adhérents, l'appartenance à la ville, même quand ils sont en dehors du pouvoir municipal. Par rapport à la société globale, deux types de microsociétés se constituent ainsi, dont il faudrait apprécier le conflit ou le compromis avec la première ; d'une part, certaines villes échappent politiquement au pouvoir des classes dominantes, dans certaines limites. D'autre part des institutions ou des organisations particulières encadrent localement des fractions de la population. La vitalité des institutions religieuses va dans le même sens : à Montréal, ce sont bien les paroisses qui assurent à la fois l'intégration et le contrôle social à l'égard des Canadiens français immigrés dans la ville. C'est par l'intermédiaire de telles institutions ou de telles associations que la vie de quartier prend généralement corps.

Les institutions et la politique municipales se trouvent ainsi relativisées par rapport à des institutions ou à des associations qui se situeraient à un échelon inférieur, plus proche de la population, et compenseraient parfois le rapport des forces, tel qu'il existe dans la ville tout entière. Mais nos sociétés industrielles ont paru longtemps peu compatibles avec cette vie urbaine ; on a souligné, dans la direction des thèses de Wirth, le déclin des formes de voisinage, le dépérissement d'une sorte de démocratie de base ; autre aspect de la culture dite de masse. Au mieux, l'institution ou l'association locale se définit dans cette perspective comme un lieu de pratiques et de relations sociales qui relèvent du quotidien, non comme un lieu de pouvoir ; à peine peut-on les considérer comme d'éventuels groupes de pression qui entreraient, très inégalement, dans un jeu complexe.

La politique municipale perd, à son tour, de son identité et de son efficacité vers le haut : depuis le XIXe siècle, les agglomérations urbaines importantes s'étendent sur plusieurs communes ; entre ces communes les divergences peuvent tenir aux oppositions sociales ; à composition sociale ou fonctions analogues, la compétition et la rivalité ne sont pas exclues. Le particularisme des unités administratives bloquerait ainsi toute tentative de politique globale, à l'échelon de l'agglomération, et, à plus forte raison, de planification réelle. Le cas exemplaire est fourni par les États-Unis ; si l'on est arrivé à créer des organismes communs, à l'échelon des « aires métropolitaines » et même des régions urbaines (ex. New York), avec un objectif spécifique, la gestion relève d'institutions différentes, juxtaposées horizontalement (municipalités), empilées verticalement (de la municipalité au comté, à l'État ou, enfin, au gouvernement fédéral). À la base, l'absence de solidarité serait excessive et contribuerait à l'aggravation des actions ségrégatives : le *suburb* fixe des normes d'urbanisme qui écartent les moins bons contribuables ou sélectionnent les meilleurs : la taille minimale du lot à construire est une arme efficace. Les villes-centres accumulent les charges (l'infrastructure des activités, le prix de l'encombrement et l'entretien des pauvres) avec de mauvais contribuables, dans un système fiscal qui porte surtout sur l'habitant. Image banale ; mais partout le cadre municipal paraît inadapté à la réalité géographique des phénomènes. J. Gottmann ne pensait-il pas à la nécessité d'un pouvoir d'arbitrage à la tête de la *Mégalopolis* ?

Les autorités européennes ont cherché depuis longtemps à corriger cette dispersion. Les annexions de territoire, largement pratiquées au milieu du XIXe siècle, ont périclité. On a créé de nouveaux échelons de responsabilités, plus ou moins autonomes à l'égard des composantes municipales, et d'autre part, de l'État national. Dès 1921, l'Allemagne avait pris les devants en dessinant les limites très larges du *Grossberlin*. C'est dans les années 1920-1930 que l'Angleterre ébaucha des plans d'aménagement au niveau de l'agglomération, le *Greater London* ; mais cette entité ne reçoit d'attribution administrative qu'en 1965 avec la création du *Greater London Council*, alors que la planification s'impose à l'échelle plus vaste de la région métropolitaine. À Paris, les premières tentatives viennent du Conseil général du département, puis de commissions mises en place par le gouvernement jusqu'à la création du district de Paris, lui aussi fortement tenu en main par les représentants de l'État (1961). À travers ces créations, ce qui est en question, c'est le pouvoir local ; la tradition britannique de *Self Government* s'oppose évidemment à la tradition française de centralisation ; mais les conflits ou les chevauchements de compétence sont multiples ; les rivalités entre municipalités se doublent d'une opposition entre collectivités de base, organismes de planification, État ; le clivage s'opère entre élus locaux, prétendant représenter les intérêts de la population, *administrateurs et techniciens*, imposant leurs rationalités. Ces rationalités elles-mêmes n'échappent pas à des dispositions sectorielles : transport, parfois organisations concurrentes dans le domaine des transports, logement, etc. Entre élus et techniciens le débat ne se situe pas seulement à des niveaux géographiques différents ; la municipalité elle-même est amenée à s'entourer d'avis techniques et à laisser un nouveau type de pouvoir se développer, sous un contrôle plus ou moins effectif. Ainsi le phénomène de dépassement et d'indétermination géographique des réalités urbaines s'entrecroise avec les exigences de la programmation et de la gestion « rationalisée » pour réduire la responsabilité, autrefois manifeste, du corps municipal et constituer des écrans nouveaux, qui ne sont pas nécessairement innocents, entre la population fixée en des lieux concrets et le système de décision. Dans ce système de décision conflits et compromis sont eux-mêmes expliqués par la structure sociale, mais aussi les idéologies, y compris les représentations « rationnelles » de l'urbanisme normatif.

La politique urbaine.

Peut-on parler, alors, de *politique urbaine* ? Elle tient au moins à deux pôles extrêmes — les collectivités locales et l'État, à travers ses multiples interventions, réglementaires, techniques, financières ; mais, dans une société diversifiée territorialement, il n'existe pas une seule politique des collectivités locales, ni même une politique continue dans le temps ; il faut distinguer le constant, l'irréversible de la part laissée aux choix politiques locaux et aux renversements de situation politique. Comment se composent alors ces forces au sein d'une agglomération multicommunale ? D'autre part l'État se décompose lui-même en administrations, en services techniques, en corps dont les fins ne sont pas identiques. La politique urbaine n'est que la somme, parfois la combinaison d'actions généralement peu coordonnées ou artificiellement ordonnées. La cohérence n'est pas facile à détecter dans les décisions effectives.

Les analystes s'inspirant du marxisme ont mis en valeur, plus que la nature économique des phénomènes urbains qui prête toujours à discussion (rente, valeur du sol, catégorie du logement), cette notion de politique urbaine, qui s'enchaîne assurément à celle de *contrôle social* ; dans ce schéma d'explication, c'est au niveau global de la société, en relation avec le mode de production, que la cohérence apparaît. Au stade actuel du capitalisme, par le financement public des équipements, par l'idéologie de la consommation « collective » qu'il développe (à travers certains thèmes « spatiaux », comme celui de *centre*), par la division fonctionnelle et sociale, l'État entretient à la fois le fonctionnement de l'économie et la reproduction de la société (à la fois force de travail et rapports sociaux). Autant le point de départ théorique paraît fort, autant la valeur analytique de la démarche reste fragile. La notion de politique urbaine se dissout dans la relation entre mode de production et appareil d'État ; dans cette perspective finaliste, toutes les structures, toutes les formes, toutes les interventions urbaines peuvent être rapportées à une sorte d'intention globale de la société. J. Lojkine donne une définition plus limitée de la politique urbaine, « tentative de colmatage » entre les intérêts des fractions de la bourgeoisie, les besoins divergents des classes, « l'appropriation privée et la consommation collective de l'espace urbain » ; la formule est heureuse ; implique-t-elle pour autant la cohérence de la politique urbaine et une théorie déterminée des rapports entre État et société ? Retenons plutôt que les effets des politiques ne sont pas socialement neutres ni indifférents, sans être pour autant le résultat de visées intentionnelles ou d'un fonctionnement finalisé.

Il est toujours difficile de distinguer le fonctionnement d'une société et sa reproduction de l'origine des changements. À partir du thème « politique urbaine », le courant marxiste a eu le mérite de détecter la naissance de nouvelles revendications, le déplacement des luttes sociales de l'entreprise vers l'urbain, la mise en question de la société et de l'État à travers la gestion des équipements collectifs. De cet intérêt porté à la ville comme lieu et objet de la lutte des classes, deux questions demeurent : d'abord, comment se distinguent les mouvements urbains des mouvements sociaux plus globaux ? Est-ce seulement l'émergence d'un nouveau thème ? Quelle est la réalité de l'enjeu ? En second lieu, en quoi la renaissance d'un mouvement associatif, d'une démocratie de base remet-elle en question la seule gestion de la ville ou celle, plus large, de la société ? Autrement dit, quel est le degré possible d'absorption de ces nouveaux conflits par les sociétés existantes ? Ces deux séries de questions en induisent une troisième : à travers ces problèmes de gestion et de participation, est-ce seulement le mécanisme de l'urbanisation dans une économie capitaliste qui devient la cible ou le système d'organisation urbaine dans une société « programmée », pour reprendre l'expression d'Alain Touraine ? Le débat tourne, sans se détacher pour autant des déterminants sociaux ; il amène à s'interroger sur les idéologies qui commandent l'organisation et la représentation de la ville et sur le conflit possible entre ces modèles d'ordonnancement et les pratiques sociales.

CHAPITRE VIII

Représentations et idéologies de la ville

Que la ville soit représentation ou ensemble de représentations, toutes les analyses que nous avons mises en évidence jusqu'à présent invitent à l'affirmer. Mais la notion de représentation s'applique peut-être à des réalités différentes. Il existe d'abord le système d'idées, plus ou moins cohérent, de ceux qui font la ville, la dessinent, lui donnent une structure ou du moins ajoutent leur pierre à celles du passé. De là, naissent deux questions : comment ce système d'idées s'inclut-il dans un système plus général de représentation qui va de l'espace concret à l'interprétation générale du monde, que cette interprétation soit mythique, s'appuie sur la science ou se développe en philosophie ? Quels sont, d'autre part, les porteurs de ces idées, ou du moins ceux qui les expriment et en conduisent l'application : classes dominantes, élites dirigeantes, professionnels de la ville et par quels rapports sont-ils liés ? Enfin, quelles sont les représentations de la ville qui viennent des habitants, des utilisateurs : acteurs passifs ou bien, seraient-ils des « dominés », capables de modifier, par leurs pratiques, le sens accordé aux objets et aux emplacements urbains ? Questions qui débordent l'urbain, mais le placent en même temps au centre des débats sur l'origine, le sens et les implications de l'idéologie.

Cités idéales et conceptions de l'espace.

Représentation de la ville et représentation de la société vont de pair : tel est le sens des *utopies* qui formulent à la fois les caractères sociopolitiques et territoriaux de la *cité idéale* : des ordres étroitement associés dans la pensée des Anciens, Platon ou Aristote, dans les représentations chrétiennes de la Cité terrestre et de la Cité céleste, dans les modèles plus opératoires de la Renaissance italienne, dans les projets du socialisme utopiste ; ordres dont la combinaison se retrouve, sous-jacente, dans les interrogations du mouvement moderne, en architecture et en urbanisme, dès qu'il dépasse les simples leçons de la technique ou de l'esthétique, chez Howard comme chez Le Corbusier. La *cité idéale* est un projet politique, au sens large du terme ; de ce fait, elle touche non seulement à l'ordonnancement de la ville, mais à celui du peuplement dans son ensemble : ainsi dans l'utopie de Thomas More qui, dans son État idéal enfermé dans une île, projette des régions centrées autour des villes, situées à égale distance les unes des autres, et dans chaque ville définit les espaces d'habitation, d'institutions et de vie communautaire, et la base économique, c'est-à-dire le travail et le seul travail. De même, dirigée contre la ville de luxe, de perdition et de domination, Busnarotti bâtit son Arcadie sur la répartition du peuplement en noyaux, égaux entre eux et reliés par des voies de circulation.

La représentation de la ville n'échappe pas à des déterminations plus larges et notamment à l'idée qu'ont les sociétés de leur espace et de l'espace en général ; le plan urbain, nous l'avons vu, porte en lui-même, à l'origine, un principe d'organisation qui peut être à la fois image et interprétation du monde. Les constructions architecturales et urbaines correspondent aux domaines plus abstraits de la philosophie. Panofsky décèle une analogie formelle entre la *somme* de la scolastique médiévale et les cathédrales « au titre d'ensembles intelligibles composés selon des méthodes identiques, avec entre autres traits la séparation rigoureuse entre les parties, la clarté explicite des hiérarchies formelles et la conciliation harmonieuse des contraires ». Sans doute, le champ se réduit-il, dès la Renaissance. La géométrie, la perspective, l'ordre mathématique se combinent avec les besoins nouveaux de l'art militaire pour servir de fondements aux modèles des architectes italiens de la fin du XVe siècle, Alberti, Francesco di Giorgio Martini et Filarete. Mais cet emploi de la géométrie n'est pas neutre socialement ; il laisse place à des ordonnancements physiques qui, dans le cas d'Alberti, privilégient la hiérarchie sociale et lui subordonnent l'organisation des espaces ; qui, au contraire, font de Martini, le précurseur d'une démarche fonctionnaliste, inspirée du corps humain. Enfin, les cités idéales de la Renaissance appartiennent, quel que soit leur ordre géométrique, l'étoile de Filarete et le quadrillé de Dürer, à des espaces rigoureusement fermés, enclos et dont la structure est en grande partie articulée sur l'enceinte. Dans l'espace clos, bien délimité, il faut trouver non seulement la permanence d'une forme de ville mais tout un tissu d'idées, conscientes ou non, qui opposent l'intérieur à l'extérieur et lui accordent des notes particulières. Psychanalyse vulgaire des sociétés ou recherche, encore peu accomplie, de tout ce que dénote cette opposition, dans des sociétés différentes et selon des cultures particulières ? La prédominance des espaces clos persiste, en tout cas, dans la pratique architecturale de la Renaissance et des débuts de la période classique : dessin des villes et notamment des villes de fondation (Vitry-le-François ou Richelieu) ; dessin des places, de la place centrale de Vigevano (œuvre de Filarete) à la place des Vosges, à Paris. La rupture n'appartient pas à l'ordre des compositions architecturales, en premier ; elle se situe à l'intérieur du baroque, plus qu'elle ne le caractérise. Le concept d'espace tient alors à la mathématique et à la philosophie cartésienne, à la notion d'infini développée par Pascal, à la physique de Newton. L'espace « ouvert » s'annonce déjà avec Versailles et le prolongement de l'ordre urbain dans la nature. La mutation peut être placée au XVIIIe siècle. L'organisation de la ville n'est plus pensée essentiellement en termes esthétiques ; on tend à la calquer sur celle d'un champ de force, obéissant aux lois de la gravitation ; les affectations monumentales, les constructions deviennent secondes par rapport à ce dispositif. En même temps, l'emportent d'autres définitions de la ville qui vont dans le même sens : à la ville, lieu de culture spécifique se substitue l'image d'une ville qui exerce des fonctions et se trouve au point de rencontre d'une série de flux. Mais peut-on s'enfermer dans une aussi courte chronologie : si l'on s'en tient aux actions urbanistiques, le mouvement s'annonce avec les travaux de Sixte-Quint à Rome, avant la mise en forme d'une nouvelle conception mathématique ou philosophique de l'espace ; ces actions ne trouvent leur pleine réalisation et leur signification qu'avec le libéralisme économique, d'une part, la maîtrise de la ville par les ingénieurs que l'haussmannisation illustre, d'autre part.

C'est dire le risque de concevoir l'organisation de la ville et les idées qui la commandent comme le reflet d'un système d'idées déjà constitué. D'abord parce que ce système n'est pas nécessairement cohérent mais peut révéler au contraire des oppositions et des contradictions, dont l'équilibre n'est jamais réalisé. Ce que l'on appelle l'architecture baroque appartient à deux tendances contradictoires, qui s'en partagent les réalisations, tantôt par combinaison, tantôt par exclusion. D'un côté, la géométrie, l'ordre de la pensée ; l'amorce d'une tradition classique ou même académique ; de l'autre, le mouvement, la sensualité, la mystique. Le baroque conduit aux ordonnancements amples et monumentaux comme à la multiplication des espaces morcelés, subdivisés, contournés ; il s'accorde avec les monarchies absolues comme avec le monde plus secret des petits groupes, confréries, sectes, et de la pensée illuministe. Tensions et alternances fabriquent, dans le temps et dans l'espace et au prix de contrastes culturels marqués (le baroque français, « parisien », n'est pas celui de la sensibilité italienne, ni de l'Europe rhénane ou danubienne), ce qui fut l'action et la sensibilité d'une période. À propos du Paris gothique, Pierre Francastel avait mis en garde contre une explication qui, plaçant le corps constitué des idées et des aspirations, en amont de la pratique et du temps, ne parviendrait plus à donner le sens des réalisations : « Ce ne sont jamais les modèles élaborés au départ qui deviennent ceux que transmet une époque à la suivante. Mais, au contraire, ceux qui, mis au point dans la pratique, renversent les modèles prospectifs... Il est donc parfaitement absurde de chercher les principes directeurs du style gothique parisien dans ses liaisons avec le site ou dans une soi-disant conformité avec une pensée " gothique " virtuellement constituée avant les œuvres et dont ces dernières ne seraient que l'extériorisation. » La même remarque s'appliquerait si l'on voulait passer du système d'idées aux rapports sociaux : placer, en amont, des structures définitivement constituées soit de la pensée, soit de la société, aboutirait à une théorie des reflets soit purement idéaliste, soit banalement matérialiste, qui ne rend compte ni des décalages, ni des interactions. Benevolo a certainement montré avec bonheur comment l'architecture de la Renaissance, confisquée par la classe dominante, se coupe de la pratique sociale, transforme l'art en acte contemplatif et exprime avant tout, le principe de hiérarchie sociale. Mais si l'on passe des œuvres monumentales à la ville, c'est laisser sans définition l'architecture mineure ; c'est d'autre part, pour orienter l'interprétation vers cette ville « visuelle », réduite encore à la fin du XVIIIe siècle par les procédés cartographiques à une simple projection, saisir insuffisamment la relation entre les changements urbains, la naissance de la ville moderne et « fonctionnelle » et l'organisation progressive d'une économie capitaliste. Sans doute ces biens sont-ils eux-mêmes difficiles à saisir, sans tenir compte de la variété des structures politiques et sociales en place et de la médiation exercée par des systèmes d'idées, mais eux-mêmes non fermés. La rationalisation des cités idéales n'est qu'une pièce dans la connaissance de la ville et des idéologies qui contribuent à la dessiner, et parfois une pièce rapportée d'une période sur l'autre.

Naissance et développement de l'urbanisme.

C'est pourtant dans cette lignée que les utopistes du XIXe siècle débutant ont tenté de répondre aux premiers effets de l'industrialisation. À vrai dire, la création de ces utopies ne vient pas d'une situation « pure », qui serait la grande industrie ; on y retrouve, mêlés, à la fois les vieilles condamnations morales, esthétiques ou hygiéniques contre la capitale, la ville écrasante du XVIIIe siècle et la conscience des nouveaux problèmes industriels, surtout chez Owen. Aussi bien, les trois caractères fondamentaux de l'utopie urbaine se combinent, inégalement selon les auteurs : le souci de la justice sociale et d'une organisation qui donne à tous les citoyens les bénéfices tirés de l'industrie ; un principe d'organisation territoriale qui constitue des collectivités humaines de taille restreinte, mais dotées de toutes les institutions et de tous les équipements indispensables ; une répartition à l'intérieur de la ville des cellules familiales, des lieux de vie collective et de loisir et des lieux de travail qui annoncent les formes modernes d'un *zoning*. Owen, sans doute, est plus soucieux de réalisation et de production ; il tente l'expérience en Angleterre, à New Lanark et, une fois sa doctrine constituée, à New Harmony aux États-Unis. Chez Fourier, le rapport entre habitat, vie industrielle et collective, l'harmonie des tempéraments et l'élimination de la famille retiennent l'intérêt principal, avec le modèle du phalanstère ; c'est, assurément, une imagination du mode d'habiter.

Les utopistes n'en restent pas à la définition de cette « contre-ville » qu'est le phalanstère ; lieu de vie et lieu de production, communauté élémentaire. Au même moment, les ingénieurs polytechniciens, souvent séduits par leurs thèses sociales, présents dans l'église saint-simonienne comme dans les groupes fouriéristes, sont amenés à réfléchir sur les chemins de fer et l'installation en France d'un système général de circulation. Ce thème les conduit nécessairement à se préoccuper de la grande ville et surtout de la *Capitale* ; à l'opposé du phalanstère, on construit donc le projet de la ville organisatrice, contrôlant les échanges, foyer central des activités ludiques et des institutions culturelles ; une ville que l'on fréquente plus que l'on habite, qu'il convient d'alléger de ses misérables et du travail direct pour en faire la vitrine de l'économie industrielle. C'est ainsi qu'en France du moins, le parti haussmannien commence à prendre forme dans la pensée utopique.

Dans tous les cas, il s'agit d'utopies « progressistes », se disant créatrices d'un ordre nouveau qui est déduit des besoins et des aspirations humaines ; en ce sens, des rationalisations. Les utopies urbaines du début du XIXᵉ siècle sont prémonitoires à la fois de certaines formules de l'urbanisme moderne, parmi les plus audacieuses (Fourier, inspirateur de Le Corbusier) ; mais elles annoncent aussi ce que l'application d'un modèle tout fait, la déduction logique des formes peuvent avoir d'abstrait, d'autoritaire et, en fin de compte, de dévié par rapport aux intentions. Il faut non seulement constater l'échec des quelques réalisations entreprises, mais aussi la référence que ces utopies donnent à l'urbanisme moderne. À ce courant, mais décalé chronologiquement, mieux inséré dans les débats urbains du XIXe siècle, s'oppose, comme F. Choay l'a montré, le mouvement culturaliste : né d'esthètes et de réformateurs sociaux anglais comme Ruskin et Morris, il critique violemment la ville industrielle que Dickens décrit, dans les années 1860, sous le nom de *Coketown*. Contre ce désordre, il invoque le souci de la communauté, le contact avec la nature, le respect des vieilles formes urbaines. Sur le continent, c'est surtout à Vienne, auprès de Camillo Sitte, que ce courant rencontre un écho ; mais le temps des utopies est passé et c'est par rapport à la pratique de l'urbanisme et de l'urbanisme haussmannien autant qu'à l'égard de *Coketown* que sont définis de nouveaux objectifs.

C'est donc à l'intérieur d'un conflit réel, dans la critique de la construction de la ville contemporaine, que naît l'urbanisme comme discipline autonome. L'urbanisme est détaché de la théorie sociale et de la critique de la société industrielle et capitaliste ; le marxisme subordonne la question urbaine ou la réduit à celle du logement. Inversement, elle est abordée dans les sociétés existantes, sous la forme d'un urbanisme technique, politiquement « neutre ». Il n'est pas étonnant que, sous cette forme, l'urbanisme soit intégré dans l'action des gouvernements de réforme autoritaire et que l'haussmannisation, de ce point de vue aussi, devienne une articulation importante, comme Benevolo l'a montré. Mais l'urbanisme n'est pas lié à une expérience ou à un régime. C'est bien le statut réservé à l'intervention urbanistique, dans les différentes formes de sociétés industrielles, qui est en question. Si l'on s'en tient alors au système d'idées qui inspirent ou rationalisent la pratique (le système d'idées est souvent construit *a priori*, comme justificatif d'une opération, mais dans une situation historique déterminée), il relève de trois analyses. L'urbanisme moderne n'élimine pas l'imaginaire : comment ces « idées » s'articulent-elles avec les sociétés ? L'urbanisme exerce une fonction par rapport au système sociopolitique : comment est-il déterminé, délimité ou dévié par cette fonction et quelle est la marge réelle d'autonomie ? Enfin quelles sont dans une conjoncture et dans une société concrètes, les rapports de force et les moyens qui réduisent, déforment le champ des réalisations ou ouvrent des failles exceptionnelles ? Rien ne dit que l'effet des œuvres s'enferme dans les étroites déterminations du moment, on l'a souvent heureusement montré par l'haussmannisation ; inversement, rien ne dit qu'appliqué à la réalité urbaine, le schéma idéal parvienne à le transformer sérieusement.

Si on limite et si l'on décompose ainsi l'origine et l'incidence des modèles construits par les urbanistes, le mouvement moderne n'apparaît pas totalement en contre-courant ou en négatif des utopies du début du XIXe siècle. D'abord, parce que sous des formes renouvelées, l'opposition principale s'y maintient entre « progressistes » et « culturalistes » ; d'un côté le rationalisme, le géométrisme, l'industrialisme de Le Corbusier ; de l'autre, le naturalisme, l'appel à la communauté ou au voisinage d'un Ebenezer Howard avec la « cité-jardin ». Mais ces deux tendances fortes et apparemment opposées mêlent parfois leurs eaux et le déchirement s'institue dans les consciences et non dans les écoles. En second lieu, s'ils ne proposent pas une société idéale, les urbanistes les plus imaginatifs induisent, de leurs projections architecturales ou spatiales, un certain nombre de pratiques et de changements sociaux. La *Cité radieuse* de Le Corbusier n'est pas un état idéal ; mais elle implique un style de vie collectif qui appartient à une société imaginée. À l'anticipation, séduisante intellectuellement, deux risques : de la transformer en déterminisme, d'abord : on a rappelé ce qu'une interprétation écologique des conduites humaines a d'aventuré ; c'est le mythe de la cité-jardin ou des grands ensembles *créant* une nouvelle société ; de commander, ensuite, par la planification des besoins et des fonctions, par leur projection dans l'espace, des comportements que la population accepte, en définitive, difficilement. L'urbanisme échappe rarement à la tentation et à la nécessité de l'autoritarisme. Le drame de l'urbanisme moderne est sans doute d'avoir anticipé à l'excès sur les pratiques sociales, en ne jouant que la seconde partie de son rôle : la rationalisation, plus ou moins inachevée, tronquée ou ratée, des tendances dominantes de la société. La création s'est transformée en recettes d'accompagnement. D'où les magnifiques échecs, du moins dans le présent : Brasilia en fut longtemps l'archétype, sans doute injustement ; ou les réductions appauvrissantes, la *Cité radieuse* (1935) de Le Corbusier devenue modèle des grands-ensembles-dortoirs. Tony Garnier, dans son projet de cité industrielle, opposait l'ordre et la distinction entre les usages du sol à l'enchevêtrement inhumain d'usines et d'habitat ouvrier qui caractérisait la ville du XIXe siècle ; transféré à des échelles différentes, utilisé comme formule, ce principe conduit au *zoning* rigoureux, à la distinction de l'habitat et du travail, de l'habitat et du loisir, des espaces verts et des constructions, de la circulation générale et de la circulation locale ; la *charte d'Athènes* (1933), dont il ne faudrait pas réduire à l'excès le contenu idéologique, rationalise à la fois la division sociale et fonctionnelle de la ville.

La tendance culturaliste et naturaliste n'échappe pas à cette contradiction, si parfois elle apparaît plus tolérable. Les anticipations s'appellent alors communauté, voisinage avec quelques résonances nostalgiques. Les réalités ne sont pas toutes négatives : l'arrêt relatif de la croissance londonienne, le regroupement de l'habitat périphérique autour de points d'accrochage, de « villes nouvelles », dotées d'équipements et d'institutions ; le maintien de vastes zones vertes entre les noyaux de peuplement. L'expérience anglaise des villes nouvelles, projection contemporaine de la cité-jardin, ne peut être assimilée à un échec, à travers les deux ou trois générations de localités qui répondent à cette politique. Mais le fonctionnement répond-il à l'attente ? L'équipement ne crée pas pour autant la communauté ; la séparation topographique et la distance n'établissent pas l'autonomie économique, la réduction des écarts entre travail et résidence ; Londres reste le point commun de référence pour les villes nouvelles de son rayon ; enfin l'idéal « aristocratique » de la maison individuelle située dans la verdure aboutit, compte tenu des contraintes économiques, à la monotonie des maisons « unifamiliales ».

Situation et problèmes de l'urbanisme contemporain.

Les contradictions de l'urbanisme contemporain se situent donc au-delà des formes architecturales. Les écoles et les réussites sont multiples : le cubisme n'a pas entraîné que les échecs, volontiers soulignés, des blocs de béton. Le *Bauhaus*, en Allemagne et dans ses prolongements américains, à travers des formes simples, a su renouveler les relations entre espace intérieur et extérieur. Le naturalisme de Wright ou de Aalto ne se limite pas aux étonnantes villas qu'ils ont construites, mais, inversement, l'inspiration naturaliste n'a pas produit que des chefs-d'œuvre. Bref, le débat n'est pas architectural et n'est pas d'école. Il ne porte pas sur la confrontation esthétique ou même fonctionnelle entre les tours, les barres et les formes différentes et plus souples de bâtiments individuels. S'il oppose apparemment l'habitat collectif et l'habitat individuel, c'est qu'il remet en question les pratiques sociales et le mode d'habiter. Le problème est donc bien de composition et de rapport avec le territoire. Henry Lefebvre l'a caractérisé avec force en parlant de « décomposition analytique ». Les raisons en échappent aux seuls modèles d'urbanisme, nous le savons.

Cette décomposition analytique des fonctions et des besoins est à la fois résultat et explication de l'importance attachée à la circulation. La mobilité supplée la proximité ou l'enchevêtrement. À côté des projets de l'urbanisme, nés des confins avec l'architecture, des modèles ont vu le jour, construits par les ingénieurs, modèles de transport pour l'essentiel. On sait leur développement aux États-Unis, la place qu'ils tiennent dans la représentation de la ville. On sait aussi l'accueil accordé au rapport Buchanan qui, en 1963, proposait les meilleures solutions pour harmoniser l'automobile et la ville. « Il ne s'agit plus de projeter des routes ou de projeter des bâtiments, mais de projeter les deux ensemble, à l'intérieur d'une seule et même démarche. Et c'est ce que nous entendons par " traffic-architecture ". » Ainsi la technique de circulation commande les étapes urbaines, facilite effectivement la dilution de la ville en espaces multiples et la diffusion de l'habitat. Derrière ce schéma, la *Mégalopolis*, de réalisation concrète devient idéologie. Avec les pratiques nouvelles de l'informatique, les espoirs de diffusion augmentent à l'échelle de cette circulation des informations. À la fin des années 1960, le souci de réduire les difficultés de la ville, « l'encombrement » urbain ou la lourdeur des transports physiques s'accroche à cette mythologie renouvelée, parallèlement à l'organisation du marché des ordinateurs. On y voit aussi bien les avantages d'une vaste déconcentration géographique que l'accroissement des tendances « isolationnistes » des ménages, déjà notées dans les sociétés industrielles les plus « avancées ». Bref, une remise en question presque totale de la ville, par le biais d'une technique. Voici cinquante ans, on espérait aussi de l'électricité cette sorte d'égalisation des chances dans l'espace. Or la technique n'agit pas d'elle-même et peut entraîner, selon les objectifs sociaux qui lui sont donnés, des conséquences contraires. La mode est déjà passée d'accorder à l'informatique et à ses variantes un rôle directeur dans les futurs aménagements territoriaux — au point, qu'à l'excès sans doute, comme l'urbanisme technique de la fin du XIXe siècle, l'emploi de ces techniques n'apparaît plus que « neutre ». La réflexion sur la centralité a résisté aux modes qui devaient lui trouver des substituts.

Corriger la décomposition ou ses effets paraît bien une tendance plus constante, dans la représentation de la ville, depuis une génération. Mais elle se divise ; d'un côté, c'est la création de nouveaux centres, dégorgeant les anciens lieux d'accumulation, impropres par leur structure à accueillir les techniques modernes ; d'un autre, tout le support idéologique ou mental qui soutient la rénovation ou, au *contraire*, la réhabilitation historique des centres anciens. Les phases se sont succédé, aussi : d'abord, l'intérêt attaché à la création de centres commerciaux : remodelage de zones commerciales, à Stockholm ou à Amsterdam, considérées ensuite comme des modèles du genre. On peut y retrouver l'accumulation de tous les symboles de la société de consommation, comme d'ailleurs dans les *shopping-centers* de la périphérie. Mais le risque du monofonctionnel est là, réducteur de toute charge symbolique ; le centre des achats, réservé et piétonnier, du Lijnbaan à Rotterdam, vit du rythme exclusif de ses magasins. L'espace cesse d'être occupé à leur fermeture. Deuxième phase, celle des centres directionnels, chargés d'assumer des relations internationales, nationales ou régionales ; une sorte d'exaltation des phénomènes spontanés déjà produits aux États-Unis, avec la double version topographique : réanimation du centre ancien, création de centres secondaires. Là se maintiendraient, pour les besoins de la gestion, les privilèges du face à face et de la proximité. En fait, les résultats de cette représentation sont doubles : tantôt il s'agit d'une accumulation de bureaux, plus ou moins rattachés aux lieux d'échanges rares ; tantôt, et l'idéologie sociale est alors sous-jacente, d'une conception élitiste d'un centre affiné, combinant fonctions de direction, signes culturels et habitat, harmonisant au mieux les structures modernes et les emplacements historiques. Mais dans cette ville « quaternaire » (c'est-à-dire rassemblant les activités à la fois nobles et immatérielles), ne lit-on pas la forme la plus poussée des ségrégations, à la fois fonctionnelle et sociale ?

Cette dernière représentation mesure la partialité et les risques sociaux d'une centralité réservée à quelques actes, très spécifiques, ou à l'élite de la société. L'idée d'un centre affiné ou d'une ville affinée laisse dans un no man's land intellectuel, la plus grande part de la population et des espaces urbains. On tente alors de retrouver la complexité des points de rencontre, leur indétermination, ce qui n'exclut ni les préoccupations marchandes, ni la diffusion de symboles de consommation ; mais l'intégration y tient plus de place. D'où le retour vers la ville historique, le regonflement du mythe de la ville ancienne, le repli de Le Corbusier vers Camillo Sitte. C'est la réanimation recherchée des tissus anciens, sans que l'on mesure l'ambiguïté des changements de propriété et de contenu qui, dans un cadre à nouveau valorisé, accompagne généralement ces opérations. C'est le souci de conserver un patrimoine architectural et urbanistique, dont on attend qu'il reconstitue, comme mécaniquement, les pratiques anciennes. Imputation derechef risquée à l'efficacité du milieu ; référence à une ville communautaire, à un passé idéalisé. Dans les centres de peuplement nouveaux, à défaut de pierres et d'emplacements authentiques, c'est l'appel aux mots arrachés à l'histoire : *piazza, agora*, le mot paraissant capable de reproduire un sens. C'est bien alors que le discours sur la ville prend définitivement le pas sur la ville elle-même. Le fonctionnalisme, déduisant d'une image stéréotypée, des techniques industrielles, les besoins et les formes, proposait des solutions faussement universelles. Ces recettes, par un retour trop simple ou trop peu critique au passé, ne prennent de légitimité que d'avoir existé ; au mieux, elles expriment une nostalgie ; au pire, elles tendent à la mystification. C'est dire la désorientation de l'urbanisme comme pensée globale de la ville ; la ville ramenée à un *cadre* d'existence ou d'activités est doublement « décollée » des pratiques de l'habitant. L'urbanisme a été confronté, aussi, aux expériences du socialisme. Dans l'Union Soviétique des années 1920, utopies et projets se multiplient ; l'urbanisme est impliqué, au premier chef, dans la recherche d'un nouveau modèle culturel, qui entretient le foisonnement intellectuel des débuts de la décennie. Il est ensuite sollicité, entre 1928 et 1931, par les premiers travaux de planification qui supposent un vaste effort d'implantation territoriale. C'est bien un autre mode de peuplement qui est opposé à la grande ville, à l'agglomération démesurée, identifiées au développement du capitalisme. La tradition utopiste, les courants les plus ambitieux du mouvement moderne, qu'ils aillent vers la cité-jardin ou l'unité d'habitation, les changements attendus de l'électrification inspirent les urbanistes soviétiques. Les schémas tendent à la diffusion du peuplement, à la décentralisation des équipements, à la définition de « modules » propres à l'épanouissement d'une vie collective : création d'unités de peuplement, de quelques milliers de personnes, regroupant aussi bien les travailleurs des villes que ceux des champs ; villes « vertes » ; et jusqu'aux projets plus audacieux d'un habitat, libéré par la technique des contraintes d'agglomération, greffé sur les réseaux de communication sous forme de « villes linéaires » sans commencement ni fin ; « ville spirale » ou utopie de l'habitation mobile dégagée de tout principe de localisation fixe. La floraison des utopies dure peu ; l'urbanisme est bientôt subordonné aux exigences de la production. De cette invention formelle, il reste surtout ce que l'on peut apprécier en termes économiques : le souci de délimiter une taille ou des tailles optimales pour les unités urbaines, selon des critères de fonctionnement (équipements et services offerts à la population). Dans cette perspective, il paraît souhaitable de limiter la croissance des plus grandes villes, de développer, au lieu d'agglomérations continues, villes satellites et villes nouvelles, séparées par des espaces verts. La pratique urbanistique se rapproche d'autres expériences européennes, menées en Grande-Bretagne ou dans les pays scandinaves. Toutefois, malgré la collectivisation du sol et la centralisation des investissements, l'urbanisation échappe partiellement à tout contrôle. Dès 1925, il est décidé de mettre un terme à la croissance de Moscou. Chaque anneau de la ville est souligné par une ligne d'espaces verts, l'agglomération est délimitée, dans un rayon de 40 kilomètres, par une ceinture verte, d'où sont exclues en principe les constructions. Malgré ce dispositif, la ville continue de croître, démographiquement et économiquement, jusqu'au plafonnement actuel. De même, l'essentiel du mouvement migratoire se porte sinon vers les agglomérations de Moscou et de Leningrad, du moins vers les plus importantes, celles qui dépassent plusieurs centaines de milliers d'habitants. Il existe donc, en face d'une apparente rationalité de l'urbanisme, des forces qui vont dans le sens de la concentration urbaine, administrations, entreprises, tendances de la population et organisation politique elle-même. À l'autre extrême, la volonté, plusieurs fois affirmée et traduite en actes, de regrouper la population rurale dans des « agrovilles », s'est heurtée à la résistance de la paysannerie. Les réussites doivent être recherchées ailleurs qu'en U.R.S.S., en Hongrie par exemple. Au-delà de ses défaillances occasionnelles (le retard accumulé en logements) ou de ses atouts spécifiques (maîtrise des sols, absence de spéculation, place des transports collectifs), l'urbanisme se heurte à des problèmes de fond : subordonné aux exigences de la planification économique, il court les mêmes risques que dans tout pays industriel : attraction des économies d'échelle ou des économies externes, décomposition fonctionnelle de l'espace, selon les règles du *zoning*, organisation stéréotypée de la vie quotidienne. Attentif à la définition d'une nouvelle culture, il risque à son tour les excès de l'anticipation directive ; cette tension apparaît notamment entre les modèles de vie collective et les aspirations individuelles ou familiales, qu'aggrave la pénurie.

Représentations, images et pratiques de la ville.

Comment ne pas inverser alors la réflexion et chercher la représentation de la ville de cet autre côté, non plus celui des producteurs de l'espace, mais celui de l'habitant, du citadin ? Les intentions banales ne sont pas exemptes ; étudier les comportements, les réactions, la perception qu'a la clientèle, c'est une préoccupation professionnelle pour l'architecte ou le spécialiste de *marketing*, cherchant la meilleure localisation d'un *shopping-center*. Mais, d'autres ouvrages amènent à une meilleure conceptualisation. Kevin Lynch en 1960 définit la qualité essentielle qu'il attend de la composition urbaine, la *lisibilité*, c'est-à-dire « la facilité avec laquelle les parties de la ville peuvent être visuellement appréhendées, reconnues et organisées selon un schéma cohérent ». Ce point de vue privilégie la clarté des formes physiques, telles qu'elles sont perçues par les habitants. Mais l'habitant n'est pas neutre ; il construit lui-même cette image à l'aide de son expérience et de sa mémoire. L'image de la ville ne tient plus alors d'une conception globale, *a priori* ; elle est partielle, construite à partir de séquences à la fois topographiques et temporelles (notamment les séquences de déplacement), différente et inégalement ample selon les groupes. Mais Kevin Lynch, malgré ces fortes nuances, part essentiellement de la forme et de la distribution des objets physiques ; il reste un *designer* et donc du côté des producteurs de l'espace. Il décrit ou analyse, par enquête auprès des habitants, des chemins, des limites, des quartiers, des points de repère. L'image publique de la ville se réduit ainsi à une composition de perceptions individuelles dont le contenu reste *visuel*. La ville-orientation est encore une ville-spectacle. Au-delà demeurent entiers les problèmes psychologiques de la perception et l'analyse des conditions sociales des conduites.

Le rapport entre représentations et pratiques de la ville assurément déborde le domaine des cartes mentales, seraient-elles construites avec la plus grande finesse ; du moins ces cartes mentales de la ville prennent leur sens à travers des modes d'habiter, des modèles culturels et non seulement des actes visuels. La représentation de la ville s'inscrit alors dans une ethno-histoire, aussi bien que dans une critique des idéologies. Elle accorde une large place aux comportements des groupes sociaux, à la manière dont se transmettent ou s'acquièrent les habitudes ; la ville est alors apprentissage, des actes comme des représentations. Elle se préoccupe de l'accumulation des gestes et des rites, ancrés dans l'inconscient. Elle s'intéresse aux justifications sociales données de ces pratiques, à la valorisation attachée aux lieux, à la combinaison des espaces et des références, à tout ce qu'il y a de *mémoire* dans la ville. Louis Chevalier a tenté cette riche description, voici deux décennies, pour le Paris du début du XIXe siècle. Les enquêtes modernes butent encore sur l'étroitesse de leurs objectifs, prétendus « appliqués » et la faiblesse des concepts. On comprend l'intérêt soulevé alors par les méthodes de la linguistique ou de la sémiologie. Jeu plus complexe, puisqu'on pose au départ que la relation entre les signes et ce qu'ils représentent n'est pas univoque ; que le symbole n'est pas affecté à une fonction unique et que le lieu peut être chargé de valeurs multiples, éventuellement contradictoires. Discours de la ville ou langage de la ville, dont il faut distinguer la structure des contraires, des relations entre termes, les séquençes et la syntaxe. Roland Barthes, partant de l'exemple de Tokyo, reprend l'image du centre lieu de rencontre en en faisant le lieu de l'*altérité* (qui peut être activité ludique ou combat), par opposé à tout ce qui est identité, famille ou résidence. Naguère, on utilisait le concept d'acculturation, sans doute trop chargé par l'analyste d'aujourd'hui, de souci d'intégration.

Ce jeu sémiologique répond-il pour autant à toute la question ? Si l'on dit représentation de la ville et symboles — et l'on a vu la part que le symbolique tenait dans l'explication de la structure et du tissu urbains — encore faut-il se demander comment les symboles sont créés. Pour qui et par qui ? P. de Sica, en étudiant aussi à travers des exemples historiques l'image de la ville, avait cherché à la situer dans le rapport entre réalité, pensée théorique et imagination populaire, dans l'oscillation entre cité réelle et cité rêvée. Mais s'agit-il seulement de la rencontre entre l'urbaniste, le créateur de la ville et l'habitant ? Derrière l'idéologie, faut-il à nouveau déceler les rapports sociaux qui lui sont concomitants ? Ainsi l'on peut accorder le poids principal à l'idéologie dominante, faire des symboles de la ville l'expression pure et simple d'une domination sociale ou des exigences du mode de production. Mais la ville est aussi consentement : si l'on remonte aux « motivations », l'attraction de la ville reproduit les mêmes mobiles psychologiques, au XVIIIe siècle comme dans les pays du tiers monde, à l'heure actuelle. Il ne s'agit pas d'identifier des sociétés mais des attitudes ; la ville est un élément positif, attractif, même si le mouvement démographique vient essentiellement d'un surpeuplement ou d'une crise sociale des campagnes. S'agit-il alors d'une absorption totale par l'idéologie dominante ou la ville offre-t-elle, dans ses failles, assez de part à l'autonomie des représentations et des pratiques populaires ? Inversement, l'image de la cité n'est-elle qu'une idéologie globalisante qui cache la nature réelle des rapports sociaux ?

L'étude de « l'habitat spontané », bidonvilles ou *shanty-towns* du tiers monde, a éclairé ce développement de pratiques culturelles et de représentations qui échappent aux déterminations globales. Derrière la confusion apparente, on a lu un ordonnancement, des jeux d'opposition, des significations. Turner, justifiant les quartiers spontanés du tiers monde, y voit pour les nouveaux habitants de la ville le moyen de « progresser » et d'assimiler le mode de vie urbain. Étape pédagogique qui se heurte aux idées trop arrêtées d'une planification autoritaire. À propos des *villas miserias* de Buenos Aires, l'enquête notait : « Ce n'est pas l'inconfort de leur situation matérielle que les habitants de ces quartiers ressentent avec le plus d'acuité, c'est l'humiliation de se voir refuser la possibilité de travailler et de construire par eux-mêmes, alors qu'ils en sont tout à fait capables. » Sans doute, l'hypothèse de Turner est-elle optimiste ; mais elle concourt à ce mouvement des dix dernières années qui oppose à la science des urbanistes, à la pensée théorique sur la ville, le jeu des pratiques, des représentations et de l'imaginaire venant de l'habitant lui-même. On connaît mal, à vrai dire, les mécanismes par lesquels une culture populaire, éventuellement une contre-culture, modifient les objets urbains constitués ou les modèlent. Cette réflexion invite simplement à penser que les modes d'habiter ne sont pas le simple reflet des inégalités ou même des conflits sociaux en tant que tels ; il faudrait chercher, à travers la grille urbaine, les manifestations de liberté, les revendications d'autonomie, la construction du collectif ou la défense du privé, en marge des hiérarchies sociales reconnues. Il faudrait à nouveau critiquer la logique du milieu, trop souvent admise par les urbanistes et se demander au contraire comment les groupes sociaux, à la fois dans les actes et dans la pensée, sécrètent leur milieu. La conservation du patrimoine prend un autre sens si on le rattache à des pratiques réelles. Des opérations de restauration des centres historiques, comme celle entreprise à Bologne, soulignent bien la solidarité qui s'établit entre les procédures politiques — la participation des citoyens —, la préservation d'un contenu social et fonctionnel ajusté au tissu urbain, et les objectifs architecturaux et urbanistiques. Mais il est plus difficile de renouveler une relation entre formes héritées et société, que de reconstituer le passé comme tel. Dans l'imaginaire (que l'on considère comme appauvri) des villes et des espaces urbains actuels, dans la lecture trop simple des divisions fonctionnelles et sociales, le conflit n'est pas uniquement entre groupes sociaux ; il n'est pas que frustration ou manifestation d'opulence. On y lit aussi les tensions de l'organisation industrielle, la distorsion entre la mobilité accrue et le désir inverse d'enracinement, l'opposition entre planification, programmation, ordonnancement d'une part et création, identité, mouvement, de l'autre. C'est bien la remise en question de la ville.

CHAPITRE IX

Ville et territoire

La ville — que l'acception du terme soit strictement géographique et fonctionnelle ou largement économique et culturelle — a une territorialité. Cette dimension lui vient de ce que son système et ses effets s'inscrivent dans l'espace et le temps.

Mais le territoire est, en soi, un phénomène multidimensionnel répondant à sa logique propre, à des impératifs autres que ceux de la ville. Comment la ville peut-elle s'inscrire dans un territoire ? Qu'est-ce que la territorialité d'une ville ?

Autant de questions d'importance, alors que tant la ville que le territoire sont devenus des notions problématiques.

La notion de territoire relève d'abord de la géographie politique et de l'institution. Selon Littré (1863-1872), le territoire est « l'étendue de terre qui dépend d'un Empire, d'une province, d'une ville, d'une juridiction ». Il détermine ainsi une zone de compétence, qualifiée seulement par une superficie, une forme, des limites. De même, la territorialité réunit « ce qui appartient en propre à un territoire considéré *politiquement* » (Littré). Il s'agit, par exemple, de dispositions légales et de règles qui s'appliquent aux habitants et auxquelles des privilèges d'exterritorialité seuls permettent d'échapper. Cette abstraction, cette réduction juridique fait du territoire un *artefact*, non une donnée naturelle, et du sol un simple support. On se souvient de la critique adressée par Lucien Febvre à Ratzel, à qui il reproche de schématiser à l'excès les liens entre l'État et sa base territoriale. « Le sol, c'était pour ainsi dire le sol vide, le sol pur, le sol indépendant de sa couverture vivante... c'était le sol plancher, le sol-support, le sol grande étoffe rigide où les États avaient taillé leurs domaines. Selon quels contours ? » (Febvre, 1949). Mais cette conception, dangereuse dans la mesure où elle a fourni des arguments à une géopolitique de circonstances (théorie de l'espace vital, *Lebensraum*), présente au moins le mérite de diriger l'attention — à la différence de la notion de région plus ambiguë — sur le principe d'organisation, qui est d'origine et de nature sociale, et sur la correspondance entre territoire et pouvoir.

La réflexion sur la territorialité s'est enrichie par la suite d'un autre contenu, emprunté à la zoologie. À travers le comportement de certaines espèces animales, des formes plus élémentaires de localisation, de division et de défense de l'espace ont été mises en valeur. Que l'on envisage, à l'origine, l'intervention des instincts ou simplement la leçon de l'expérience (en ce domaine, le débat est largement ouvert entre darwiniens et behaviouristes), les caractères et les fonctions d'une première appropriation, partielle ou provisoire, du terrain, les stimulations et les réactions de défense et d'agressivité qu'elle suscite, les marquages qu'elle entraîne ont été recherchés dans les sociétés animales, étendus ensuite à l'explication des phénomènes humains. L'intérêt s'est ainsi porté vers la biologie et la psychophysiologie, d'une part, la perception de l'espace, les représentations et les images, de l'autre.

La définition de la territorialité en sort élargie. La territorialité est ainsi définie par Soja comme « un phénomène de comportement associé à l'organisation de l'espace en sphères d'influence ou en territoires clairement délimités, qui prennent des caractères distinctifs et peuvent être considérés au moins partiellement comme exclusifs par leurs occupants ou ceux qui les définissent ». Le même auteur ajoute que « l'homme est un animal territorial et que la territorialité affecte le comportement humain à toutes les échelles de l'activité sociale » (1971). Ainsi la notion de territoire s'inscrit dans un champ à la fois étendu et réunifié, englobant des espèces, des activités et des niveaux de perception et d'organisation différents. Il reste à juger si l'on peut établir un continuum entre les espèces, traiter dans les mêmes termes de tous les niveaux de la territorialité, de l'environnement immédiat aux constructions politiques les plus audacieuses et, enfin, ramener les phénomènes sociaux, collectifs qui supportent à la fois la division de l'espace et les sentiments d'appartenance soit à des exigences biologiques communes à des séries d'êtres vivants, soit à la psychologie individuelle. Avant d'être perception, le territoire est peut-être construction ; mais la perception elle-même ? La « territorialité » précède-t-elle logiquement, chronologiquement, l'établissement des rapports sociaux ou les mentalités ; en tout cas elle les exprime sous une forme originale, les accompagne dans leur développement, les représente et les fixe tout à la fois. Si tout ne relève pas de l'inscription territoriale, les perceptions, les croyances et les symboles y trouvent, en revanche, quelque consolidation, qu'il s'agisse d'ordonnancement physique ou de symbole. « Il faut garder à l'esprit que les traits caractéristiques des représentations collectives et leurs tendances sont de s'exprimer et de se manifester dans des formes matérielles, de nature souvent symbolique ou emblématique. Tout se passe comme si la pensée d'un groupe ne pouvait naître, survivre, et devenir consciente d'elle-même sans s'appuyer sur certaines formes visibles dans l'espace. » (Halbwachs, 1939.)

Fonctions de la territorialité.

Toutefois, et c'est ce qui nous retiendra ici, les fonctions que l'on attribue d'ordinaire à la territorialité ont une origine sociale. D'abord l'*identité*, qui ne peut être limitée à celle de l'individu. *L'essai sur les variations saisonnières des sociétés eskimos*, écrit par Marcel Mauss (1904-1973), fournit à cet égard une excellente démonstration. L'unité sociale n'est pas la tribu. C'est l'établissement, qui est à la fois groupement social et unité territoriale, porte un nom constant, qui qualifie tous les membres de l'établissement, correspond à unité linguistique, morale et religieuse, et enfin, englobant l'habitant et les terres occupées ou parcourues selon les saisons, a des « frontières nettement arrêtées ». C'est dans le cadre de cet établissement que les balancements saisonniers s'accomplissent, entre les activités mais aussi les modes d'habitat et de relations sociales qui opposent l'été et l'hiver. « À une communauté réelle d'idées et d'intérêts dans l'agglomération dense de l'hiver, à une forte unité mentale, religieuse et morale, s'opposent un isolement, une poussière sociale, une extrême pauvreté morale et religieuse dans l'éparpillement de l'été... Il y a en somme, entre ces deux moments de l'année, toute la différence qu'il peut y avoir entre une période de socialité intense et une phase de socialité languissante et déprimée. La nécessité de s'adapter aux déplacements du gibier ne suffit pas à rendre compte de ce rythme et surtout de l'ampleur des contrastes qu'il détermine dans l'année. La morphologie sociale ne se réduit pas aux effets d'un genre de vie. En revanche, rythme et établissement, organisation saisonnière et organisation territoriale, dispersion et limitation stricte de la population des habitants expriment l'identité du groupe. L'attachement à un territoire ne se distingue pas aisément d'un ensemble de relations sociales, d'habitudes, de rites, de croyances. Dans les régions où la mobilité historique des populations fut grande, l'identité vient plutôt de cet ensemble social que d'un lieu particulier à l'égard d'un *terroir* précis. C'est le nouveau territoire qui est plutôt modelé à l'image de l'ancien. L'identité vient de la culture plus que de la stricte localisation physique. L'Afrique en fournit de multiples exemples.

La nature sociale de l'identité, du sentiment d'appartenance ou d'appropriation qu'elle peut susciter, est encore visible, quand la territorialité est ramenée à l'individualisme agraire. La séparation des habitations et leur clôture, la propriété pleine et entière du sol et les droits fonciers qui en découlent, ne sont pas l'expression immédiate de la nature humaine. Le fondement de la propriété foncière à Rome — et d'un droit particulièrement strict en faveur de la famille et de l'individu — s'établit dans ces croyances collectives que sont, par définition, les croyances religieuses. « Ce ne furent pas les lois qui garantirent le droit de propriété, ce fut la religion. Chaque domaine était sous les yeux des divinités domestiques qui veillaient sur lui. Chaque champ devait être entouré, comme nous l'avons vu pour la maison, d'une enceinte qui le séparât nettement des domaines des autres familles. Cette enceinte n'était pas un mur de pierre... Cet espace était sacré, la loi romaine le déclarait imprescriptible ; il appartenait à la religion. » (Fustel de Coulanges, 1864.) La tentative de retrouver derrière l'histoire de l'individu et l'histoire de la société, les effets immédiats des relations entre l'homme, comme organisme vivant, et l'environnement, exigence rappelée par T. Malmberg (1980), de reconstituer un *monde d'avant le savoir*, paraît relever d'une certaine utopie scientifique. « En dépit de critiques encore vigoureuses, il semble que l'association avec le territoire et la défense du territoire proviennent, dans le comportement humain, d'un modèle aussi génétiquement déterminé que chez les animaux. »

Mais, même en mobilisant les ressources de la psychiatrie, ce modèle commun ne peut se lire qu'à travers la composition des différentes cultures ou les failles de la personnalité. Or la personnalité est aussi création sociale (M. Mauss).

Ce qui est dit de l'identité, peut être dit de la relation entre intimité *(privacy)* et sociabilité. La frontière entre les deux domaines n'est pas un acquis constant, ni universel dans toutes les cultures. Cette division peut-être exprimée sous forme de conduites ou d'aménagements « territoriaux » et oppose notamment l'intérieur et l'extérieur, le domaine de la famille et celui des relations de voisinage ou de connaissance, le « coin » de l'individu et le lieu de rencontre entre membres de la famille. Ces distinctions varient fortement dans l'histoire, y compris dans des aires culturelles où de très longues continuités s'observent par ailleurs. En Europe occidentale, les arrangements du foyer ne s'alignent pas d'emblée sur ceux de l'appartement bourgeois du XIXe siècle, qui isole les salles de réception et les chambres et individualise par leur fonction et leur attribution (à la personne ou au couple) les pièces du domicile. La maison bourgeoise encore au XVIIIe siècle, mêle plus étroitement vie sociale et vie privée, activité économique et famille. Les maisons de poupées, conservées au Musée national germanique de Nuremberg, ont fait l'objet d'une étude : elles sont le miroir de l'habitat bourgeois mais aussi instrument pédagogique, propre à former les comportements des jeunes enfants — et de ce fait doublement significatives, de l'évolution culturelle des usages et des divisions de la maison ; des modes de transmission de pratiques et même d'une éthique. D'une maison de poupée du XVIIe siècle, il est dit : « Les fondements de l'économie domestique de l'époque apparaissent clairement : elle repose largement sur l'autoproduction ménagère, la majeure partie de la maison étant occupée par des réserves de nourriture et de linge bien garnies et par des cuisines luxueusement équipées, sans oublier bien entendu les pièces destinées au personnel de service féminin et masculin. Les espaces d'habitation privés sont en minorité, et ne reflètent pas encore la différenciation fonctionnelle de l'habitat qui caractérisera plus tard la demeure bourgeoise. Le grand lit à baldaquin se trouve dans une pièce dont tout l'équipement montre qu'il s'agit d'une sorte de séjour. C'est vrai non seulement du confortable mobilier et des ornements muraux, mais aussi des jouets d'enfants : le séjour et le sommeil n'étaient pas encore distincts, et les enfants restaient totalement intégrés dans le rythme de vie des adultes » (G. Korff, 1979).

L'opposition entre la maison et la rue change tout autant de valeur, entre le XVIIIe siècle et le XIXe siècle. Philippe Ariès note la présence de l'enfant dans cette rue du Paris d'Ancien Régime : « Dans cette seconde moitié du XVIIIe siècle la rue appartenait surtout aux pauvres, les riches qui la partageaient auparavant avaient commencé à s'en retirer », et, citant Arlette Farge : « l'intimité est une notion trop neuve ; seules les classes bourgeoises commencent à l'utiliser et à en jouir... La vie se fabrique ici, dans la rue, à coups de tendresse comme de violence. Il n'y a pas d'autre place que les lieux publics pour protéger ses secrets. Les maisons, précaires et insalubres, sont elles-mêmes trop ouvertes sur le dehors, elles ne préservent guère, cachent à peine ce qui se passe à l'intérieur... Ainsi se dessine un espace où n'existe pas de rupture réelle entre le dehors et le dedans, pas plus qu'il n'existe de séparation nette entre travail et recherche, loisirs, vie affective ou badinage » (Ph. Ariès, 1979).

Ainsi dans l'articulation entre arrangements territoriaux et relations entre intimité et sociabilité, les normes du groupe sont encore déterminantes. Dans les sociétés stratifiées, elles amènent des jugements de valeur et des caractérisations de groupe à groupe et notamment des puissants aux faibles. La floraison des enquêtes sur l'insalubrité des logements ouvriers et *paysans*, dans la seconde moitié du XIXe siècle, ne mesure pas seulement les effets incontestables de l'entassement urbain, de l'attitude des propriétaires ou de la pauvreté cumulée des habitations dans les campagnes. Elle exprime, assurément, le conflit entre normes bourgeoises et pratiques sociales. Que les ouvriers et les employés, à revenu égal, aient longtemps consacré des parts inégales de leurs ressources au logement, traduit en partie cette rupture dans l'ordre des habitudes ou des mentalités (M. Halbwachs, 1913). La stratification sociale n'est d'ailleurs pas la seule raison de ces différences d'interprétation. Les relations entre les sexes, les formes du mariage et de la structure familiale, la manière de traiter les enfants et les vieillards déplacent les frontières de l'intime et du social et imposent des arrangements spatiaux particuliers. Dans le Beyrouth contemporain, les mêmes « coquilles », dues à l'architecture moderne et passe-partout, sont interprétées et aménagées différemment, selon que les habitants sont musulmans ou catholiques. S'il existe chez l'homme un sens « inné » du territorial et de l'intime ou du privé, il aboutit dans l'organisation de l'environnement immédiat ou des paysages à des variations et des accents fortement contrastés.

On pourrait en dire autant de l'évidence trop souvent prêtée aux formes physiques, en particulier en architecture et en urbanisme. La lisibilité, l'imagibilité (c'est-à-dire la facilité des objets urbains d'être transformés en images mentales) sont définies par Kevyn Lynch comme les caractères indispensables du cadre de vie, de la ville notamment. Malgré la référence à la diversité sociale des usagers, cette thèse accorde sans doute trop à la psychologie des données immédiates. Le visuel crée l'illusion de l'objectif et les problèmes de l'esthétique urbaine reposent en partie sur cette confusion. Or l'ordre géométrique ou apparent, l'évidence des formes n'entraînent pas aussi aisément l'adhésion et le sens. La beauté architecturale et la valeur didactique des premiers bâtiments de Brasilia sont restées longtemps lettre morte pour les habitants des quartiers « spontanés » tout proches. La notion même de *perception* de l'espace réduit la connaissance des arrangements, des usages et sensations, que le paysage et le dispositif urbains suscitent ou cristallisent et qui ne sont pas tous de l'ordre du visible. La référence culturelle fournit de meilleurs repères et une appropriation plus profonde que la logique apparente du plan et des masses. Il est connu que certaines populations immigrées dans les villes d'Europe occidentale se retrouvent mieux dans le prétendu désordre de souks reconstitués ou de bidonvilles en forme de labyrinthe que dans les ordonnancements classiques ou les divisions didactiques de l'urbanisme contemporain. L'apprentissage de la ville est autre chose que la lecture neutre d'un plan ou d'un paysage. De même que le recours à l'instinct, l'appel à une psychologie trop élémentaire ou trop immédiate, le rapport direct entre l'homme et l'environnement, ne permettent guère d'épuiser le sens de la territorialité. Plus que perçu, le territoire est appris par l'individu et construit par des pratiques et des croyances qui sont de nature sociale. Les procédures psychologiques restent subordonnées, sur ce point, aux modèles culturels transmis ou édifiés : appropriation, pouvoir, représentations s'y combinent.

Territoires et sociétés rurales.

De toute tradition, l'attachement au territoire est considéré comme caractéristique des sociétés rurales préindustrielles. C'est à l'intérieur des paysanneries que l'on saisit le mieux les formes multiples de relations entre l'homme et la terre, notamment un double mouvement de connaissance et d'identification : pratique de la nature, qui s'exprime dans la langue et la richesse du vocabulaire destinée à la décrire et à la qualifier ; d'autre part, identification des hommes à la localité qui les porte : l'origine des noms en conserve souvent le souvenir. Cet « enracinement » paysan est une idée tellement acquise que l'on a négligé à l'excès le sens du territoire (régularité des déplacements et repérage des points d'eau ou de halte) dans les civilisations nomades et, à l'inverse, le nomadisme persistant qui a caractérisé — du moins dans certaines pratiques et sur de très longues périodes — la mise en place des civilisations agricoles.

En premier lieu, la fixation des populations paysannes est d'une ancienneté fort variable. Les fronts pionniers créés par les Européens depuis le XVIIIe siècle ne sont pas les seuls exemples d'installation récente. L'Afrique, même dans ses régions paysannes, témoigne de la multiplicité de migrations, de déplacements de groupe, qui ne sont pas simplement l'effet d'un déséquilibre hommes-ressources. « Les divagations des populations africaines ont été liées non pas tant au manque d'espace agricole qu'à d'autres causes : souci de se procurer de la viande de chasse et de pratiquer le sport de la chasse, querelle de succession, départs de princes dépossédés et de leur suite, inquiétudes sanitaires et religieuses » (P. Gourou, 1971). C'est dire que des principes de mouvement existent dans toute société et que la territorialité des groupes ne se confond pas avec l'enracinement, du moins pas toujours ; de même que l'appropriation ne se résume pas en certaines formes de propriété individuelle. La localisation est le résultat d'une histoire, tout comme la constitution des groupes ethniques. L'affinité proclamée entre un « terroir » et les hommes qui l'habitent, peut receler des faits multiples de changement et de mobilité. La notion de territorialité recouvre deux contenus différents : d'une part, l'attachement à des lieux précis, qui peut être le résultat d'un long investissement matériel et mental et s'exprime souvent dans un jeu de croyances, de religion du terroir. D'autre part, des principes d'organisation — qu'il s'agisse de techniques culturales, d'habitat, de hiérarchies sociales, de rapports avec les groupes voisins — qui modèlent le territoire mais peuvent être transférés d'un lieu à un autre. Les émigrants de la diaspora grecque amenaient avec eux leurs Dieux ; ce qui signifiait aussi ces principes d'organisation. On sait que dans ce capital, Pierre Gourou distingue précisément deux ordres de technique : les techniques de production « par lesquelles sont réglés les rapports des hommes avec le milieu » ; les techniques de « contrôle territorial » qui établissent, au contraire, les rapports des hommes entre eux et répondent de la maîtrise plus ou moins poussée de l'espace. C'est ce second ensemble de techniques qui regarderait plus directement la territorialité.

Cette division est utile, si l'on prend bien conscience que la qualité des techniques culturales et celle des techniques de contrôle territorial ne sont pas nécessairement en sens contraire, comme P. Pélissier (1966) l'a pourtant démontré dans les civilisations paysannes du Sénégal. La colonisation romaine apporte tout à la fois ses procédés techniques de culture, son droit foncier, son cadastre et une infrastructure facilitant les rapports des hommes entre eux. Dans les pays tropicaux, c'est vraisemblablement la combinaison des procédés agricoles particulièrement intensifs et d'une organisation plus stricte du contrôle territorial qui rend compte des plus fortes densités. « Lorsque l'effet du facteur refuge s'ajoute à l'effet du facteur " meilleure organisation de l'espace ", toutes les conditions sont réalisées pour une densité de la population particulièrement élevée. Ce qui se vérifie au Ruanda : agriculture en partie intensive, population relativement enracinée, organisation féodale et monarchique contrôlant durablement l'espace » (Pierre Gourou, 1971, p. 129-130). D'autre part, entre ces deux domaines des « techniques », la coupure n'est pas totale : la répartition des usages du sol, les droits fonciers sont bien à l'articulation des deux. Le terme d'*appropriation* recouvre assez bien ces deux aspects, puisqu'il se rapporte à la fois aux usages établis et à la notion de propriété.

Car, le territoire fournit d'abord le moyen de production par excellence, la terre. Dépendance spécifique. Mais la terre, inégalement cultivée, utilisée, donc traitée par les communautés paysannes, n'est pas conçue de manière homogène, mais hiérarchisée, discontinue. L'étude comparée des civilisations agricoles de l'Europe et de l'Afrique (G. Sautter, 1962) a confirmé l'extension d'un « modèle » : l'organisation des territoires agricoles en auréoles. Ce sont, bien entendu, l'évocation ou le rappel de formes d'occupation extensive, à l'intérieur des terres qui dépendent d'une communauté et où chaque communauté est séparée de la voisine par des zones inoccupées de forêts, de taillis. À l'intérieur des limites territoriales, les différences d'exploitation et de paysage sont importantes. L'*infield* est cultivé avec régularité et supporte des successions relativement rapides de culture ; à l'extrême le jardin, le clos. L'*outfield* est au contraire laissé à une exploitation itinérante, irrégulière, suivant de très longues jachères. Au-delà, le *saltus* est abandonné aux parcours et à quelques récoltes sur brûlis.

À vrai dire, jusqu'à la « révolution » de l'an mil, l'itinéraire caractérise encore la culture des terres, au point que l'habitat lui-même, réduit le plus souvent à des cabanes rudimentaires en bois ou en torchis suit le déplacement des zones de culture. En l'occurrence, les limites du territoire qui est ouvert à la communauté paysanne, souvent restreinte, la définissent mieux qu'un centre impossible. C'est l'organisation des paroisses et des villages, sous l'action des seigneurs, de l'Église et d'un peuplement plus dense, la fixation des terroirs, le développement des contraintes collectives qui progressivement font émerger un paysage rural, dont les aménagements systématiques ont un résultat tardif, intégrant l'*outfield* et imposant des servitudes multiples au saltus.

Le contraste entre *infield et outfield* distingue les

modes d'organisation de l'Europe du Nord de ceux de l'Europe méditerranéenne : ici le champ cultivé en permanence est plus directement opposé au *saltus*, à la fois terrain de parcours et réserve pour des cultures irrégulières, et à la forêt. Les techniques agricoles justifient ces divisions, en particulier la nécessité d'opérer un transfert de fertilité depuis les terres de parcours jusqu'aux terres cultivées (litière, sous-bois, fumure animale). Mais cette division veut aussi recouper, du moins à l'origine, des statuts différents du sol et notamment la distinction entre des terres appropriées individuellement et celles qui dépendent de la propriété collective ou familiale.

La nature des droits fonciers dépend, toutefois, d'autres éléments que les exigences proprement culturales. Elle participe à la capacité des groupes humains de s'organiser en sociétés plus ou moins complexes, hiérarchisées ou, au contraire, égalitaires et à la place relative qui revient à la communauté, à la famille large, à l'exploitation individuelle dans la répartition des responsabilités. Dans ces conditions, sur un même territoire, ces droits variés peuvent être juxtaposés ou superposés. Tel est le cas de la seigneurie d'Europe occidentale qui place côte à côte les terres du domaine, de la « réserve » seigneuriale et les terres attribuées en censives héréditaires, mais dont le seigneur conserve la propriété éminente. Tel est le cas, aussi, des sociétés hiérarchisées en Afrique, au Sénégal par exemple. Chez les Wolof, le « maître du feu » conserve un droit éminent, plus prestigieux qu'économiquement avantageux, sur les terres confiées aux premiers défricheurs, aux « maîtres de la hache », à titre héréditaire et inaliénable. La propriété reste dans le cadre de ces familles, qui répartissent les terres entre exploitants. Mais les exploitants eux-mêmes conservent la libre conduite de leur exploitation. Cette « cascade » de droits est plus réduite chez le Diola, société « émiettée » et « acéphale » : le droit éminent ne remonte pas au-delà de la famille et l'exploitant est maître chez lui. L'autorité des petites communautés villageoises ne tient qu'à l'entente entre les chefs de famille (P. Pelissier, 1966).

À l'aide de ces exemples, on saisit la diversité des solutions apportées par le droit coutumier et le fait que droits fonciers, organisation communautaire, collective ou individualisme agraire ne peuvent être confondus. La propriété est une chose, le mode d'exploitation et les pratiques de la culture s'en distinguent. Rappelant l'écart qui existe entre les expériences européennes et celles de l'Afrique, P. Pélissier met en garde contre les simplifications qui n'opposeraient que deux extrêmes le collectivisme et l'individualisme, défini selon les normes du droit romain : « L'influence indéniable de l'individualisme et du droit français, l'éclatement des grandes familles, les partages consécutifs à l'indépendance croissante des ménages, ont jusqu'ici pour effet d'assurer l'autonomie des exploitations mais nullement de mettre la propriété du sol – une propriété cumulant comme un droit romain *usus, fructus* et *abusus* – entre les mains de personnes. Mais il serait plus faux d'assimiler la propriété familiale Wolof aux systèmes de tenure collective tels qu'a pu les connaître, par exemple, l'Europe germanique antique et médiévale. Tant en ce qui concerne l'affectation, la répartition, parfois la redistribution de ses terres que leur exploitation, chaque chef de famille reste maître de ses décisions » (P. Pélissier, 1966). Ces exemples conduisent à trois remarques :

— En premier lieu, les droits fonciers reposent sur une diversité sociale et culturelle telle que la référence à un instinct inné de la propriété paraîtrait une explication trop élémentaire.

— En second lieu, la notion de territoire ne se restreint pas à la possession, si parfois elle s'y identifie ; encore moins à la possession individuelle. Les différentes formes d'usage du sol auxquels les paysans ont accès, par l'intermédiaire d'une communauté ou non, vont de l'exploitation individuelle aux droits collectifs dits « d'usage », de la propriété pleine et entière à la tenure précaire. L'appropriation et ses différentes formes répondent à une multiplicité de situations.

— Le sentiment « territorial » ne peut être dissocié des institutions elles-mêmes, famille, village, communauté. Les limites physiques du territoire tirent leur valeur de ce recouvrement entre un espace et une appartenance, par lequel l'intérieur et l'extérieur sont distincts. La territorialité, avant de s'exprimer par l'attachement à un lieu particulier, est d'abord rapport entre les hommes. De ce fait, les communautés territoriales, reconnues par l'institution ou simplement dérivées de la pratique, constituent une référence pour l'individu. Dans l'Europe occidentale chrétienne, la paroisse, unité religieuse à base territoriale, est le cadre de la vie quotidienne et des manifestations rituelles, pendant le Moyen Âge et l'époque moderne. Elle donne aux communes leurs futures limites.

À l'inverse, les catégories non territoriales, comme les castes indiennes, ne prennent leurs contours et leur signification concrets qu'à l'intérieur de chaque village. Les migrations, les brassages, l'urbanisation modifient de ce fait leur caractère (Dumont, 1970). Cette forme de territorialité n'exclut ni l'égalité, ni les conflits sociaux. Elle laisse place à d'autres rapports, dans la société paysanne, que ceux issus de cette communauté élémentaire, variable, d'ailleurs, en intensité et en étendue. L'erreur serait de ramener toutes les marques visibles sur le sol à quelque principe simple. À plus forte raison, de donner valeur non équivoque au paysage. Prenons l'exemple de la clôture, signe particulier d'appropriation, trace vigoureuse de la main mise sur le sol. Elle accompagne souvent les terroirs profondément humanisés, soumis à des méthodes culturales à la fois soignées et exigeantes ; mais on la retrouve aussi sur des lopins gagnés à la périphérie des finages, sur les pâtures usurpées, etc. L'appropriation ainsi soulignée correspond donc à des situations foncières et à des bagages techniques très variés. En revanche, des terres scrupuleusement travaillées et irriguées échappent à toute clôture, quand elles sont morcelées à l'extrême. Ainsi, les rizières irriguées des Diola (P. Pélissier). Il s'agit pourtant d'une région de l'Afrique où l'appropriation des terres par les paysans est très profonde. La clôture, d'autre part, évoque des rapports sociaux fort différents; des sociétés inégalement hiérarchisées, des droits fonciers non réductibles les uns aux autres. Dans les zones de colonisation antique, grecque ou latine, le clos est la marque du bien familial ; dans les phases d'expansion agricole de l'Europe occidentale, aux XIIIe, puis aux XVe et XVIe siècles, la clôture évoque la rupture avec l'organisation communautaire des villages et les formes anciennes de la seigneurie, le développement de nouveaux rapports entre propriétaires et exploitants, fondés sur la rente « bourgeoise ». Mais sur ces domaines ou métairies, le paysan dépend étroitement du propriétaire. L'individualisme agraire subordonne ici l'exploitant. Dans l'Angleterre du XVIe siècle, le mouvement des enclosures concentre d'une manière encore plus rigoureuse l'exploitation et les pouvoirs du propriétaire, portant un coup décisif à la communauté villageoise. De même, le village et les pratiques collectives ou communautaires se chargent de significations opposées, selon les situations. Face à l'individualisme noble ou bourgeois, le village représente encore au XVIIIe siècle une forme de résistance paysanne, à l'ouest de l'Europe. À l'est, il donne au contraire au grand propriétaire les moyens d'asservir la paysannerie et de concentrer la main-d'œuvre agricole. Les champs ouverts, dans l'Europe du Nord, vont de pair avec la rigidité des cadastres et la rigueur de la petite propriété paysanne. Dans les Midis méditerranéens, ils évoquent l'instabilité des tenures et le régime latifundiaire. Deux conclusions : la territorialité ne peut s'exprimer en terme de psychologie trop simple, et notamment par référence directe au paysage. Mais, à l'inverse, comment parler d'une territorialité paysanne, sans évoquer la multiplicité de ces situations et de ces évolutions sociales ? Territorialité et migration — deux termes qu'il convient de mettre en opposition — prennent alors leur véritable sens.

L'attachement à un « terroir », un certain souci d'indépendance, l'affinité avec des horizons relativement étroits, caractérisés par une ligne du relief, un aménagement du sol, un type d'habitat, tout ceci entre certainement dans le portrait mental des « paysans » ; mais ramener la territorialité à ces sentiments stéréotypés apporte peu de clarté au débat et explique fort peu de choses, si ce n'est une représentation sociale qui risque d'être imposée de l'extérieur. La notion de territoire a deux points d'accrochage plus précis, à partir desquels les rapports avec les lieux et les rapports à l'intérieur du groupe ou entre les groupes sociaux s'articulent. Le premier a trait à l'exploitation et donc aux conditions à la fois techniques, économiques et sociales de la production. Le second, détaché davantage de ces aspects productifs, est plus orienté vers le contrôle territorial, la structure de la communauté et ses relations avec les autres communautés. Même si cette autre dimension se traduit souvent sur le terrain par des formes visibles d'habitat, elle en dépasse considérablement le sens. Le village n'est pas seulement un lieu d'habitat ou un arrangement de maisons. L'existence ou non de traditions municipales, l'émiettement ou la forte organisation de groupe, la présence de hiérarchies sociales ou de réseaux de décision prennent alors valeur politique et culturelle. À travers les paroisses et les communes de l'Europe occidentale, la collectivité territoriale du niveau le plus humble — mais non le moindre — se constitue ; de même que la réflexion sur les ethnies africaines tente de saisir, à travers ces échelons élémentaires du « contrôle territorial », l'embryon d'organisations politiques. Dès l'étude des sociétés rurales, la notion de territoire ainsi formulée déborde le domaine de la société civile et ouvre vers l'étude des villes et de l'État.

L'État et le territoire.

L'État est généralement considéré comme la plus territoriale des organisations humaines. La notion même de souveraineté se définit de part et d'autre de la frontière qui en marque la limite. L'exercice du pouvoir, quels qu'en soient l'origine, la nature ou le fonctionnement, se mesure à l'efficacité du contrôle territorial que l'État assure, par les moyens physiques et moraux dont il dispose. Le « monopole de la violence légitime », que lui attribue Max Weber, dans ses aspects intérieur et extérieur, est fondé sur une compétence territoriale, dont l'intégrité de l'espace national est un objectif primordial. L'attachement à la patrie ou à la nation donne à l'État sa cohésion. Il n'y a sans doute pas d'État sans conscience collective qui le reconnaisse mais, à l'inverse, un peuple ou une nation sans État est regardé ou se regarde comme privé de son support et de son expression naturelle. En somme la territorialité comme sentiment semble toucher à son point le plus élevé avec l'établissement de l'État-nation.

Cette territorialité n'est-elle que le prolongement historique et logique des formes plus humbles ou géographiquement plus étroites que l'on a observées, « sublimant » en quelque sorte les notions d'identité, d'appropriation, d'intimité et les réactions d'agression/défense, qui seraient le fonds commun de ce comportement « territorial » ? Pour Soja (1971) dans ces unités politiques de plus grande étendue, « la territorialité est devenue plus compliquée, plus diffuse, discontinue ». Change-t-elle, pour autant, de nature ? Fustel de Coulanges paraît établir une analogie, une correspondance entre les deux niveaux auxquels s'exprime ce sentiment, le bien familial et la Cité : « La patrie de chaque homme était la part de sol que sa religion domestique ou nationale avait sanctifié ; la terre où étaient déposés les ossements de ses ancêtres et que leurs âmes occupaient. La petite patrie était l'enclos de la famille, avec son tombeau et son foyer. La grande patrie était la Cité, avec son prytanée et ses héros, avec son enceinte sacrée et son territoire marqué par la religion. » Terre sacrée : c'est bien la nature et la justification religieuse de ce sentiment qui unit les deux niveaux.

C'est évidemment dans la cité-État de l'Antiquité, que la filiation entre territorialité limitée — celle de l'agriculteur — et territorialité plus large, celle de la communauté des citoyens peut se remarquer. La Cité elle-même se veut confédération. Mais, de son propre développement, elle tire d'autres réalités sociales qui marquent les caractères originaux de l'État. Elle rompt, d'abord, avec les formes d'organisations antérieures, fondées sur la tribu et sur la famille. La réforme de Clisthène (VIe siècle avant J.-C.), « l'isonomie », dont les principes se lisent à la fois dans la structure politique et la structure territoriale d'Athènes, attribue au territoire la prépondérance. « En second lieu, les hommes furent distribués dans les tribus et dans les dèmes, non plus d'après leur naissance, comme autrefois, mais d'après leur domicile » (Fustel de Coulanges). Les relations avec les autres cités prennent aussi une autre dimension. Celle de la différence entre *deux sociétés*, formellement différentes et symboliquement partagées. « Si voisines qu'elles fussent, elles formaient toujours *deux sociétés complètement séparées.* Entre elles il y avait bien plus que la distance qui sépare aujourd'hui deux villes, bien plus que la frontière qui divise deux États : les dieux n'étaient pas les mêmes, ni les cérémonies, ni les prières » (Fustel de Coulanges). Dans l'imaginaire de l'État et du territoire, cette coupure symbolique, cette ligne infranchissable trace un archétype. Mais l'appartenance, dans la cité-État, s'attache encore à une communauté concrète et à un paysage distinct.

L'histoire de l'État ne suit pas toutefois un fil unique. La cité-État est l'une des origines. L'Empire, une autre. L'Asie, dans l'Antiquité, a donné l'exemple de ces vastes constructions, bâties parfois autour d'une capitale, mais aux limites incertaines, variant au gré d'une domination. La territorialité entre alors dans une certaine confusion, se dilue dans l'acceptation, la soumission ou la fidélité à un conquérant. L'Empire de Rome est plus contradictoire : il continue de vivre sur l'idée d'une citoyenneté romaine, tout en recouvrant une vaste partie du monde méditerranéen. Mais surtout, il construit une « frontière », si l'on entend par là non pas une ligne idéale mais une zone géographique, le *limes*, qui sépare l'Empire et le monde culturel qu'il englobe, des « barbares », des hommes de l'extérieur. Manifestation d'une territorialité dont il est moins facile de savoir l'enracinement et la conscience chez l'habitant que de mesurer les effets matériels et moraux. Roger Dion rappelle que « l'utilisation du Rhin comme ligne de défense contre les invasions germaniques » a pesé non seulement sur la géographie politique, mais sur la géographie humaine de l'ancienne Europe en renforçant les contrastes : « mobilité à l'Est, fixité à l'Ouest » pour reprendre la formule de R. Dion étudiant les frontières de la France. Mais si la première est concrètement dessinée, l'État dans ce cas s'identifie plus abstraitement à une culture et à un pouvoir qu'à un lambeau de terre. La protection de l'Empire de Chine par la grande muraille prend au IIIe siècle avant J.-C. le même caractère.

L'État n'est donc pas une simple coalescence de formations territoriales plus humbles, même si le comportement des habitants fait écho, à plusieurs « niveaux » d'appartenance. Accorder trop d'homogénéité à la territorialité fausserait sans doute la réalité, trahirait l'originalité institutionnelle, réduirait à l'excès la part différente des représentations et des symboles. L'État territorial et l'État-nation renforcent cette remarque. L'État n'est pas l'expression d'une réalité géographique préexistante. Lucien Febvre a souligné la rupture qui existe entre les « pays », les petites régions naturelles que l'on peut reconnaître en France, distinctes sans doute des organisations humaines et des créations complexes qui mènent à l'État moderne. « États, nations, ces délicats chefs-d'œuvre des hommes, élaborés au cours d'une énorme période d'enfantement, pleine de hasards et de périls, c'étaient les fruits d'une activité réfléchie, d'une intelligence créatrice, d'une volonté éprouvée » (L. Febvre, 1949, *La terre et l'évolution humaine*). Comme les ethnies et plus encore, l'État moderne est une création historique. Mais la nation aussi ; il faut éliminer le risque d'un autre finalisme, qui ferait de l'État la projection institutionnelle d'une nation déjà constituée, consciente de son unité. Ce schéma ne peut être valable — et avec nuances — que dans le cas « d'unités nationales » tardivement opérées. Pour le reste, l'appartenance, le sentiment d'appartenance, la volonté de constituer une communauté et un territoire ne sont pas donnés *a priori*, même si une certaine homogénéité culturelle ou linguistique peut entretenir le courant. Les rapports entre État et nation sont beaucoup plus compliqués et affaire d'échange entre l'attitude des populations, les actes des rassembleurs de terres et des initiatives historiques.

L'État territorial, dans la mesure où il s'oppose à la fois à la féodalité et à la forme médiévale de l'État-cité, illustré par les villes italiennes ou allemandes, est indissociable du souverain. La rationalité de la construction n'intervient qu'au coup par coup. Les conseils que Machiavel donne au Prince portent sur les moyens de maintenir cette autorité, que le Prince réunisse sous sa coupe des pays qui répondent déjà à une certaine homogénéité ou des « États différents ». « Je dis donc que les États d'un prince réunis à son empire héréditaire, sont de la même province et de la même langue, ou non. Quand ils sont ces deux rapports, il est très facile de les retenir... pourvu qu'entre autres choses ils ne soient pas contraints de renoncer à leurs anciennes coutumes et qu'il n'y ait pas entre eux une trop grande disparité de mœurs. Aussi voit-on la Bourgogne, la Bretagne, la Gascogne et la Normandie, vivre depuis longtemps en paix sous l'Empire des Lys... Mais quand on acquiert des États qui diffèrent par la langue, les mœurs et les coutumes, il est si difficile de s'y maintenir, qu'on n'y réussit qu'à force de bonheur et d'habilité : un des meilleurs expédients serait d'y résider ; la possession en deviendrait plus assurée et plus durable » (Machiavel, *Le Prince,* « Des principautés mixtes »). Ce texte révèle l'importance, nuancée selon les situations, du *contrôle territorial* exercé par le Prince. Il éclaire des traditions de « nomadisme » restées actives chez les souverains et notamment chez les souverains français jusqu'au XVIe siècle. Le souverain doit surveiller son territoire et particulièrement ses marches et ses zones frontières et, du même coup, montrer son prestige et sa puissance aux habitants. « Jusqu'au XVIe siècle inclusivement, le voyage est une forme de pouvoir. Ce n'est que lorsque le roi sera mieux représenté dans la province (par exemple par les intendants) que la monarchie finira en même temps par se sédentariser » (Boutier, Dewerpe, Nordmann, 1980).

D'autres forces conduisent assurément à l'affaiblissement du système féodal et des liens de personnes, au renforcement des « bonnes villes » ou plus simplement à l'élargissement des échanges intérieurs et à l'intégration des villes et des campagnes. Mais ce n'est pas « l'avance économique » qui explique la précocité de l'État monarchique en France. Selon F. Braudel (1979, III), les États territoriaux sont des « machines lourdes » qui supportent difficilement les conjonctures désastreuses du XIVe siècle et laissent alors le terrain aux cités-États d'Italie ou du Rhin. La force économique des États territoriaux ne devient décisive qu'à partir du XVIe siècle. L'Italie, d'autre part, possède une unité linguistique et culturelle, à la fin du Moyen Âge, que la France n'a pas encore acquise. Comme toujours, il convient de distinguer le réseau des conditions et le rôle des acteurs. L'urbanisation plus faible de la France et surtout les moindres rivalités urbaines ont été certainement un facteur qui a favorisé la formation de l'État. Deux formes de territorialité sont entrées en concurrence, dans les rapports inversés, en France et en Italie.

La création de l'État territorial ne peut donc être éclairée par quelque prédestination. En revanche, les conditions de son renforcement, le succès des initiatives, l'efficacité de l'intégration, le développement du sentiment d'appartenance tombent davantage sous le sens. La notion de *contrôle territorial* prend alors tout son sens. La constitution d'une armature administrative et technique — en France les intendants, puis les ingénieurs des ponts et chaussées, par exemple, au XVIIIe siècle —, la diffusion d'un droit qui s'étend aux personnes en fonction de leur appartenance territoriale et non de leur statut personnel (encore inachevée à la fin de l'Ancien Régime) ; la transformation progressive de la fidélité au souverain en fidélité à l'État, la multiplication des emblèmes et symboles, participent à cette lente mise en place. Pour la France, l'originalité de la Révolution est de confirmer le passage de l'État-territorial à l'État-nation, par la disparition des privilèges. Le discours idéologique est sur ce point plus important que les réalités qu'il couvre. Le mythe de l'armée nationale ou de la nation armée, reprenant au compte de la population la charge de « défense » du territoire et ramenant sur elle le prestige des victoires, contribue à l'identification du territoire et de la nation.

La notion de territoire envahit parallèlement d'autres domaines. Un seul exemple : la réflexion économique. L'État territorial devient avec le mercantilisme le cadre et l'acteur principal de l'enrichissement collectif. L'accumulation du métal précieux et des bonnes espèces sur le territoire du souverain mesure la puissance de l'État et la santé de l'économie. L'appréciation nouvelle d'autres formes de richesse que monétaire — population ou production agricole — est ensuite rapportée avec plus de pertinence au territoire. Le courant physiocratique en témoigne comme la conception « territoriale » que l'on développe de l'impôt. Enfin la théorie classique du Commerce international, élaborée notamment par Ricardo, neutralise l'espace à l'intérieur des frontières, pour simplifier le raisonnement de part et d'autre de cette ligne de rupture entre « facteurs de production ». Les premiers inventeurs de l'aménagement du territoire, ingénieurs saint-simoniens en particulier, seraient-ils gagnés au libre-échangisme, formulent d'abord comme objectif l'établissement d'un réseau de circulation interne qui se rapproche le plus possible de cette situation idéale de fluidité à l'intérieur des frontières (M. Chevalier, *Des intérêts matériels de la France*, 1838). Sentiment national, pensée abstraite, science appliquée participent ainsi des mêmes représentations de l'espace. L'historiographie du XIXe siècle concourt à l'instituer et à la diffuser en mythologie et en philosophie, comme s'il s'agissait d'une fin de l'histoire. L'État territorial, confondu avec la nation, devient l'ordre principal à défendre, quand il est constitué, ou le terme espéré de toute politique, quand l'histoire en a freiné la construction. La tradition libérale du XIXe siècle, si elle tend à réduire, inégalement selon les sociétés, le domaine d'intervention de l'État, en sacralise la limite comme cadre de l'activité politique et de l'exercice du pouvoir. De là vient l'importance de la frontière.

La notion de frontière, elle-même, est modifiée par la

création longue des États territoriaux. R. Dion a brossé les avatars de cette idée, dans un texte déjà ancien (1947). Entre les constructions incertaines qui caractérisent les premières sociétés sédentaires et le découpage détaillé qui résulte de conflits armés, d'arbitrages et de négociations, la différence est notable. La frontière entre les *pagi* gaulois ou, à l'échelon supérieur, les peuples de ce même territoire, est encore formée lors de la conquête romaine par de vastes zones de séparation, non man's land forestiers : la frontière s'identifie encore avec le désert (cette notion de vide, on la retrouve aux limites de la Chine impériale, en particulier entre Chine et Corée). Le lieu de rencontre entre peuples voisins devient ainsi exceptionnel, correction ponctuelle du désert limite. Ce sont les progrès du peuplement et la nécessité d'attribuer les nouvelles terres — sous des régimes variés, du « marquisat » du haut Moyen Âge au fief qui conduisent à « approprier » ces espaces intermédiaires. La notion de *marche* couvre cette réalité, qu'il s'agisse des créations territoriales de l'Europe centrale (Marche d'Autriche) ou des confins disputés entre grands détenteurs de fiefs (Marches de Bretagne, par exemple). À l'époque moderne, la notion de frontière se divise : là où le peuplement est pratiquement continu, les attributions très disputées, l'État territorial fortement dessiné, la frontière tend vers la ligne idéale, qu'il faut à la fois défendre et justifier. La théorie des frontières naturelles, au XVIIIe siècle, vient à l'appui de cette évolution. Coordonnée avec une représentation de l'espace (Buache, notamment) qui découpe le territoire selon les lignes de crête ou les talwegs, elle tend à une rationalisation parfois très arbitraire, mais simple, de représentation sociale « forte », de la séparation entre territoires politiques. R. Dion et L. Febvre ont critiqué la notion et son application. La frontière naturelle diverge souvent des limites ethniques ou linguistiques, encore qu'à long terme la limite, si artificielle qu'elle soit à l'origine, finisse par créer le fait. Elle brise des unités géographiques tissées par les hommes. Par rapport au glacis, par exemple, elle ne présente que des avantages stratégiques limités, fortement modifiés aussi par l'évolution des arguments. La frontière naturelle est donc surtout une image, une croyance qui « naturalise » la division, tente de transformer en ligne idéale ce qui est ligne de partage entre équilibres instables. La frontière politique — la *limite* — ne parvient pas à effacer les multiples relations qui s'établissent entre les côtés opposés et créent, au contraire, un phénomène de zone.

L'autre définition de la frontière s'écarte, au contraire, de la ligne idéale. La frontière devient territoire et non plus limite. Frontière et front pionnier s'identifient l'un à l'autre. Dans les zones de peuplement en mouvement, de conquête territoriale, accompagnée de migrations, de substitution de populations, de droits et de coutumes, la frontière est à la fois zone de contact et lieu d'accrochage, point de départ. R. Dion rappelle l'exemple, que constitue en Amérique du Nord au XVIIe et au XVIIIe siècle la zone fortifiée opposée aux Indiens. Le terme de *frontier* prend ainsi un sens particulier ; la *frontière* n'est pas seulement « une réalité vivante, capable de déplacer ou de créer des courants de circulation, d'effacer des villes ou d'en susciter de nouvelles, de marquer fortement aussi le paysage humanisé » ; elle est à la fois une morale, une justification politique, un mythe créateur de la nation américaine. Pour de nombreux historiens des États-Unis, la rupture principale de l'histoire de ce pays est marquée par la *fin de la frontière*, au début de ce siècle. La politique américaine est sans cesse à la recherche d'une « nouvelle frontière » ; discours idéologique doublement intéressant. Tous les fronts pionniers, même d'ampleur nationale, n'ont pas créé le mythe. D'autre part, le transfert des *termes territoriaux* et donc leur persistance est une manifestation très générale de l'idéologie. Sans doute la *territorialité* crée-t-elle des expériences et des valeurs, dont l'État et la nation se passent difficilement : la frontière concilie ici conservation et mouvement, puissance technique et référence à la nature.

Territorialité et agglomérations urbaines.

La ville est généralement au centre des organisations territoriales. On la trouve comme lieu de rassemblement et d'unité de la cité-État. Elle commande aux Empires en fixant le pouvoir central. Dans les États territoriaux, de la capitale à la petite bourgade chargée d'une fonction judiciaire ou administrative, elle constitue le plus souvent les relais nécessaires du contrôle territorial. On peut suivre T. Malmberg (1980) en soulignant que l'urbain participe d'une double territorialité. La ville est territoire et dispose d'un territoire, soit par le jeu des institutions, soit par celui, plus informel, de ses propres activités. Cette vocation à maîtriser les flux extérieurs va de la tombée rurale immédiate à l'organisation d'un réseau commercial international.

Sans que la nature et l'écologie de la ville en fournissent une explication spécifique, la ville est aussi par les fonctions qu'elle exerce, l'originalité de sa composition et des institutions, lieu de rencontre, donc de mobilité. Georg Simmel associe l'idée de ville à celle d'étranger, d'intermédiaire, de calcul intellectuel. Si ce caractère ne s'épanouit, selon lui, que dans la grand ville, « cosmopolite » par destin, le contraste des distances sociales et du rapprochement physique est le fait de toute ville. La cité-État grecque fait place aux métèques, qui sont souvent les artisans de sa prospérité économique, comme aux esclaves qui lui fournissent la main-d'œuvre comme l'ouverture culturelle vers l'extérieur. La ville-État ou la commune du Moyen Âge met à l'abri de ses franchises, les paysans libérés des liens personnels ou des attaches au sol, même si elle ne leur confère pas d'emblée cet autre privilège territorial qu'est le droit de bourgeoisie. La ville — même s'il faut se méfier de cette abstraction de tous les temps et de tous les lieux — exprime dans sa forme la plus générale une certaine combinaison du mouvement et de la territorialité. C'est évident pour les individus. Traditionnellement la démographie urbaine se nourrit d'apports migratoires. À partir du XVIIIe siècle, la mobilité touche à la représentation de la ville elle-même, à sa nature. La croissance — fait déjà ancien mais articulé dans un nouveau mode de pensée —, le dépassement des limites acquises, même s'il est redouté et jugé malsain, entrent dans l'ordre des choses. Le « désembastillement » — c'est-à-dire la destruction des murs — marque le terme d'un particularisme à la fois physique et moral ; il fait éclater les barrières juridiques. La notion d'agglomération, avant de se substituer à celle de la ville, l'a noyauté en quelque sorte de l'intérieur. L'opposition ville ouverte-ville fermée, qui s'inscrit dans un mouvement historique assez long (XVIIe-XIXe siècle, en Europe occidentale), souligne ce changement radical. Développement d'une nouvelle territorialité que caractérisent le déracinement, l'anonymat et, par un paradoxe apparent, l'individualisme : « le caractère le plus significatif de la grande ville tient à cette extension fonctionnelle qui dépasse ses frontières physiques : cette activité produit un effet retour et donne à la vie de la grande ville du poids, de l'importance, de la responsabilité. De même qu'un homme ne se limite pas aux frontières de son corps ou du territoire qu'il remplit immédiatement de son activité, mais seulement à la somme des actions qui s'étendent à partir de lui dans le temps et dans l'espace, de même également une ville ne subsiste que de la somme des actions qui étendent son empire au-delà de ses confins immédiats » (G. Simmel, 1903, in Grafmeyer et Joseph, 1979).

Cette diversité culturelle, ethnique, professionnelle de la grande ville, plus ou moins lisible dans l'opposition des statuts sociaux, détermine une répartition géographique qui échappe en grande partie à l'institution. L'intérêt de l'École de Chicago (Park, McKenzie, Burgess, 1925) réside dans le fait qu'elle a souligné les mécanismes, situés en deçà de la conscience claire, des intentions des acteurs et surtout de la politique, qui conduisent à la constitution dans la ville « d'aires naturelles », caractérisées par une population spécifique. Le peuplement n'est pas le seul élément de mobilité. Par ses déplacements, par le jeu d'invasion-succession, défini à la manière des espèces végétales, qui commande ces changements d'affectation, la mobilité touche le paysage urbain lui-même, la mobilité est visible dans la localisation des fonctions, des classes, des catégories ethniques, dans la valeur du terrain et dans la nature des immeubles. Perpétuel mouvement qui caractérise les villes américaines. À une échelle plus restreinte, l'habitat se résout en zones relativement réduites et homogènes, des « voisinages », où paradoxalement l'originalité culturelle, une certaine cohésion ou même des formes plus organisées de solidarité peuvent donner les apparences d'une communauté partielle, reconstituée.

Bien entendu, de nombreux compléments ou corrections peuvent être apportés à ce schéma de territorialité inachevée. Les mécanismes n'appartiennent pas toujours à ce domaine en deçà de la conscience. « En dehors des solidarités ethniques ou culturelles préexistantes à la ville, les processus de différenciation liés à l'urbanisation produisent des groupes, des catégories, des milieux sociaux... Autrement dit, les configurations spatiales, les ségrégations de population en " aires naturelles " ne sont pas conçues à partir d'un modèle purement agrégatif, comme si le résultat d'ensemble était seulement l'effet non de l'addition des comportements individuels. La ségrégation et l'exclusion peuvent aussi être consciemment recherchées, en tant que manifestations d'un " vouloir-vivre ensemble " (Y. Grafmeyer et J. Joseph,

1979). D'autre part ces facteurs plus ou moins spontanés de classement ou de reclassement ne s'accompagnent pas partout de la même mobilité dans le paysage et les valeurs urbaines. Les grandes villes européennes restent beaucoup plus fidèles à leur carte sociale et à leur patrimoine immobilier. Les changements de structure ne se produisent qu'à la faveur de moments exceptionnels de croissance et de remise en question ; la politique urbaine est souvent mobilisée, moins pour lutter contre les tendances spontanées que pour donner les moyens nécessaires à leur développement. Bien entendu, tendances et moyens ne caractérisent pas toujours une communauté mais des groupes sociaux bien distincts et dont les intérêts peuvent s'opposer. Les remaniements du milieu du XIXe siècle (de l'haussmannisation au réaménagement de Vienne) ; ceux des années 1950, prolongeant les reconstructions de la guerre, rythment le temps de ces changements.

Cette nouvelle territorialité urbaine n'a pas les mêmes caractères pour tous les groupes sociaux. Ni les critères, ni la base physique, ni les conditions d'inscription dans la structure urbaine ne sont identiques. D'abord en terme collectif. Reprenant l'exemple de Chicago, l'étendant à une réflexion plus générale, M. Halbwachs souligne la marginalité des ouvriers dans la ville. « Ainsi c'est à peu près le même problème qui s'est posé à Chicago (considéré comme type des grandes agglomérations américaines) et dans plus d'une grande ville moderne européenne : adapter l'une à l'autre deux communautés très différentes, et sans rapports intimes ; coordonner deux structures qui répondent à des nécessités distinctes et presque opposées, un établissement urbain qui est comme un organisme, un ensemble d'établissements industriels et la population ouvrière qui s'y rattache... À Chicago, les groupes se sont adaptés plutôt aux obstacles et points d'appui que constituaient les usines, les chantiers, les voies de chemins de fer qui les séparaient les uns des autres... Les immigrants se sont établis sur les emplacements laissés libres, soit près du centre, soit vers la périphérie. Situation d'attente, comme il convient lorsqu'une moitié de la population doit se soumettre à une sorte de stage avant de se fondre dans l'autre » (1932).

Les conduites territoriales expriment donc avec quelque cohérence le statut et les attentes du groupe. Les classes supérieures attachent la plus grande valeur aux manifestations de prestige, aux relations sociales ; mais en même temps, le réseau de ces relations est aisément libéré des contraintes de proximité. À partir de cela, des modalités de localisation opposées leur conviennent : la ville proprement dite, organisée elle aussi en fonction des activités sociales, des attraits de la centralité et des zones morphologiquement fortes ; ou bien les suburbs, les villas de luxe, la réduction de l'espace et d'une proche nature. Au contraire, les formes de sociabilité ouvrière sont à la fois plus étroites, moins volontaires, plus dépendantes de la proximité et du voisinage. La vie quotidienne plus mêlée à la « matière », à la rue. Le voisinage et l'homogénéité sociale ou culturelle fournissent une sorte de compensation à la situation marginale ou à l'insalubrité du logement.

Ces cohérences relatives sont elles-mêmes brisées par les formes et la rapidité plus récentes de la croissance urbaine. L'ampleur des migrations, les difficultés du logement, les actions en faveur de l'habitation sociale ont multiplié les interventions publiques et parapubliques et les filières d'attribution. Aux États-Unis, l'aide au logement est allée en grande partie à la maison individuelle ; elle a accentué la diaspora urbaine et contribué à la formation de suburbs socialement homogènes mais incapables de s'intéresser à la ville. En Europe occidentale et notamment en France, la politique d'habitat collectif a abouti au résultat contraire, mais tout aussi négatif. Les grands ensembles ont prétendu brasser les conditions ; ils n'ont juxtaposé que des trajectoires, des attentes, des niveaux de vie différents, dans une situation d'atomisation qui est surtout défavorable aux plus faibles. La proximité sociale loin de réduire la distance sociale l'aggrave ou la rend purement négative. Les grands ensembles ont été moins disqualifiés par leur situation géographique ou la médiocre qualité de leur construction que par l'échec d'une nouvelle territorialité. Éclatement aggravé par l'accroissement des distances-temps entre les activités d'un même ménage (spécialisation fonctionnelle), les lieux de fréquentation, les équipements nécessaires. Cet exemple suffirait à prouver que le sentiment de territorialité est essentiellement collectif et dépend du mode de relations entre les personnes et les groupes plus que de l'attachement direct aux lieux (Chamboredon et Lemaire, 1970).

La crise urbaine n'est donc pas liée à une forme particulière d'habitat, mais au changement rapide, non contrôlé, normatif parfois mais à contre-courant des conditions de vie dans les villes, de la cohésion sociale et politique de la collectivité territoriale. D'où une certaine dilution des aspects les plus élaborés, les plus collectifs de la territorialité et le retour à des attitudes primaires, morcelées, très locales de possession, de défense et d'agression. En un certain sens, les éléments du comportement sont partiellement désocialisés. Le ghetto est moins tragique, comme forme sociale de convivialité, que les phénomènes de « coins de rue », de domination partielle d'un trottoir, ou d'organisation de bandes à la territorialité fortement marquée. Mais n'est-ce pas aussi la preuve que le marquage collectif, soutenu par les mythes urbains, a perdu de sa valeur ? À l'inverse, il détermine une nostalgie — ou plutôt deux nostalgies complémentaires, en partie régressives, de la ville ancienne (comme si les formes seules étaient en question) et de la nature. La territorialité s'identifie de nouveau, par pure rhétorique, à l'enracinement.

Crise de la territorialité et questions sur le territoire.

La crise qui atteint aujourd'hui à la fois la territorialité, définie comme ensemble de conduites, de représentations et de sentiments et les organisations territoriales en tant qu'institutions, se lit à plusieurs niveaux et relève de plusieurs causes. La critique de l'urbanisation se limite parfois à celle des formes physiques, de l'urbanisme alors qu'elle porterait plus justement sur les problèmes de mobilité et le type de relations sociales qui en résulte. La mobilité, comme son inverse, l'enracinement ne peuvent être appréciés comme valeurs absolues. Celles-ci sont relatives à un état social et ne prennent leur sens que des rapports entre groupes et entre individus et groupes. Les positions des uns et des autres ne sont pas déterminées exclusivement par des causes territoriales ; mais c'est le plus souvent à travers le territoire qu'elles se mesurent et se concrétisent.

Les institutions territoriales, les collectivités sont elles-mêmes affaiblies ; dans leur « enracinement », comme dans leur légitimité. Le « municipalisme » ne peut avoir la même densité ni la même expression dans les communes italiennes de Moyen Âge et les Mégalopolis du monde contemporain. Les représentations de la république — au double sens du mot, *images* et *fonctionnement*, à l'échelon restreint de la ville ou du village — sont de nature différente. Sans doute les formes contemporaines trouvent-elles difficilement à s'exprimer, à travers des institutions et même des cadres mentaux qui leur sont mal adaptés. Simple attente de la manifestation d'un accord organique, à la manière des architectes du XIXe siècle qui attendaient l'architecture « organique » convenant à l'âge industriel ? ou crise spécifique du territorial, à l'intérieur de la société industrielle ou post-industrielle d'aujourd'hui ? Le débat reste ouvert. Toutefois les collectivités locales sont en partie dépréciées ; elles jouent — et avec des moyens insuffisants ou déséquilibrés — le rôle de « bouche-trou », pour les investissements sociaux ; elles n'expriment plus guère une volonté collective et subissent, pour les décisions importantes, l'effet des choix venant d'appareils délocalisés ; les décentralisations administrative et politique ne suffisent pas à assurer la décentralisation réelle de la société civile. Car les groupes sociaux n'ont plus, eux-mêmes, la base territoriale qui les définissait, même dans le premier siècle de l'industrialisation. La bourgeoisie ne mérite plus guère son patronyme. Ce conflit entre « délocalisation » et collectivités territoriales n'est pas le simple signe d'un retard, d'archaïsmes ou de déphasages. Il éclate particulièrement dans les villes américaines et la ville par excellence, New York.

L'État, collectivité territoriale exceptionnelle, ne bénéficie pas d'un meilleur statut. Accusé par les collectivités territoriales de monopoliser les décisions et de laisser se développer la tendance bureaucratique qui caractérise nos sociétés, quel que soit le régime économique, le niveau de développement ou l'appartenance idéologique, il ne domine plus aussi clairement les « appareils » qu'au XIXe siècle. Face à l'organisation nouvelle du pouvoir économique et culturel, en grande partie délocalisé, l'État n'assure plus, semble-t-il, la protection et la « défense » nécessaires. De là vient la double crise de légitimité de l'instance territoriale la plus marquante. De nouveau, les causes n'appartiennent pas uniquement, ni peut-être essentiellement à la territorialité. Mais le territoire est bien l'un des meilleurs lieux d'appréciation de cette crise. La légitimité est contestée à la fois au nom de l'efficacité et des différences gommées. La nation et l'État territorial se voient opposer la territorialité nostalgique ou considérée comme plus authentique des régions et des cultures provinciales. Bref le territoire est au cœur des revendications, des prises de conscience, des nouveaux enjeux sociaux ou idéologiques, alors que le XIXe siècle l'avait en partie effacé de ses préoccupations plus abstraites, sauf sous les espèces de l'État-territorial, identifié à l'État-nation. Cette attitude n'est pas entièrement dépassée ; elle retrouve vigueur dans les jeunes nations, constituées à l'intérieur de limites parfois arbitraires, reçues de la colonisation, mais contraintes d'accrocher à ce cadre hérité les références nécessaires à leur formation. Dans les pays développés, presque entièrement urbanisés, c'est au moment où les organisations territoriales perdent leur dessin physique, la netteté de leurs contours, de leurs caractères et de leurs hiérarchies qu'un retour à l'archétype s'accomplit. Face à des appareils économiques ou sociaux pour qui la localisation n'est plus une contrainte, la géographie, une nécessité, la ville, conçue comme acteur collectif (non sans risque), devient le point d'accrochage des résistances, des impulsions, des négociations. Gigantesque interville, si l'on se classe à coups de labels et de symboles, où le territorial s'efface derrière des logos, où le paysage se transforme en image de marque.

Est-ce le territoire (mais autrement interprété, plus abstrait) qui revient à la mode, au moment où l'institution territoriale ne semblait guère dépasser sa crise ? Le regard porté sur les siècles passés tient compte de cette dimension réintroduite dans l'analyse économique, par exemple, ou idéologique. L'enracinement de nos questions d'urbanisme dans le rationalisme classique, l'utilitarisme et le fonctionnalisme du XVIIIe siècle a suscité de nouvelles lectures des textes et des réalisations, projets, plans, œuvres, de ceux qui ont touché au territoire, à l'articulation de l'Ancien Régime et de l'âge industriel, des réformateurs sociaux aux auteurs de Constitution et aux architectes. On a reporté sur cette période charnière nos interrogations sur la socialisation, l'alignement social, la normalisation, la « police ». H. Lefebvre avait rapporté le fonctionnalisme urbain, la décomposition analytique de la ville à l'essor d'une bourgeoisie productiviste. Par ces travaux, l'identité entre contrôle social et contrôle territorial, déjà introduite par les recherches d'anthropologie et de géographie, est posée comme élément majeur d'explication de phénomènes qui vont de l'idéologie hygiéniste aux utopies urbanistiques, du logement social à la définition des « micro-structures » dans l'aménagement des lieux de travail ou d'habitat, enfin du traitement de la ville (spécialisation, ségrégation, transparence, repérage) au traitement des petites collectivités (hôpital, clinique, établissements scolaires) (par ex. Foucault M., Fortier B., 1979). Le regain essentiel de l'intérêt porté aux dispositifs territoriaux et, en particulier, aux dispositifs de « détail » est à mettre au crédit de cet éclairage renouvelé. L'interprétation, en revanche, est « finalisée » peut-être à l'excès, établissant une cohésion elle-même contrainte entre des tendances plus ambiguës. Un seul exemple : le reproche classique adressé à la ville du XIXe siècle, touchée par l'industrialisation, est d'avoir toléré le plus grand désordre et laissé l'habitat des pauvres à l'abandon ou au libre jeu des propriétaires. C'est l'excès d'ordre et de contraintes « spatiales » que l'on met actuellement en valeur. Ce double regard mérite au moins débat. Le discours idéologique, correctif, « normatif » par nature n'est pas la seule réalité historique. Le « territoire » est pris entre des discours, des institutions et des intérêts, dont l'accord n'est pas d'emblée assuré et les effets eux-mêmes « contrôlés ».

La réflexion sur le territoire a glissé, d'autre part, vers cet autre thème d'actualité : le surpeuplement mondial. La référence aux naturalistes et biologistes souvent invoqués (Malmberg rappelle la régulation que la territorialité assurerait dans les sociétés animales ou « primitives » et que du fait de l'accumulation des techniques, l'humanité actuelle ne pourrait retrouver. Cette idée ne va pas sans quelque risque de généralisation excessive. Le premier est de confondre les équilibres (ou déséquilibres) locaux avec l'équilibre (ou déséquilibre) global. L'échelle des phénomènes, sur ce point, devient clause de sécurité du raisonnement. La densité, c'est-à-dire le rapport immédiat entre hommes et surface habitée ou utilisée, n'est qu'un indice, mais souvent trompeur, en tout cas à décomposer et à analyser. Elle ne donne, d'autre part, qu'un rapport statique, alors que les problèmes démographiques prennent leur sens dans le mouvement, la durée, même s'il faut tenir compte de quelques seuils de rupture. Enfin, si l'étude « écologique » des relations entre hommes et ressources, aux différentes échelles, est toujours d'actualité, l'extension de ces notions de surcharge à la surface disponible par habitant, en particulier pour l'individu (comme la notion de consommation d'espace) ouvre vers des questions plus incertaines. La densité de l'habitat dans une ville du Moyen Âge pouvait être plus forte ou moins forte (à l'échelle de la ville, du quartier ou du logement) que dans nos villes actuelles : cette comparaison n'a, en elle-même, aucune vertu explicative. Il est toujours dangereux, pour en revenir à Lucien Febvre, de considérer le territoire comme simple support, simple mesure, alors que le définir en termes de construction territoriale rappelle une dimension fondamentale des sciences sociales.

CHAPITRE X

La ville, d'aujourd'hui à demain

Le texte de présentation du livre de P. H. Chombart de Lauwe, *La fin des villes*, publié en 1982, invitait le lecteur à prendre conscience des risques que comportaient une urbanisation non maîtrisée et le gigantisme des villes : « Le déséquilibre rural-urbain, l'impossible développement, l'accroissement des inégalités sont-ils les signes avant-coureurs d'une destruction ou d'une mutation ? » L'explosion urbaine déclenche-t-elle l'une de ces peurs millénaristes qui ont rythmé l'histoire du monde ; ou convient-il, en pratiquant la politique de l'alerte, de réveiller un civisme oublié ?

Le premier constat à faire, c'est que l'explosion urbaine ne prend pas les mêmes aspects à travers le monde et qu'elle ravive, semble-t-il, le clivage entre pays industrialisés et tiers monde, au moment où l'opposition, en raison des changements intervenus dans les trente dernières années et de la crise mondiale, perdait de sa cohérence. D'un côté, en effet — celui des « riches » —, les risques s'accroissent moins du fait de la population que de la consommation et de l'énorme échange de flux qu'entretient le phénomène urbain, même si la crise économique depuis 1973 a terni l'image d'une société « d'affluence ». C'est le dispositif territorial, l'expansion urbaine au sens de l'urbanisation généralisée, qui fait ici problème, avec ce qu'il comporte de fragmentation, éventuellement d'exclusion — ou d'alignement et de gestion technocratique. Au bout du compte, qualité de la ville et qualité de la vie se confondent. Dans les pays moins riches, aux limites des équilibres élémentaires, la croissance des villes paraît au contraire obéir à un rythme fou, sans rapport et souvent en contradiction avec le support économique et la possibilité d'intégrer socialement les effets de l'urbanisation. Il n'est pas étonnant que d'un fond de mémoire vieux de deux siècles, la critique portée à la ville par la philosophie des Lumières, quand l'Ancien Régime semblait craquer, résonnent de nouveau en échos amplifiés. C'est autour de la grande ville, du monstre urbain, caractérisé par l'étendue de son territoire ou l'accumulation d'énormes populations, donc de charges sans fin, que la question urbaine se définit, encore aujourd'hui.

Les risques du gigantisme urbain — à l'échelle des techniques modernes — ouvrent une seconde série de questions : celles-ci touchent à la fois au fonctionnement des systèmes urbains — de plus en plus complexes et donc déréglables ; aux relations entre ville et nature ; à l'existence de supports et de modes d'organisation que l'on englobe souvent sous le terme commun de réseaux. Il apparaît alors que les dangers de déréglement ou d'excès, y compris ceux qui viendraient de réactions non contrôlées et non solidaires aux accidents urbains, ne relèvent exclusivement ni de défaillances techniques, ni de solutions techniques. De ce point de vue, la question urbaine retrouve les chemins du social et de la culture.

Enfin, au moment où par le mode de gestion, l'expansion démesurée des phénomènes métropolitains, les pratiques de multiterritorialité, l'organisation perd, semble-t-il, ses racines particularistes et devient plus abstraite, deux évolutions inverses se dessinent, qui vont dans le sens du retour à l'histoire, que l'urbanisme et les représentations de l'habitant suscitaient — on l'a vu. C'est l'identité de la ville, interprétée comme acteur social collectif (définition qui fait toujours problème), qui tout d'un coup rejaillit. Identité, gage d'expansion et de volonté de développement, d'abord. Mais cete identité se fonde sur les valeurs de prestige, de continuité, d'aptitude technologique et culturelle et sur des valeurs renouvelées de paysage. On est en droit de se demander alors quelle relation existe entre la modification des écoles architecturales et formelles, « le postmodernisme » et les changements plus globaux qui concernent les pratiques et les représentations urbaines. Autrement dit la « postmodernité » a-t-elle un sens, autre que la succession de tendances esthétiques ? La notion peut-elle désigner une nouvelle étape dans les pratiques de la ville ?

L'explosion urbaine : la représentation du monde urbain en question.

L'extension que prend le phénomène urbain dans le monde conduit à attacher la plus grande importance à l'agglomération des populations dans les pays dits « en voie de développement ». Rappelons qu'à l'horizon de l'an 2000, par le double effet de l'immigration d'origine rurale et de fortes natalités urbaines, ces agglomérations doivent s'imposer parmi les toutes premières par leur rythme et leur taille. Le phénomène urbain n'est plus ce fait essentiellement européen ou américain du Nord, comme il apparaissait voici encore une génération. Il faut mesurer plus clairement aujourd'hui la relativité de nos approches, fondées somme toute sur une expérience culturelle et un développement économique particuliers.

Ce fut le cas pendant de longues périodes historiques : les plus grandes villes — en particulier les capitales des empires orientaux — dépassaient par leur taille les plus puissantes villes d'Europe, avant l'apogée et depuis le déclin de Rome. On l'a dit, selon les périodes, de Constantinople, de Bagdad, de Cordoue et du Caire ; aussi des

NOUVELLE GÉOGRAPHIE DE LA CROISSANCE URBAINE

1950

	New York	12,3	20	Leningrad	2,6
	Londres	10,4		Manchester	2,5
	Rhin-Ruhr	6,9		Birmingham	2,5
	Tokyo	6,7		São Paulo	2,5
5	Shanghaï	5,8		Le Caire	2,5
	Paris	**5,5**	25	Tien-Tsin	2,4
	Buenos-Aires	5,3		Boston	2,2
	Chicago	4,9		Shen Yang	
	Moscou	4,8		(Mukden)	2,2
10	Calcutta	4,6		Berlin-Ouest	2,2
	Los Angeles	4,0		Pékin	2,2
	Osaka	3,8	30	San Francisco	2,0
	Milan	3,6		Leeds	1,9
	Bombay	3,0		Glasgow	1,9
15	Mexico	3,0		Hambourg	1,8
	Philadelphie	2,9		Vienne	1,8
	Rio de Janeiro	2,9	35	Hong-Kong	1,7
	Detroit	2,8			
	Naples	2,6			

1975

	New York	19,7	(A75:16,7)	20	Milan	6,2	(V77:1,7)
	Tokyo-				Djakarta	5,7	(V71:4,6)
	Yokohama	17,7	(A77:14,4)		Philadelphie	4,8	(A75:5,6)
	Shanghaï	12,4	(A70:10,8)		Detroit	4,8	(A75:4,7)
	Mexico	11,9	(A78:14,0)		Tien-Tsin	4,7	(A70:4,3)
5	Los Angeles	10,8	(A75:10,4)	25	Manille	4,5	(V75:1,4)
	São Paulo	10,7	(V75:7,2)		Delhi	4,4	(A71:3,6)
	Londres	10,3	(A76:7,0)		Téhéran	4,2	(V76:4,5)
	Pékin	9,3	(A70:7,6)		Leningrad	4,2	(A78:4,5)
	Rhin-Ruhr	9,3			Madras	4,1	(A71:4,2)
10	Buenos-Aires	9,3	(A78:9,8)	30	Madrid	4,0	(A74:3,5)
	Paris	**9,2**	**(A75:8,5)**		Karachi	4,0	(V72:3,5)
	Rio de Janeiro	8,9	(V75:4,9)		Hong-Kong	3,9	
	Osaka	8,7	(V77:2,7)		Istanbul	3,9	(A75:3,9)
	Chicago	8,1	(A75:7,7)		Bangkok	3,9	(V75:4,2)
15	Calcutta	7,8	(A71:7,0)	35	Naples	3,9	(V77:1,2)
	Moscou	7,4	(A78:7,9)				
	Bombay	7,0	(V71:6,0)				
	Séoul	6,8	(A75:6,9)				
	Le Caire	6,3	(V76:5,1)				

Projection 2000

	Mexico	31,0	20	Bagdad	11,0
	São Paulo	25,8		Osaka	10,9
	Shanghaï	23,7		Istanbul	10,8
	Tokyo-			Bangkok	10,6
	Yokohama	23,7		**Paris**	**10,6**
5	New York	22,4	25	Dacca	10,5
	Pékin	20,9		Bogota	9,6
	Rio de Janeiro	19,0		Chicago	9,3
	Bombay	16,8		Londres	9,2
	Calcutta	16,4		Moscou	9,0
10	Djakarta	15,7	30	Ruhr	8,6
	Los Angeles	13,9		Lima	8,6
	Séoul	13,7		Tien-Tsin	8,1
	Le Caire	12,9		Kinshasa	8,0
	Madras	12,7		Bilbao	7,9
15	Buenos-Aires	12,1	35	Jos	7,7
	Karachi	11,6			
	Delhi	11,5			
	Manille	11,4			
	Téhéran	11,1			

Nouvelle géographie de la croissance urbaine (d'après *Population et société*, INED, n° 141, « le vertige urbain », 1980).
A : agglomération   V : ville   (en millions d'habitants).

capitales successives de la Chine, Xi'an, Hang-Chou, Pékin ou du domaine des Moghols, Agra ou Delhi. À l'époque moderne l'Europe s'inscrit de nouveau dans cette concurrence avec Londres, suivie de Paris. La croissance urbaine, sous toutes ses formes, paraît basculer alors vers cette Europe en cours d'industrialisation et son rejeton, les États-Unis. En 1900, sur quelque 300 villes qui dépassent le seuil de 100 000 habitants, la moitié appartient à la seule Europe. D'après les estimations de Paul Bairoch, la population urbaine du monde vivait pour les deux tiers dans les pays aujourd'hui développés ; en 1950, rien n'a vraiment changé, sauf les chiffres absolus. En 1970, on est à cinquante-cinquante ; en 1980, les pays développés tombent à 45 % du total. Les projections pour l'an 2000 disent 30 % ; pour 2020, moins du quart. Bref, nous vivons une révolution qui déplace le fait urbain vers le tiers monde et ne fait des villes européennes et même de celles des États-Unis que de modestes « caps » de cette masse qui atteindrait dans les seules agglomérations des pays moins développés environ 4 milliards d'individus.

Bien entendu, les mécanismes sont là pour justifier les projections pour peu que les tendances ne s'inversent pas brutalement. Or on sait l'inertie manifeste des phénomènes démographiques ; les fortes fécondités se prolongent par la jeunesse de la population. Dans la génération précédente (1950-1975) les pays du tiers monde ont augmenté leur population totale deux fois plus vite que les autres pays et leur population urbaine, par des jeux variés de la natalité et de l'immigration rurale, deux fois plus vite que le reste de leur population. Vitesse de croissance et taille des villes se combinent par-dessus le marché pour déplacer la carte du « gigantisme » vers les pays pauvres. En 1950, sur les 35 premières agglomérations du globe, 14 étaient encore en Europe, 7 aux États-Unis, 2 au Japon. La projection pour l'an 2000 met Mexico et São Paulo en tête — entre 25 et 30 millions d'habitants chacune —, retient 15 représentantes de l'Asie (hors du Japon), 6 de l'Amérique latine. Europe et États-Unis se satisferaient de la portion congrue (5 et 3). Voilà qui change, somme toute, notre représentation du monde.

Mais le tiers monde est-il si cohérent ? On admettait généralement vers 1960 que la croissance démographique avait pris de vitesse la transformation des conditions de la production, qu'il s'agissait d'un immense phénomène de déversoir, répondant à une combinaison variée de fuite des campagnes et d'attraction de la ville, très confusément perçue. Les différences sont aujourd'hui plus tranchées, dans la mesure où démographie, industrialisation, transformations agricoles ont suivi des chemins divergents, d'un pays à l'autre. La révolution « verte » maintient généralement l'exode agricole, dans des pays qui ont pourtant réduit leur taux de fécondité. L'industrialisation, sous des formes diverses, s'est développée dans certains autres sans réduire nécessairement les différences de productivité et de rétribution, mais en utilisant plus efficacement la main-d'œuvre disponible. C'est en particulier le cas des nouveaux pays industriels d'Asie et notamment des « enclaves » urbaines, Singapour ou Hong Kong, de la Corée du Sud et de Taïwan. Ailleurs, l'emploi industriel « moderne » reste limité et cède, sur un marché du travail incertain, à toutes les sollicitations de l'informel, sweating-system ou petits métiers. Bref, les mécanismes de la croissance urbaine et leurs rapports avec l'économie peuvent différer sérieusement, sans que les conditions d'habitat s'éloignent du tableau habituel du tiers monde et de la place de l'habitat précaire ou spontané qui continue à qualifier les zones d'extension de la ville. Toutefois, à travers des phénomènes de dépendance ou de dualisme qui subsistent, une classe moyenne se dessine, qui a des ambitions ou des aspirations d'insertion, de réussite et de meilleur confort, jusque-là peu répandues. Ainsi, faut-il connaître, à l'intérieur du schéma général qui distingue le tiers monde des pays industrialisés, des aspects de l'urbanisation qui dépendent des expériences spécifiques de chaque pays.

L'explosion urbaine ne suffit pas d'ailleurs à identifier tous les cas par le taux d'urbanisation, bien que l'évolution actuelle ait souvent resserré les écarts, autant que les statistiques officielles paraissent en témoigner, à l'échelle des continents (alors qu'il s'agit d'une moyenne nivelant les particularités nationales). Cette observation réintroduit dans la réalité d'aujourd'hui, outre les dénivellations économiques, de lointaines origines urbaines (l'Égypte ou le Moyen-Orient), l'histoire et l'effet des colonisations, la résistance inégale des campagnes. L'Amérique latine atteint, bien entendu, des taux de concentration dans les villes plus affirmés : résultat de la lointaine colonisation espagnole (à un moindre degré portugaise), d'un phénomène précoce de capitales médiatrices entre l'Europe et le pays (et dominatrices), d'une urbanisation presque classique jusqu'aux débordements du XXe siècle. D'une manière peut-être plus inquiétante, les perspectives paraissent s'aligner pour le XXIe siècle sur les taux des pays « développés ». Plus inquiétante, si l'on tient compte de la désarticulation des campagnes, de la fragilité des programmes économiques et de l'industrialisation, de l'inflation, des contrecoups de la conjoncture : par exemple, la crise pétrolière a excité l'investissement urbain chez les producteurs ; la chute des prix pétroliers a laissé la réalisation des projets en suspens ; l'endettement a brisé les chances d'expansion. Ainsi, poussées d'exode rural et investissement urbain, crises de l'habitat et de l'emploi se succèdent ou se recouvrent. Les périodes plus actives de l'entassement urbain rompent en même temps les équilibres anciennement acquis, tant bien que mal, pour les services urbains. Caracas, Rio, Buenos Aires répondent de moins en moins aux exigences de fonctionnement d'une grande agglomération : insuffisance (échelle et quantité) et vieillissement des équipements se combinent dans une courbe qui devient souvent régressive. L'Asie et l'Afrique restent normalement moins urbaines ; mais les projections laissent penser qu'au terme de la première génération du XXIe siècle, tous les continents passeraient le seuil des 50 % de population urbaine.

Ces considérations font donc place à des situations variées et à des politiques urbaines différentes mais peu capables de maîtriser pour l'instant la transformation des paysages et la pauvreté de l'habitat. Même la Chine, qui a obtenu des résultats spectaculaires dans ses efforts de limitation des naissances, n'a pas contrôlé aisément la croissance des villes, malgré l'extension de la puissance publique. Économie administrée, le secteur du logement social reste donc un bien rare, distribué chichement — et dont l'occupation réelle est sans rapport avec les normes ; de plus interdit aux plus pauvres. C'est donc généralement le bricolage qui, sous des conditions juridiques variées, allant de l'illégalité pure et simple à la spéculation sur de petits patrimoines, à l'action de lotisseurs clandestins, à la multiplication des intermédiaires, percepteurs de droits et d'impôts et distributeurs d'influence — fournit le sol nécessaire. Le « squatterisme » pur sur les terrains publics ou les friches urbaines n'est plus le mécanisme « général » de cette croissance de plus en plus répartie vers la périphérie. Malgré l'intervention plus forte de promoteurs (Bangkok par exemple), l'autoconstruction reste en revanche de pratique constante : le mot « bidonville » est bien souvent tout à fait inadapté pour décrire l'habitat précaire, susceptible d'améliorations, de transformation en « dur », éventuellement de certaines formes très humbles de « gentrification ». La plupart du temps, l'État ne peut ni reconnaître, ni détruire ce stock par défaut de substitut. Les enjeux se définissent donc autour de la légalisation de la propriété, de certaines actions de réhabilitation, de la construction des équipements et des réseaux, utiliserait-on des techniques très simplifiées. La capacité de l'autorité publique ou d'organisation « spontanées » à assurer cette « consolidation » est un deuxième enjeu, mécanisme qui renforce généralement la place de « bureaucrates » ou de « petits notables ». À l'horizon de ces opérations, des mutations prévisibles de l'occupation et des occupants du sol : ainsi s'entretiennent à la fois l'éclatement périphérique de l'habitat et le développement, à l'intérieur de ce monde de l'habitat spontané, d'une division sociale.

L'existence de ces formes d'occupation du sol urbain ou périurbain interdit de constituer la notion de tiers monde en un bloc bien enfermé dans son originalité. Les procédures de construction spontanée, le balancement entre l'illégal, le clandestin et le reconnu *de facto* ne manquent pas d'exemples historiques, parfois actuels dans les pays développés : et certaines conduites de l'immigrant, même si le cadre géographique est différent, ne sont pas absentes des plus grandes villes du monde « riche ». Par certains côtés, New York est aussi une ville du tiers monde. Ces questions ne gagnent rien à être définies à l'intérieur d'un ghetto intellectuel. Ces formes de vie ou d'extension urbaines ont aussi quelque chose à nous apprendre sur nous-mêmes. D'autre part, la multiplicité des problèmes fonciers et des situations, interdit de faire table rase du long terme dans les rapports sociaux, la pratique du droit, la tradition des paysages et de l'habitat. Les manipulations foncières et les spéculations viennent s'insérer dans les pratiques de « légalité » héritées du passé, qui superposent ou juxtaposent souvent les droits et les servitudes. La croissance de Pikine, ville-bis « spontanée » proche de Dakar, s'est faite selon les traditions juridiques des villageois africains, préalablement installés sur cette zone. Au Mexique, les lotissements clandestins proviennent en grande partie du morcellement des propriétés collectives des *ejidos*. Dans les pays musulmans, les biens de main-morte des institutions religieuses ont servi de support à la croissance périphérique. L'explosif urbain s'insinue dans les lignes de discontinuité de ces pays, entre « l'occidentalisation » (inspirée par la colonisation, puis par l'État moderne) et un droit local, bien plus varié, multiple, complexe. Le terrain s'offre ainsi au compromis, à la négociation, au consensus profond qui soutiennent la persistance de ces formes d'habitat précaire. Un habitat certainement qui a sa logique : celle des rapports et des inégalités sociales et ses fonctions : forme de rente, de placement, de valorisation qui draine une partie de l'épargne, jette parfois les bases de véritables fortunes ou de l'autorité sociale des médiateurs. Partant de l'exemple de Bangkok et de Colombo, Alain Durand-Lasserve nous rappelle : « L'action sur le foncier ne saurait donc être, en aucun cas, limitée au foncier. »

Les formes d'aménagement s'inscrivent, d'autre part, dans une double origine : celle des vieilles agglomérations urbaines ou rurales ; les modèles empruntés ou imposés lors des dominations coloniales ou, éventuellement, de l'installation de populations économiquement puissantes. Singapour juxtapose la ville européenne « britannique », la ville chinoise, organisée en « compartiments », réguliers et compacts ; la croissance périphérique, plus « maîtrisée » et planifiée qu'ailleurs, repose sur un composé de cottages, de « city-gardens » et de villages populaires, connus en Asie méridionale sous le nom de compound : articulation de deux traditions. À travers des niveaux de développement fort différents et même extrêmes, l'Asie verte des fortes densités agricoles s'unifie du Japon à l'Indonésie autour de quelques aspects — le compartimentage, la structure « polynucléaire » et les pesanteurs rurales. Cette stratification de projections culturelles établit de nouveaux clivages à l'intérieur du tiers monde et le déborde, tout en rappelant les jeux d'échos entre l'urbanisme européen et américain et les tentatives, tantôt reproductives, tantôt audacieuses qui agitent les pays en voie de développement. Le dualisme des pays « moins développés » s'exprime aussi par là, contrastes de représentations mais aussi de richesses et de pouvoir social, à l'intérieur de villes ainsi « partagées ». Mais en même temps des archétypes se lisent encore dans la trame des villes : le premier celui des villes mêlées aux échanges, ports et cités marchandes, intégrées dans des réseaux lointains, enclaves par rapport à l'arrière-pays. Le second évoque au contraire la ville agraire où les forts caractères symboliques réunis au centre s'effacent peu à peu selon un continuum qui va de l'espace urbain, des zones de culture permanente à la forêt et à la « barbarie ». Tel est l'exemple que donne l'Indonésie.

Métropoles et mégalopoles :
de la ville à l'urbanisation généralisée.

L'explosion urbaine répond à une autre réalité que celle des croissances exponentielles de la population. Dans les pays déjà industrialisés et urbanisés (méfions-nous malgré tout de la durée différente de ces mouvements), apaisés dans leur expansion démographique, ralentis souvent faute de réserves et parfois soumis à des courants de sens contraire, l'explosion renvoie surtout à l'extension périphérique. En Amérique du Nord comme dans la vieille Europe, une tendance lourde s'est précisée. C'est à sa limite géographique, elle-même imprécise, de plus en plus floue, que la croissance urbaine, plus mesurée en général, s'accomplit. On insistait naguère sur la multiplication de la demande d'espace, espace résidentiel, sites réservés à la circulation, désagglomération des activités et des lieux de commerce qui commandait un autre rapport entre la surface utilisée et le nombre des hommes. Cette poussée s'accompagnait en même temps d'un effort d'aménagement, si bien que la fragmentation de la ville paraissait à la fois « naturelle » et voulue, imposée par le changement d'échelle et reconnue comme norme de sécurité des monstrueux organismes urbains. On est en partie revenu d'une conception trop primaire de l'expansion en kilomètres carrés désirables par consommateur. Mais, même fondée sur des mécanismes, des aspirations et des modes de vie plus finement analysés, cette expansion/extension reste un fait.

Pour des raisons particulières qui tiennent à la fois à la culture, à l'avance scientifique et technique, à la disponibilité d'espaces, au souci de discrimination sociale et, enfin, *last but not least*, aux décisions du gouvernement fédéral en matière d'impôts et de crédit immobilier, la suburbanisation s'est généralisée aux États-Unis. On en connaît les origines assez lointaines. Depuis les années 1930, le phénomène s'est accentué, en 1950, le peuplement suburbain ne représente pas la moitié de la population des villes-centres ; c'est entre 1970 et 1980 que les choses basculent : avec 80 millions de personnes, les suburbains deviennent le premier groupe des États-Unis, devançant à la fois les villes-centres et ce qui reste de « rural », par l'habitat du moins. Dès 1970 un commentateur lucide le constate. Dans les années 1970-1980, le phénomène se déplace : de la grande migration résidentielle vers les suburbs, on passe à la migration des activités : les formes nouvelles de commerce, les centres commerciaux avaient amorcé le mouvement dès les années 1950-1960. Il s'agit maintenant (le fait n'est pas indépendant de la crise économique et des changements de structure qu'elle implique) de l'activité industrielle — l'usine dans la verdure ou dans la nature —, des bureaux dont la construction en zone périphérique augmente, y compris sous forme d'ensembles relativement denses, des lieux et des institutions de culture et de divertissement. En 1981, autre constat : « (Le suburb) continue à attirer la part du lion des activités nationales, depuis 1973. Il contient plus d'emplois que les anciennes villes ; on y trouve des équipes sportives et des institutions d'art dramatique de classe nationale. » Malgré la première phase de la crise de l'énergie (qui ne suffit pas à faire de l'essence un produit cher aux États-Unis), la suburbanisation se prolonge sous des formes plus complexes que l'aire de résidence-dortoir. Les déplacements échappent au rythme pendulaire classique. En 1986, on compte plus de 100 millions de suburbains.

Les villes-mères, après avoir enregistré continûment le déclin de leur population résidente, au mieux sa stagnation, ont perdu le monopole de fonctions considérées comme dominantes, qu'il s'agisse de commerce, de recherche, de loisir et même de « commandement » des entreprises. L'une des grosses sociétés pétrolières des États-Unis va nicher son siège social dans la lointaine banlieue touristique des White Plains, aux limites de la région urbaine de New York. La contrepartie de la suburbanisation c'est, de toute évidence, la mise en difficulté des villes-centres ; amorcée, ici encore, par la dégradation des espaces résidentiels et commerciaux, insuffisamment freinée par les opérations spectaculaires, mais ponctuelles, de rénovation (centres culturels ou grands magasins nouveau style), la crise de l'ancien monde urbain s'aggrave à la fin des années 1960, quand les villes deviennent à la fois trop dangereuses, trop « libérales », trop pauvres. Trop dangereuses : les émeutes et violences urbaines éclatent, liées généralement aux affrontements ethniques ; trop libérales : les Américains tentent d'échapper au « busing » scolaire, qui établit la mixité scolaire ou essaie d'en jeter les bases, en se réfugiant dans des suburbs exempts de toute contagion ; trop pauvres : les villes perdent des contribuables riches (personnes ou sociétés) et accumulent les charges d'assistance et de fonctionnement. Le rétablissement des villes-centres s'est plus ou moins accompli, parallèlement à l'intérêt porté depuis les années 1970 à l'héritage urbain, aux efforts déployés pour maintenir les activités de prestige, à l'essor d'une nouvelle demande d'habitat qui vise la réhabilitation d'anciens quartiers, d'anciens établissements industriels ou commerciaux, à une reprise de l'investissement immobilier : New York se relance, avec appétit, dans la construction d'immenses buildings au début des années 1980 tout en goûtant la revalorisation de Soho ou de l'East-Village. Donc des mouvements assez contradictoires, dont il est difficile de saisir les prolongements et qui ne suffisent pas, malgré des opérations spectaculaires (par exemple la revalorisation des quartiers centraux de Chicago), à assurer les villes-centres contre les risques de la pauvreté. L'aiguille paraît osciller sans se fixer vraiment. En tout cas, pour le début de la décennie — et toujours d'après l'indicateur bien insatisfaisant de la population résidente — les villes-centres reprennent vie et se rapprochent, par leur taux de croissance, de celui, ralenti, des suburbs.

Cette courbe est particulièrement bien dessinée aux États-Unis et dans les pays de l'Europe du Nord. Elle a pris toutefois dans le vieux continent des aspects plus nuancés, en se modelant sur des traditions et des tendances différentes : en France, la suburbanisation compte encore une forte dimension de tri social. Les grands ensembles, destinés au départ à favoriser la modernité du logement et la mixité sociale, hors d'un marché urbain trop peu malléable, ont abouti à la ségrégation et même, dans trop de cas, à des phénomènes d'exclusion sociale — ce qui ne caractérise pas, pour autant, l'ensemble de l'habitat suburbain. Les villes nouvelles, si elles ont fixé des activités et des emplois, sont également des lieux de décantation sociale. La diffusion des nouveaux villages n'a pas suffi à transférer vers les banlieues plus éloignées le mythe américain du suburb. Mais les grands équilibres, avec des compositions sociales différentes, ont au total basculé dans le même sens qu'aux États-Unis. Les villes-centres, surtout les plus importantes, ont généralement perdu de la population, y compris Paris déjà en recul depuis 1921 ; les banlieues se gonflent surtout de résidents à la limite extérieure. Mais il est trop facile de parler de désaffection du centre ; la concurrence des usages du sol (bureaux, hôtellerie) peut entraîner les mêmes effets que la dégradation de l'habitat ou les frottements ethniques. D'autre part, la remise en question de formes géographiques de la centralité fut moins agressive en France et en Italie, plus communément dans les villes de culture méditerranéenne. Les situations toutefois peuvent faire pencher la balance plus que les références culturelles de longue durée. Marseille, par exemple, vit à retardement dans les années 1980 la psychose des villes américaines des années 1960.

Peut-on alors saisir une forte tendance inversant le mouvement séculaire de suburbanisation, peut-on parler de « retour au centre » ? On croit déceler des aspects de nos sociétés en changement qui annonceraient des scénarios de cet ordre. On note des faits démographiques ou familiaux — le célibat, l'instabilité relative des couples, la diffusion du divorce, l'existence de familles monoparentales, le vieillissement — qui joueraient dans ce sens : un regain des avantages de proximité. Une menace constante, à terme : celle d'un renchérissement de l'énergie, des excès d'encombrement ou de pollution qui mettent en valeur les transports publics et le resserrement des déplacements. Los Angeles, la « métropole fragmentée » par excellence, pense maintenant à se densifier. La question ne peut guère se dissocier non plus du penchant pour la conservation du patrimoine et pour les aménagements de l'espace public de type ancien : places, rues, alignement. Toutefois les opérations « centrales », qu'il s'agisse de restauration ou de rénovation, de distribution ou de réinterprétation du passé ont simplement freiné ou stoppé l'hémorragie des parties originelles, fondatrices des agglomérations. Plus important que le changement quantitatif, peu perceptible à l'échelle de l'ensemble urbain, parce que soumis lui-même à des transformations non synchrones, est le changement qualitatif de la clientèle, qu'il s'agisse de logement ou de fréquentation : « gentrification », « intelligentsia », d'abord, auquel on peut ajouter une nouvelle manière de traiter le territoire (la multiterritorialité favorisant le pied-à-terre, le sacrifice d'espace à la ville) et le cosmopolitisme des grandes agglomérations, qui ajoute un degré à l'escalade. Le bilan de ces tendances apparemment opposées, en partie fondées sur des mythes inverses en surface, peu différents en profondeur — convivialité urbaine ou villageoise ? — ne s'établit pas aisément. La croissance périphérique reste l'élément majeur, de plus long terme : s'agit-il d'une nouvelle étape dans la formation des agglomérations ? ou d'un phénomène plus général, qui avec l'urbanisation des modes de vie à la campagne — quelle que soit la profession exercée — dissocie les activités et les attitudes « urbaines » d'une écologie particulière ? L'urbanité contemporaine suggérerait des formes plus variées d'habitat et de pratiques territoriales, une sorte de « carte » opposée au menu strict offert autrefois par l'alternative ville ou campagne. En fin de compte, les contrastes venant de l'occupation du sol et du peuplement tendraient moins à une opposition dépassée, celle du rural et de l'urbain, qu'à la différence parfois aggravée entre zones fortes et zones faibles d'un pays. À moins que l'on ne retienne une autre idée, simplement bâtie sur les rapports de proximité, de densité et de diversité : le rural se réincarnerait aussi bien dans l'habitat dispersé des campagnes que dans la forme et le fonctionnement de la petite ville.

L'expansion suburbaine fut essentiellement, jusqu'à présent, un fait de prospérité. La crise économique des années 1970-1980, même si elle n'inverse pas immédiatement les courants et n'est lisible, dans ses effets géographiques, qu'avec un certain retard, introduit d'autres incertitudes, qui vont dans le sens d'une distinction entre régions fortes et régions faibles, à des échelles différentes. Cette crise se greffe sur des difficultés déjà ressenties dans les industries classiques — charbon, textile, sidérurgie — comme dans certaines activités à changement rapide, la navigation maritime, par exemple : la nouvelle division du travail, comme les nouvelles techniques d'échange, l'épuisement ou l'obsolescence des anciens sites miniers, de villes ou de cités industrielles, d'équipements portuaires compromettent un héritage, peuplement, stock immobilier, entreprises, qui faisait la valeur de villes individualisées, de métropoles et parfois des vastes conurbations. De Manchester aux bassins polonais, l'Europe hercynienne a subi les conséquences de cette crise. Pittsburgh, aux États-Unis, a marié les inconvénients de ce type d'industrialisation avec les réalités de son déclin, avant d'entreprendre une spectaculaire reconversion et de son paysage enfumé, noirci, pollué, fait une ville modèle des techniques de l'environnement.

À partir du milieu des années 1970, c'est l'ensemble de la formule industrielle (y compris la fabrication en série des biens durables), qui s'essouffle aux États-Unis et en Europe occidentale. La friche industrielle devient ainsi un paysage banal ou presque des grandes agglomérations, dans les banlieues ou quartiers extérieurs des villes-centres aux États-Unis comme dans les secteurs les plus industrialisés des territoires suburbains — le département de la Seine-Saint-Denis, par exemple, au nord de Paris. Mais cette crise n'est pas de simple conjoncture : elle amorce le renouvellement des formes de production et d'emploi, des principes de localisation, des équilibres entre secteurs économiques et même de la répartition mondiale des activités. On discerne mal les lignes de cette recomposition et en particulier le rôle des nouvelles techniques — à l'âge du robot, de l'informatique, de l'intelligence artificielle et de l'industrie biologique. On projette la fiction d'une géographie du travail entièrement disséminée, dispersée en petits établissements ou travaux à domicile, devant une console d'ordinateur (« Small is beautiful »). En même temps — et peut-être à d'autres échelles —, on insiste sur la combinaison de services, de peuplement, de formation et d'activités culturelles qui sont nécessaires comme substrat de ces « technologies » savantes et qui rappellent les avantages des économies d'échelles et des économies externes, somme toute, l'importance d'un milieu actif d'équipements, de mobilité et de fréquentation. Les modèles de la route 121 dans le Massachusetts (près de Boston) et de la Silicon Valley évoquent, dans un nouveau contexte de moyens de circulation et d'information, la signification d'un tissu utile ou indispensable pour cette production de biens, de services ou d'idées de type « savant ». On vante, parallèlement, les mérites de l'économie informelle — dont on s'aperçoit qu'elle suppose, de son côté, de fortes densités de population et une vie de relations assez intense. Bref, il est pour l'instant difficile d'extrapoler à partir de quelques caractères techniques (la circulation des informations par exemple) une géographie « urbaine » en discernant le clivage urbain/rural de demain.

Ces transformations paraissent simplement augmenter sérieusement les deux tendances inverses — et non contradictoires — qui atteignent déjà notre conception du phénomène urbain : d'une part l'extension des zones urbanisées et du mode de vie à des distances plus grandes des foyers urbains initiaux. L'explosion géographique, spatiale : ce qui remet en question toute une série de notions, d'idées, de représentations. D'autre part, la concentration relative des changements, en tout cas de la contagion à partir d'une série de pôles qui peuvent accumuler plus encore que la population, les initiatives et les équipements « sophistiqués ». Cette concentration correspond-elle à une perspective linéaire d'accroissement ou de renforcement des métropoles ? Le mot lui-même n'est pas très clair. Aux États-Unis, les aires métropolitaines, unités purement statistiques créées depuis les années 1900 et calculées selon des modèles quelque peu changés depuis cette origine, correspondent *grosso modo* à notre idée d'agglomération, compte tenu de la réalité américaine qui conduit à tenir compte de l'intégration des fonctions plus que de la continuité des paysages. Les critères retenus portent à la fois sur l'homogénéité relative de la population (densité, part des emplois non agricoles) et l'intensité du *commuting* (les migrations alternantes de travail) entre centre et territoire de la métropole ; secondairement sur la densité de services quotidiens (transports, information, pratiques commerciales) organisés autour de la ville ou des villes principales de cette aire. Mais la place hiérarchique de ces ensembles urbains à l'échelle de la nation, des échanges extérieurs ou des grandes régions n'est pas pour autant précisée. On compte près de 300 aires métropolitaines dans les frontières des États-Unis en 1980. Il est raisonnable de penser qu'elles n'exercent pas des fonctions de relation, d'animation et d'innovation au même degré et à la même échelle. Ce qu'il y a de commun s'aligne au mieux sur une norme banale, de *proximité*, d'encadrement territorial. Ce qui fait la force spécifique de la ville-agglomération échappe somme toute en grande partie à l'analyse. Il a fallu d'ailleurs changer d'échelle pour rendre compte des véritables régions urbaines constituées autour des grandes places américaines et définir un nouveau cadre statistique : les aires métropolitaines « consolidées ». Le grand New York englobe ainsi 5 aires métropolitaines inférieures ; Los Angeles, 4.

Ce qui prête aussi à discussion, c'est la tendance : entre 1970 et 1980, la croissance démographique la plus rapide va, à l'intérieur des États-Unis, au rural non *farm* (le peuplement rural qui ne s'adonne pas principalement aux activités agricoles) et aux petites villes ; elle est extramétropolitaine ; et dans le lot des métropoles, la hiérarchie acquise est loin de commander les rythmes d'augmentation. Signes d'une urbanisation généralisée et d'une déhiérarchisation totale de la croissance urbaine ? Il faut aller voir de plus près, car le phénomène n'atteint pas également toutes les régions des États-Unis. Les différences proviennent d'abord de l'ancienneté de l'industrialisation et de l'urbanisation. C'est dans le Nord-Est, le long de l'Atlantique et des grands lacs que le développement des aires métropolitaines paraît freiné, arrêté ou négatif, au bénéfice d'un arrière-pays plus large. Exurbanisation dit-on aujourd'hui. Ce phénomène s'expliquerait par le vieillissement industriel et résidentiel des anciens suburbs, le report en banlieue des attitudes qui avaient commencé à « dépeupler » la ville-centre, à l'égard de la mixité ethnique, de l'encombrement, de la multiplication des risques. Ainsi se constitue à l'extérieur des aires métropolitaines une sorte de nouveau front pionnier de la suburbanisation. Dans les régions urbaines plus jeunes, plus « dynamiques » — Californie, Texas, plus généralement « ceinture du soleil » du Sud — les métropoles tiennent mieux : meilleure résistance des villes-centres et expansion des suburbs reconnus comme tels. Mais ces différences ne tiennent-elles pas seulement à une appréciation trop restrictive des critères de « métropolitanisation » ? ou sont-elles en partie déterminées par la conjoncture économique ? À partir de 1980, les écarts de croissance se tassent, en même temps que la croissance se ralentit, du moins dans le Nord-Ouest. Reprise relative des villes-centres, on l'a vu ; moindre expansion des périphéries lointaines : effets tardifs de la crise de l'énergie ou du réaménagement des zones « sinistrées » des anciennes agglomérations ? Diversification des goûts ou des possibilités « résidentielles » ? Gestion plus efficace des villes ? On notait, parmi les attitudes nouvelles, qu'un fort pourcentage d'anciens élèves de Harvard et du M.I.T.

avaient repris les logements ou des maisons d'autrefois pour les réhabiliter.

Des mouvements identiques s'observent en France ou en Italic — où l'on hésite davantage sur la définition des métropoles. La définition française des métropoles concerne moins le fonctionnement interne des agglomérations (la notion d'unité urbaine, puis celle de zone de peuplement industriel et urbain y correspondraient davantage) que leur place dans la hiérarchie des fonctions externes de la ville et la qualité des services qu'elles offrent. Si l'on suit simplement l'indicateur démographique, la période 1975-1982 marcherait sur la tête : non seulement on observe une déhiérarchisation totale de la croissance entre grandes agglomérations — celle de Paris n'augmenterait plus que grâce à un léger solde positif du mouvement naturel (naissances/décès) ; mais la croissance la plus forte va aux communes rurales, d'abord celles qui, absorbées dans les zones de peuplement industriel et urbain, constituent le front pionnier des agglomérations ; puis une partie du rural profond, qui bénéficie maintenant d'un solde migratoire positif. « Renaissance des communes rurales ou nouvelles formes d'urbanisation », s'interrogent les statisticiens. Phénomènes parallèles en Italie. Entre la décennie 1961-1971 et 1971-1981, les communes qui n'appartiennent pas à une aire métropolitaine changent de comportement : négatives dans la première phase, elles se rapprochent ensuite par leur taux de croissance des communes « métropolitaines » surtout dans le nord et le centre du pays.

L'Italie offre l'occasion d'observer une autre évolution : les sièges sociaux et les directions administratives des grandes entreprises obéissent à un mouvement de déconcentration géographique, dans les années 1970, au détriment des grands pôles du nord. Le commandement économique paraît ainsi se disperser davantage dans des métropoles de moindre taille et dans les régions jusque-là moins industrielles. Mouvement que l'on met sur le compte des efforts entrepris pour rééquilibrer géographiquement l'économie italienne — ou sur des risques courus dans les très grandes agglomérations. L'Italie connaît aussi cette crise urbaine dans les années 1970, crise qui s'exprime par le terrorisme. La décongestion des grands centres évoque un autre sens du mot métropole ; celui que l'on reconnaît en Europe à quelques villes importantes, capables d'être les foyers de l'activité économique et sociale.

Toutefois, si l'on excepte les villes très spécialisées, les structures urbaines représentent malgré tout un élément de stabilité, de fixation. Contrariant une certaine tendance à la décentralisation des pôles de décision (du moins des sièges sociaux), les grandes capitales ou les grandes cités conservent ou accroissent leur poids — quitte à perdre des activités et une partie de leur population — en contrôlant les réseaux d'information. Paris, malgré les efforts de décentralisation, reste au cœur du dispositif d'échange sur ce point. Tokyo en tire, semble-t-il, une autorité renforcée et une spéculation foncière déchaînée. Il resterait, aux États-Unis, à comparer le poids global de la Mégalopolis du Nord-Est et des centres d'action de la Californie ou du golfe du Mexique.

Plus largement, il resterait à apprécier ce que signifie pour les villes et les agglomérations, le passage confirmé à une *économie de services*, pour reprendre une formule employée outre-Atlantique, une croissance des services liée aux échanges extérieurs plus qu'à l'encadrement quotidien, et nécessairement d'ouverture internationale. Les luttes engagées entre les grandes bourses mondiales pour contrôler les flux financiers, les rivalités qui se développent en Europe, à la veille de l'intégration de 1992, notamment entre Londres, Paris, Francfort, annoncent cette nouvelle géographie.

La constitution de zones métropolitaines, dans les pays de forte densité du semi-urbain — Angleterre, Suisse,

Allemagne occidentale, Benelux, Italie, France — évoque une autre question. Les fonctions de commandement et d'organisation, la puissance d'attraction exercée par les villes-centres aboutit nécessairement, à chaque échelle, à des recoupements, à des chevauchements entre les aires d'influence. Ces incertitudes ne jouent pas toujours dans le sens des hiérarchies établies et laissent une certaine liberté aux unités urbaines intermédiaires, sans doute plus modestes, mais dont l'identité n'est pas pour autant effacée. Entre Montpellier et Marseille, Nîmes et même Arles parviennent ainsi à le maintenir. Sur ce point, il semble que l'on n'ait pas tiré le meilleur parti des analyses de J. Gottmann sur la Mégalopolis américaine : entre les pôles urbains, y compris de taille différente, ce n'est plus une hiérarchie unique de la polyvalence qui s'établit aujourd'hui, mais souvent un jeu subtil de spécialisation, de complémentarité, parfois aussi de concurrence. Ce qui fait la valeur de la ville, reconnue de l'extérieur, ce n'est plus la clientèle qu'elle dessert régulièrement, autour d'elle, par phénomène de proximité, comme le veulent les schémas traditionnels (on peut s'interroger sur leur pertinence rétrospective, comme sur l'actuelle). Ce n'est plus la base « régionale » (à des sens variés) qui fait la ville, mais l'aptitude des acteurs sociaux qui l'animent, à entrer dans les filières interurbaines, entre nations et continents, à commercer à armes égales, serait-ce dans un secteur étroitement défini. Internationale urbaine, qui somme toute démarque davantage, dans notre monde contemporain, la pratique des vieilles fédérations maritimes — la Hanse, par exemple — que le provincialisme de capitales aux territoires emboîtés. L'espace régional (ou national) sert au déploiement de la ville, à l'aménagement de ses activités, plus qu'à sa qualification.

D'où le paradoxe des temps présents : d'une part, la réalité géographique de la ville se dilue dans des phénomènes d'urbanisation généralisée, qui débordent tout effort sérieux pour les enfermer dans des limites rigoureuses, de quelque stabilité ; d'autre part, la ville, comme acteur symbolique, lieu d'organisation de systèmes de communication, reprend une vigueur nouvelle : on se bat à coups d'images, de représentations, autant que d'avantages fiscaux.

Le métabolisme urbain : des réseaux et des risques.

Que l'on se préoccupe des agglomérations, de leur extension ou des armatures urbaines, la notion de réseau paraît au cœur de la réflexion ; c'est par les réseaux que se règle le fonctionnement des villes (ou qu'il se dérègle). Il n'y aurait pas de système « urbain », de réseau « urbain », dit-on même, s'il n'y avait une infrastructure de réseaux techniques pour supporter les échanges de produits, de personnes, d'informations et de signes — tout ce qui constitue le métabolisme urbain. Or l'analyse de ce phénomène a tardé, longtemps limitée à la description du matériel, à l'appréciation des résultats, aux formes d'intervention publique ou privée, plutôt qu'à l'étude du fonctionnement lui-même. De l'image d'un Paris enseveli sous ses propres déchets aux discours de Patte sur l'assainissement, à la longue critique des hygiénistes, plus que séculaire, aux discours d'Alphand, révélant l'intérêt que Haussmann portait à l'alimentation en eau ou à l'élimination des eaux usées et plaidant en faveur du tout-à-l'égout, l'histoire de Paris aurait justifié, dans le seul XIXe siècle, le regard plus précis de l'historien et de l'ingénieur. Le rattachement aux réseaux devient, dans notre siècle, la condition première de la croissance urbaine ou le premier sujet de récrimination des « mal lotis » de l'entre-deux-guerres ou des habitants de grands ensembles qui « essuyaient les plâtres ». C'est par le fonctionnement des réseaux plus que par la précarité de l'habitation que les formes « marginales » et

« périphériques » de l'explosion urbaine, dans les pays du tiers monde, soulèvent l'indignation. Le réseau devient une sorte d'image globale d'une société.

« Quel rapport y a-t-il entre le téléphone, les égouts, l'éclairage public, le tramway ? À première vue, aucun. Le téléphone permet de communiquer, les égouts évacuent les eaux usées et pluviales, les candélabres de l'éclairage public autorisent la circulation nocturne, le tramway est un mode de transport en commun. Des équipements différents pour des fonctions différentes. Pourtant chacun sait intuitivement que l'histoire des villes incite à rechercher une unité, un fil conducteur qui, à travers ces techniques disparates, rejoindrait la constitution de l'urbain, la genèse des villes modernes », écrit un ingénieur, professeur d'urbanisme. Qu'y a-t-il donc de commun entre des formes matérielles, tubes, conduits, fils, câbles, rails et voies, qui selon les cas assurent ou permettent le transport ? Au-delà de ces formes, qui emploient souvent des matériaux semblables, c'est plutôt une logique analogue qui court, quelle que soit la fin recherchée : entrées, sorties, continuité, connexion et interconnexions, distinction entre le support et le produit ou le message envoyé, etc. De la multiplicité des réseaux, il ne faudrait pas, dans la cité moderne, conclure à leur autonomie totale ; le réseau d'énergie et d'électricité peut commander la marche de tous les autres ; la gestion des réseaux par l'informatique établit à la fois des similitudes et des dépendances nouvelles. À l'inverse, les réseaux ne sont pas forcément identiques en fonction de leur âge ; il s'agit souvent de strates superposées ; la communication n'est plus un problème de spécificité, mais un problème de discontinuité dans les techniques : regardons simplement, dans une grande ville, les vieilles rues étroites et mal alignées, les percées de type haussmannien, les voies express et les ceintures ou bretelles autoroutières, sans compter les trajets rapides souterrains. Pensons aux héritages multiples que gère, à Paris et dans sa région, la Régie autonome des transports parisiens : transports de surface de type autobus (mais le tramway est utilisé ailleurs, sans nul archaïsme), métro, métro régional. Un système ou plutôt une composition de systèmes (y compris les liaisons avec les chemins de fer) qui suppose des techniques et des attitudes ou comportements différents de la part du personnel de l'entreprise comme des usagers. L'utilisation de ces systèmes fait alors figure de démarche culturelle et suppose en effet le respect de rites et d'une véritable déontologie.

Accordons enfin une attention particulière aux transmissions moins matérielles des télécommunications qui usent de supports « artificiels », lignes, câbles ou d'un jeu d'émission et de captage de courants plus immatériels, ondes, signaux de satellites, son. L'envoi de messages peut alors briser les contraintes trop strictes des systèmes locaux ou nationaux, de la distance et du relief, mais pose alors d'autres problèmes juridiques et culturels.

Dans cet ensemble plus ou moins hétéroclite d'équipements qui font vivre la ville, le morcellement économique et juridique l'emporte généralement. Selon les époques et les pays, la part de l'État, des collectivités territoriales, des entreprises publiques et privées est variable dans l'investissement, la gestion et l'organisation technique de l'infrastructure. Des mouvements paradoxaux se produisent. Les services urbains sortent difficilement de leur cloisonnement sectoriel ; de même les entreprises publiques, qu'il s'agisse de transport, d'éclairage, d'énergie. Inversement, les affaires privées tendent à regrouper autour d'elles — qu'elles assurent la construction des réseaux ou reçoivent la concession de leur gestion — des activités proches parentes. Pensons, en France, à la Compagnie générale des eaux ou à la Société lyonnaise des eaux et l'on peut rêver, après avoir contrôlé les réseaux-supports, de dominer les réseauxmessages. Aux États-Unis, de manière dispersée ; en France, selon des normes plus globales, on s'efforce de passer d'une compétence particulière, sectorielle des réseaux à l'organisation d'une ingénierie urbaine plus intégrée. Aucune solution n'est exclusive, à travers le monde actuel. Aux États-Unis, c'est dans le domaine des réseaux que les efforts de privatisation ou au contraire de remise aux autorités publiques qui ont été le plus contestés, variables selon les temps (le New Deal va dans le sens de l'extension du public, la crise récente des villes dans celui de la « dérégulation ») et les lieux (dans un pays largement favorable à la libre entreprise, le riche état de Californie fut soucieux de municipaliser une grande partie des équipements, du transport urbain, de l'hydraulique à la production et à la distribution d'électricité). Les réseaux, malgré leur forte composante technique, sont donc des enjeux économiques et sociaux qui se retrouvent dans l'imputation des dépenses aux finances publiques et territoriales (donc à l'impôt), ou à l'usager ou au propriétaire. Évoquons simplement deux cas : l'importance du prix des transports publics par rapport au salaire et la volonté d'y faire contribuer les entreprises et la collectivité ; l'imputation des frais d'installation du réseau et des infrastructures à la dépense publique d'aménagement ou à la charge foncière, et l'irritante question de la plus-value du sol et de son partage.

Dans les pays entièrement débordés par l'explosion urbaine et la pauvreté des quartiers en expansion, la construction, l'invention de systèmes d'organisation au moindre prix, le bricolage supposant souvent la participation active des habitants, deviennent une question de survie. L'inadaptation et la désorganisation physique et économique des réseaux préexistants témoignent d'une sorte de paupérisation collective des villes, toujours inégalitaires. En Amérique latine, par exemple, les capitales et les grandes villes avaient été un terrain d'exercice particulièrement recherché pour les compagnies internationales de travaux publics et d'aménagement : elles en avaient retiré, à côté d'un fort endettement, une modernisation précoce de leurs réseaux au début de ce siècle. La rapidité de la croissance urbaine, sans accompagnement des activités et des revenus au même rythme, a abouti à l'obsolescence totale, quantitative et qualitative des systèmes en place. Buenos Aires ou Caracas en témoignent. La ségrégation sociale s'observe, aussi, par la juxtaposition, le « collage » de systèmes fort différents, selon l'échelle sociale des quartiers. Rio de Janeiro se divise assez brutalement en deux réseaux de transport public complètement hétérogènes — des tramways et autobus archaïques, brinquebalants, surchargés, des quartiers pauvres et des favelas, rejoignant tant bien que mal les lieux d'activités, au système plus normalisé d'autobus et métro de la zone littorale — celle des « riches ». La division des réseaux est aussi une division sociale.

On mesure alors l'intérêt du champ de recherche : la tendance de longue durée veut sans doute que l'on passe d'une échelle locale et régionale à de vastes ensembles, connectés entre eux, mais dont la gestion et les solidarités réelles échappent de plus en plus à la connaissance et à la conscience du public. Mais la considération du local et de ses revendications réagissent toujours : l'arbitrage s'établit alors difficilement entre les aspects « bureaucratiques » et « technocratiques » de la construction et de la gestion et les réalités du terrain. Dans les « luttes urbaines », si attentivement étudiées voici une dizaine d'années, les réseaux étaient au cœur de la controverse : était-ce suffisant pour réorganiser entièrement la signification des mouvements sociaux ? En tout cas enclavement et désenclavement s'ajoutent d'une manière plus pressante aux vieilles considérations de l'hygiénisme, souvent amplifiées par la croissance : sans doute objet de renouvellement des vieilles notions d'hygiène publique en une conception plus globale de l'état de santé. Les réseaux, d'autre part, ne peuvent être conçus exclusivement sous leur aspect technique. Ils ont un coût social et une multiplicité d'implications d'ordre juridique ou anthropologique. Banc d'essai d'une démocratie urbaine ? Enjeux d'une véritable justice sociale ?

Il reste comme toujours à s'interroger sur les limites de la démarche, l'effet d'actualité efface parfois le sens du relatif, de la « frontière ». Faut-il ramener nos villes et leur extension à un jeu de réseaux, qui suffirait à réunir les fragments d'une cité dispersée ? Les réseaux, s'ils donnent une réalité au territoire, plus que ne le fait une ligne administrative, le constituent-ils par excellence ? La mobilité se réduit-elle aux moyens qui lui sont ouverts et la fréquentation des lieux à la combinaison de boîtes noires et de points d'entrées et de sorties ? Ces systèmes plus ou moins achevés, entretenant des discontinuités de surface, rompant avec le déroulement du paysage et sa valeur symbolique n'entrent-ils pas en concurrence avec d'autres aspects de la réalité urbaine, le local, les formes, les alternances de l'architecture, du monumental et du quotidien ? Ou ne les traitent-ils que par des repères — de même que le nom plus ou moins évocateur des stations de métro se substitue au paysage réel ? Sollicitation de l'imaginaire ou simple abstraction appauvrissante ?

L'importance des réseaux explique, en grande partie, que nos sociétés se considèrent comme particulièrement vulnérables, alors que les risques réels et les pertes seraient plutôt moindres que par le passé ; mais il reste la part de l'improbable, du dérèglement ou de l'accident dont les chances sont minimes mais les effets cumulatifs. La complexité des réseaux, leurs interférences, les modes de gestion, automatiques et informatisés, qui vont généralement dans le sens de l'accroissement de la sécurité, comportent le risque d'un retournement négatif. Le célèbre tremblement de terre de San Francisco de 1906 dut sa gravité moins aux secousses elles-mêmes qu'aux incendies qui se déclarèrent, sans que l'on puisse sérieusement intervenir. Un incident quelconque, d'origine interne ou externe aux réseaux techniques peut enchaîner une série de blocages, eux-mêmes techniques ou sociaux qui freinent les interventions correctrices. Sorte d'inversion du système rationnel qui supporte la vie quotidienne la plus banale mais peut conduire par des dérèglements techniques en chaîne à la désorganisation sociale. À cela s'ajoute l'étendue imprévisible de certains dangers. L'affaire de Tchernobyl est pleine d'enseignement. Il y a d'un côté la proximité d'une grande ville qui accroît l'ampleur des risques ; de l'autre, la dépendance à l'égard de phénomènes météorologiques qui peuvent entraîner le nuage nucléaire et les retombées bien loin du site initial de la catastrophe.

Si l'on veut classer, au moins, les types de vulnérabilité qui dépendent des agglomérations urbaines, on peut en distinguer trois principaux. Le premier type provient du dérèglement technique (ou social) d'un service ou d'un équipement capable de déborder largement sur l'ensemble des réseaux. L'exemple le plus spectaculaire est la panne générale d'électricité, qui arrête par exemple par ricochet la plupart des formes de circulation et d'activités. Les villes américaines et une partie des villes françaises en une occasion ont connu ce genre d'incident. Le second type est lié aux modifications que la construction urbaine entraîne dans des mécanismes naturels : exemple, l'accroissement des risques d'inondation et d'écoulement superficiel des eaux, dus à tous les phénomènes (notamment l'extension des surfaces bétonnées) qui imperméabilisent à l'excès le sol, le rendent incapable d'atténuer les effets du ruissellement : combiné avec les défrichements excessifs et la mauvaise maîtrise du style eaux courantes dans l'environnement immédiat de la ville, cette dégradation peut amener de sérieuses catastrophes. Le troisième risque provient de la concentration de déchets et des modifications des eaux ou de l'atmosphère, résultats du « métabolisme » urbain ou de l'accumulation sur place d'énormes consommations, oxygène, gaz, eaux, etc. C'est l'environnement parfois lointain des agglomérations urbaines (pluies acides amenant la dégénérescence des forêts, plus largement encore réduction de la couche d'ozone) qui est alors menacé.

On s'aperçoit ainsi que la vie quotidienne de la ville, les phénomènes d'encombrement, l'élimination des déchets (de l'installation des « décharges » urbaines, avec leurs effets sur l'écoulement et la qualité des eaux, jusqu'à la « pollution » maritime), l'excès de prélèvement exercée sur le milieu naturel, créent cette situation de vulnérabilité à terme, différente des grands accidents redoutés de techniques très sophistiquées. Tout le champ de la culture urbaine en sort mis en question ou menacé, de la santé des individus au respect du patrimoine architectural ou naturel (même s'il s'agit d'une fausse nature, recomposée par l'homme comme cadre de la civilisation urbaine). Les villes ont longtemps supporté les risques de l'incapacité humaine à combattre des maux irréversibles ou cycliques, épidémies et famines ou disettes, pauvreté économique et impuissance culturelle à les dominer. La notion de ville-mouroir s'en est dégagée, avant même l'industrialisation. Ces maux « classiques » ont été en partie vaincus. Mais les « maladies » de civilisation qui atteignent hommes, pierres et végétation sont d'une autre nature ; elles touchent la société d'une manière moins immédiatement visible ; elles dérivent de la pléthore ou du mauvais usage des biens plus que de leur absence. Des techniques ne suffisent donc pas à les éliminer sérieusement, sinon totalement, à réduire le risque. C'est une culture urbaine qui est en partie à reconstituer. En ce sens, la logique des réseaux conduit à mieux estimer la logique de l'environnement. De même les risques naturels (séismes, raz de marée, inondations), eux-mêmes renforcés en milieu urbain, par la densité même de l'occupation du sol, la multiplicité des ouvrages d'art et des constructions, les risques d'inconséquence de la foule, ne peuvent être tenus au plus juste que par un véritable apprentissage culturel.

Nos sociétés urbaines, mêmes inégales, supportent mal — plus mal que les sociétés anciennes — les marges, sans doute moins étroites, de la sécurité. La réduction de ce risque passe par la maîtrise collective devant l'exceptionnel : « Il apparaît dès lors impératif de dégager des moyens nouveaux, de forger une culture interne appropriée pour relever le défi. Le plaidoyer est ici pour une meilleure confiance des organisations en leur aptitude à affronter l'exceptionnel, à réintégrer l'aberrant dans l'aire de la gestion urbaine. » Mais n'est-ce pas aussi la nouvelle frontière d'une certaine solidarité et d'une certaine conscience urbaine. La notion de civisme reprend ici ses droits, qu'il s'agisse de la lente érosion des biens collectifs de nos sociétés humaines ou la probabilité, même infime, de la catastrophe.

Mémoire et culture urbaine.

Dans la théorie et la pratique de l'urbanisme, les années 1970 marquent une rupture. Celle-ci n'est pas l'effet de la crise économique, mais au contraire des années d'expansion et de l'échec apparent, y compris dans les conduites des habitants, des expériences de planification urbaine qui ont été tentées, de la rénovation brutale des centres à la fragmentation des opérations suburbaines, grands ensembles ou maisons individuelles. Dans quelle mesure s'agit-il d'une crise du « mouvement moderne », de ses principes ou des procédés juridiques, techniques et économiques ? débat ouvert. En tout cas, cette phase d'urbanisation et de suburbanisation accélérées, à des degrés divers selon les pays, laisse l'impression d'un décollage entre les attentes des habitants et les réalisations des urbanistes, d'une sorte de rendez-vous manqué et s'insère dans les manifestations inquiétantes de la croissance. Par opposition, la conservation du patrimoine architectural et urbanistique exprimerait le retour à une certaine sagesse ; la crise économique conduit aussi à envisager, de préférence à la projection de nouveaux espaces urbains une meilleure gestion de l'acquis.

Toutefois cette inflexion, qui touche aussi bien les responsables politiques, les professionnels que l'opinion publique, prend de multiples aspects. Chez les architectes et les historiens de l'architecture, elle fait renaître l'intérêt à l'égard des dispositifs et des constructions du passé et de leur articulation avec les pratiques sociales : la rue, l'îlot, la parcelle opposés aux zones de l'urbanisme opérationnel et aux systèmes purement techniques. L'analyse typologique et morphologique de la ville s'inscrit dans cette perspective, à partir des travaux italiens. L'histoire urbaine se situe de nouveau dans le long terme et porte son regard sur les formes matérielles, les tracés, les matrices, l'architecture monumentale et vernaculaire, dans leurs relations avec les usagers. À la notion de rupture que fondait le mouvement moderne se substitue l'idée de continuité, d'apprentissage, de mémoire, impliquant le temps, la durée. Cette prise de position et ces nouveaux concepts ont d'abord un sens, dans l'ordre de la connaissance. Mais ils s'allient aussi à d'autres pratiques. L'urbanisme opérationnel paraît moins désirable, dans ses procédures directives, qu'un urbanisme de participation, respectant et associant les populations aux projets. La conservation du patrimoine prend une nouvelle ampleur : dès les années 1960, dans la plupart des pays européens, et jusqu'aux États-Unis se développait le désir d'un changement d'échelle : au lieu de sauvegarder des monuments ou des lieux isolés, détachés de leur contexte, respecter des ensembles conservant leur signification globale. La législation de sauvegarde, établie dans pratiquement tous les pays, suit cette ligne. Enfin, il a paru désirable de conserver à la fois le patrimoine

LA RECONQUÊTE DES PORTS : URBANISME OU STRATÉGIE ÉCONOMIQUE ?

Dans l'immense travail de réhabilitation urbaine entrepris dans les deux dernières décennies, les emplacements portuaires tiennent une place particulière : d'abord par leur extension ; à Londres, l'opération des « docklands » couvre plus de 2 000 hectares, à Baltimore et Boston, parmi les initiateurs de ces transformations, on compte par centaines d'hectares : à New York tout le front de mer ou de fleuve de l'île de Manhattan est impliqué par des actions multiples de reconversion ou d'aménagement. La diversité des situations urbaines crée une seconde série de problèmes : les sites portuaires peuvent être anciens, déterminés à l'origine par la topographie naturelle du littoral, plus ou moins profondément articulés avec les centres historiques et relevant par conséquent des grandes options qui s'y rencontrent : rénovation ou réhabilitation du patrimoine, affectation des espaces à des activités commerciales ou ludiques revalorisées, maintien, autant que faire se peut, de la structure sociale existante ou plus généralement gentrification. Mais il faut compter aussi avec les sites portuaires de la deuxième génération, ceux de l'époque industrielle : en général « consommateurs » de larges espaces consacrés aux échanges maritimes, coupés plus ou moins artificiellement de l'évolution urbaine proprement dite, associés étroitement aux dessertes ferroviaires, répondant à une demande considérable d'ordre technique — exigences de tirant, de profondeur, de surfaces de quais et d'entrepôts. Or, c'est ce monde portuaire qui a cédé — après des phases de crise, de reconversion partielle — au nouvel âge technique et économique des échanges, tel qu'il est apparu dans les années 1960. Un nouveau stade dans les conditions techniques (tonnages géants, types de débarquement et de circulation de la marchandise, utilisation des conteneurs) a condamné plus ou moins totalement les aménagements hérités et, en général, entraîné l'organisation de nouveaux espaces maritimes, encore moins liés à la ville-mère. Ce changement s'est accompagné de la disparition de trafics classiques (voyageurs, marchandises légères et de prix) au bénéfice de la voie aérienne, de la crise des secteurs industriels liés d'ordinaire aux échanges portuaires. Ce qui est touché par conséquent, c'est non seulement le port, modelé au XIXe et au premier XXe siècle, mais le mode d'articulation à l'économie urbaine.

Les opérations ont donc une double nature : reconquête d'espaces urbains, création d'activités économiques de relais ou de substitution. Les plans d'eau, fluviaux ou maritimes peuvent tenir une place plus ou moins essentielle dans les projets, d'un simple cadre paysager à l'organisation de nouvelles activités (ludiques ou non). De toute manière, par l'ampleur des surfaces en question, les investissements exigés sont énormes et impliquent à la fois le public et le privé — selon des dosages différents d'un site à l'autre, d'un pays à l'autre. Londres traduit bien les enjeux : l'opération des « docklands », confiée initialement à un établissement public, a glissé d'une planification assez stricte à l'initiative prépondérante des partenaires privés. Les usages envisagés ont balancé entre l'installation de nouvelles zones industrielles (*entreprise zone*, dans l'île des Dogs, chargée d'attirer, par de multiples avantages, les industries légères), la construction massive de bureaux (800 000 m² prévus, Cité d'affaires de Canary Wharf) et de résidences de luxe, le réaménagement des quartiers ouvriers insérés dans ces espaces portuaires, avec « gentryfication ». Bref, en majorité, une extension à la fois de la *Cité* et de la *résidence urbaine* de grands prix, chargée de transformer l'image de cette partie de l'agglomération londonienne, étirée le long de la Tamise. À noter aussi le rapprochement possible du port aérien et de la ville, par la reconversion d'une partie des Royal Docks en aéroport urbain. On a ainsi glissé d'un projet d'urbanisme à une stratégie économique et même spéculative évidente, qui illustre la course qu'entreprend Londres pour s'imposer comme capitale économique à l'échelle européenne. Mais on mesure aussi les enjeux sociaux d'une telle transformation, qu'il s'agisse de composition sociale des quartiers, de patrimoine ou de paysage. Londres devient ainsi une sorte d'archétype de cette revalorisation-intégration des espaces portuaires.

architectural et le contenu social — les habitants et les activités elles-mêmes. L'expérience de Bologne s'est caractérisée par cet objectif autant que par le souci de maîtriser la croissance. En principe, cette politique a été retenue par des organismes européens.

Cette inflexion aboutit pourtant à deux séries d'interrogation :

D'abord le mouvement des idées : tous les aspects de la rupture avec le « mouvement moderne » ont bénéficié du qualificatif de « postmodernisme », les phénomènes urbains paraissant ainsi se plier à des alternances de mode et de sensibilité, que l'on prête d'ordinaire aux courants de l'histoire d'art. En fait, ni le modernisme, ni sa négation ne sont des blocs monolithiques. Qu'il y ait renoncement provisoire ou définitif à l'égard d'une utopie globale — et notamment celle qui prétend résoudre par le cadre architectural les tensions ou les conflits sociaux et commander à la conduite des individus —, c'est l'un des acquis de la crise du modernisme. L'architecte devient modeste, écrit Bernard Huet à la suite de Tafuri. Mais le retour à l'histoire, au relativisme, au décor, à l'éclectisme, parfois au monumentalisme, peut aussi mener à un nouveau formalisme, plus soucieux de combiner les styles et les expériences ou simplement de les juxtaposer, que de répondre aux tendances fortes du temps présent. La forme urbaine a-t-elle encore un sens ? quelle importance accorder au projet urbain ? sinon, l'urbanisme risque-t-il de se perdre dans le procédurier ? ou de se fondre dans des logiques purement sectorielles ?

Ce formalisme risque d'autre part, en isolant l'histoire des formes de l'histoire de la société, de détacher le dispositif urbain et l'architecture des bâtiments de leur support et de leur public. Concevoir la typologie et la morphologie, non pas comme un moyen de compréhension, mais comme un recueil de recettes, fausse l'intervention dans la ville. Risque renouvelé de la ville-musée

— ou même du musée imaginaire. Respecter l'histoire et la durée, comprendre des logiques, qui agissent souvent à très long terme, ce n'est pas arrêter l'histoire, ni cristalliser ses tendances. Le rapport, pourtant bien intentionné, que l'on recherche entre conservation du patrimoine et conservation sociale des habitants et des activités pose ainsi problème. Les expériences italiennes, puis françaises ou américaines, montrent que la réhabilitation matérielle des immeubles ne convient pas à tous et suppose un changement des conduites ; que l'intérêt collectif de la sauvegarde ne correspond pas nécessairement aux intérêts particuliers des propriétaires, des locataires ou tout simplement aux pratiques des habitants anciens. Question délicate, si l'on considère, d'un autre côté, que les interventions plus souples, les mécanismes spontanés de valorisation/dévalorisation entraînent de sérieux changements sociaux et que le marché conduit souvent aux mêmes résultats, aux mêmes ruptures que les grandes rénovations planifiées et le traitement au bulldozer. Le problème de la sauvegarde est donc au moins autant de nature sociale qu'architecturale. Il regarde plus qu'une simple conservation, la réinterprétation et l'évolution des usages. Ainsi, le temps des apprentissages et celui des transformations urbanistiques méritent d'être harmonisés. Jusqu'à présent, les mutations sociales et les comportements changent de manière plus diffuse, selon des rythmes plus continus que l'urbanisme et les interventions majeures, qui obéissent au contraire à un rythme syncopé, de type géologique. On ne peut donc dissocier à l'excès les recherches actuelles sur la morphologie urbaine — la forme et le projet — et celles qui sont menées sur l'urbanité, sur la sociabilité, sur les mécanismes socio-économiques, sans fuir précisément la question centrale de notre temps.

Ce courant va donc de pair avec le développement d'autres analyses plus fines des microsociétés et des espaces limités à l'intérieur de la ville et de la banlieue.

Tout autre échelle : celle du voisinage, des communautés locales, plus largement des quartiers ; celle de l'habitation urbaine et de la relation entre les aménagements « privés » et les espaces publics immédiats. Sujets classiques d'une microsociologie urbaine ou mieux d'une ethnologie, dont on peut regretter qu'elle tarde, au-delà des travaux classiques de chercheurs américains ou anglais (de Gans à Willmott) à prendre une forme cumulative. Enracinement, convivialité locale : il ne faudrait pas toutefois enfermer ce type de conduites dans une notion trop proche de l'*enclavement*, dont nous avons vu qu'il n'était pas absent — bien au contraire — de la réalité de nos villes mais qu'il était plutôt perçu comme un handicap ; le sens des comportements à échelle fine ne s'accompagne pas nécessairement d'une limitation à d'étroits horizons. Autrement dit le territoire urbain se décompose sans doute en points multiples d'inégale appropriation. L'art de vivre en ville, à notre époque, revient sans doute à cette diversité, malgré les charges (prix et temps passés dans les transports) qui en dérivent.

On présentait la société ouvrière du début de ce siècle comme fixée dans ses quartiers populaires, condamnée essentiellement à des relations de proximité. La description de la banlieue nord de Paris dans *Les hommes de bonne volonté* rappelle que ce monde « s'administre au plus proche ». À l'autre bout de l'échelle sociale, la bourgeoisie, moins liée aux espaces immédiats, développe son système de relations à l'intérieur des beaux quartiers. L'espace urbain se disloque donc en images différentes (étendue et localisation) selon les groupes. Parallèlement à l'intérêt porté à la mémoire de la ville, les centres de fréquentation se multiplient dans nos catégories moyennes qui tentent de « goûter » davantage la culture urbaine. Aujourd'hui cette culture se veut enracinement, mais dans la ville, plus que dans un voisinage particulier. La ville, dans sa diversité, est « chinée ». On signale même à Tokyo un snobisme évident qui conduit à détecter toutes les traces inutiles ou aberrantes d'installations anciennes ou obsolescentes, comme s'il s'agissait d'une sorte d'inversion risible du fonctionnalisme. En tout cas — et bien entendu sans aligner absolument tous les groupes et toutes les sensibilités sur le même schéma et les mêmes possibilités, la multiterritorialité se pratique en ville, en ville et banlieue, comme si la multiplicité des lieux fréquentés, leur recherche presque systématique compensaient la fragmentation toujours imposée ou difficilement dominée de l'habitat. Même pour les plus pauvres : lisons Zola, dans *L'assommoir* : le mariage de Gervaise s'accompagne pour ces ouvriers de la découverte exceptionnelle du centre monumental de Paris et du musée du Louvre. Sorte de voyage dans la lune. Aujourd'hui — toujours à Paris, et grâce sans doute au squelette de déplacements fourni par le R.E.R. — les Halles ou les Champs-Élysées deviennent le contrepoint familier de banlieue éloignée.

Cette consommation diversifiée (diversité des groupes sans doute autant que des lieux) ramène l'intérêt moins sans doute vers le monumental, au sens le plus classique, que vers des itinéraires, des cheminements, des images symboliques mais aussi mouvantes qui ne s'accordent pas forcément avec le prestige institutionnel ou architectural. Le trajet piétonnier exprime souvent ces sortes d'hésitation et le décalage entre le guide à l'usage de touristes et les pratiques mêmes des habitants. La mémoire de la ville a ses fantaisies.

Qu'on trouve dans ces comportements une sorte de négation de l'urbanisme purement technique et du *zoning*, une certaine résistance à la projection de toute pièce d'un discours certain, simplifié et décomposé, on n'en doute guère. À propos de Tokyo, Augustin Berque ajoute une autre dimension. Dans un mouvement rapide d'urbanisation qui rompt la représentation traditionnelle de la campagne, l'enracinement est recherché dans la mémoire de la ville (serait-elle reconstituée, fabriquée à neuf, réinterprétée) plus que dans celle des villages. Est-ce si différent en Europe occidentale, notamment en France qui, ne l'oublions pas, était encore rurale à 50 % voici un demi-siècle ? « Plus convaincante est l'analogie suivante, écrit Augustin Berque, n'ayant désormais plus à imiter l'Occident et se trouvant donc désorienté, le Japon s'est mis à chercher des repères dans sa propre tradition. Mais comme, de par son haut degré d'urbanisation il ne peut plus les trouver dans les campagnes profondes, il les cherche à Edo (l'ancienne Tokyo), qui symbolise doublement et la grande ville et les temps bénis de l'autarcie avant l'occidentalisation. » Il se peut que la détection de ces objets et ces itinéraires urbains n'assure pas pour autant la continuité des significations : autre danger d'une ville-musée, détachée des pratiques réelles de notre société ; ou que ces pratiques se limitent exactement à cette sorte de brocante urbaine, dont on sait très bien que l'on ne recueille fort souvent que des fragments. Il en est sans doute ainsi de l'histoire (que reste-t-il, hors de la carcasse des maisons de la vieille rue Saint-Denis ?). Quel est « l'esprit » du Marais, si ce n'est celui de la galerie d'art ou de boutiques « d'antiquités » ? On en dirait autant des petits morceaux de nature conservés dans la ville, dont, à propos toujours de Tokyo, A. Berque rappelle qu'ils abandonnent peu à peu leur valeur symbolique, religieuse et suscitent moins d'entretien scrupuleux.

Il reste cette course actuelle à l'identité et à l'image de la ville : c'est elle qui a déplacé à la fois des fonctions et des fréquentations, et justifié de lourds investissements de restauration. Souci des apparences, valeur attractive et occasion d'investissements immobiliers d'un type particulier qui ne sont pas toujours sans rapport financier. Pensons à la récupération des espaces maritimes et des constructions qui les accompagnaient dans la partie ancienne des ports abandonnée par le grand trafic maritime : docks et marchés transformés en chocolaterie ou en marché aux fleurs (comme à San Francisco) ; halle classique en centre commercial/promenade intérieure (Boston) ; les « docklands » de Londres proposés comme espaces de bureaux et logements de luxe, etc. Par là, on saisit que ces transformations/conservation du paysage s'adressent autant au monde extérieur et aux investisseurs « étrangers » qu'aux habitants mêmes de la ville. Respect du patrimoine, attractivité de la ville, spéculation ? L'intention est au moins composite.

De ce fait, la tension, un moment assoupie par la crise économique, s'établit, du moins dans les grandes capitales, entre ces deux dimensions de l'image urbaine : l'une s'exprime, quels que soient les mécanismes envisagés, par la *gentrification,* dont il faudrait peut-être mieux décomposer les caractères culturels et économiques et l'éventuel décalage qui risque de s'installer entre ces deux aspects ; l'autre, par l'accroissement (pour certaines de ces plus grandes villes) des relations internationales. L'image de la ville ramène alors les mythes du premier XIXe siècle : vitrine de la production, plus que lieu de production (c'est déjà très largement entamé), lieu de fréquentation exceptionnel ou occasionnel et non de vie, espace d'entreprises au personnel changeant, déraciné au possible, plus qu'espace d'habitat. Le caravansérail, auquel pensaient les utopistes comme les hommes d'affaires de 1850 ; il ne s'agit plus de choix proprement urbain, mais de concurrence entre les grands centres d'information et de commandement dont on a mesuré la cristallisation. Faut-il alors sacrifier l'habitant aux bureaux, aux halls d'exposition, aux hôtels, à l'infrastructure de transports et aux gadgets ludiques ? Dans ce sens, les urbanistes n'ont pas grand-chose à faire : la pente naturelle des mécanismes fonciers y suffit. New York, Paris, Londres, Tokyo et peut-être quelques autres rivaux vont-ils réveiller la césure entre la capitale et le phalanstère (dégradé en zone d'habitat) ?

Un rapport de 1973 sur *Paris ville internationale* rappelait, non sans optimisme, que les chefs d'entreprise étrangers rêvaient non d'un Paris fonctionnel, mais équilibrant dans ses charmes, le passé et le présent, la présence des couches populaires et le grand confort pour le voyageur. La rencontre d'un habitant mythique (qu'appelle-t-on couches populaires aujourd'hui ?) et d'une conciliation sans heurt. Un équilibre plus difficile et plus nécessaire entre l'habitant (hors des « sur-privilégiés ») et les hôtes de passage, entre la vie quotidienne et l'exceptionnel suppose des interventions plus courageuses. Peut-être la confrontation de pratiques morcelées, dont la critique du modernisme nous a fait partir, la « culture » de la diversité urbaine et des nouveaux risques qui la menacent, après le court moment de respiration qui a suivi les crises récentes, fait surgir l'idée qu'au-delà d'une vision strictement urbanistique et formelle des choses (qui compte assurément), c'est l'essence même de l'urbain qui est en question. La planification, à qui, somme toute, on a reproché d'avoir organisé plus systématiquement la ségrégation, est-elle capable d'établir pour les villes et les banlieues, les villes anciennes ou les villes nouvelles, un projet réellement urbain ?

BIBLIOGRAPHIE

Collectif

1984 « Le logement, l'État et les pauvres dans les villes du tiers monde », in *Villes en parallèle*, n° 8, Université Parix X-Nanterre.

1986 « Après les banlieues rouges », in *Herodote*, n° 43.

1988 « Formes urbaines », in *Villes en parallèle*, n°s 12-13, Université Paris X.

1988-89 *Villes d'Insulinde* (I) et (II), association Archipel.

Agulhon, M.

1970 *La vie sociale en Provence intérieure au lendemain de la Révolution*, Société des études robespierristes, Paris.

Alexandersson, G.

1956 *The Industrial Structure of American Cities. A Geographic Study of Urban Economy in the United States*, University of Nebraska Press, Lincoln.

Alonso, W.

1964 « The Historical and Structural Theories of Urban Form : Their Implications for Urban Renewal », in *Land Economics*, XL, pp. 227-31.

Ariès, Ph.

1979 « L'enfant et la rue, de la ville à l'anti-ville », in *Urbi*, n° 2, pp. 3-14.

Auerbach, F.

1913 « Das Gesetz der Bevölkerungskonzentration », in *Petermanns Mittheilungen*, LIX, n. 74.

Bairoch, P.

1985 *De Jericho à Mexico, villes et économies dans l'histoire*, Gallimard, Paris,

Baldassare, M.

1986 *Trouble in Paradise, the sub urban Transformation in America*, Columbia University Press, New York.

Barthes, R.

1970 « Sémiologie et urbanisme », in *L'architecture d'aujourd'hui*, CLIII.

Bataillon, C.

1967 *Les régions géographiques au Mexique*, Institut des Hautes Études de l'Amérique latine, Paris.

Beaujeu-Garnier, J.

1980 *Géographie urbaine*, A. Colin, Paris.

Benevolo, L.

1964 *Storia dell'architettura moderna*, Laterza, Bari.
1968 *Storia dell'architettura del Rinascimento*, Laterza, Bari.

Berengo, M.

1974 « La città di antico regime », in *Quaderni storici*, n. 27, pp. 661-92.

Bergeron, L.

1989 (s.d.), *Paris, genèse d'un paysage*, Picard, Paris.

Berry, B. J. L.

1961 « City size distributions and economic development », in *Economic Development and Cultural Change*, IX.
1967 *Geography of Market Centers and Retail Distribution*, Prentice-Hall, Englewood Cliffs (N. J.).

Berque, A. (sous la direction de)

1987 *La qualité de la ville ; urbanité française, urbanité nippone*, Maison franco-japonaise, Tokyo.

Boudoul, J. et Faur, J.-P.

1982 « Renaissance des communes rurales ou nouvelles formes d'urbanisation ? », in *Economie et Statistique*, n. 149.

Boutier, J., Dewerpe, A., Nordman, D.

1983 *Le voyage de Charles IX. Territoire et gouvernement (1564-1566).*

Braudel, F.

1967 *Civilisation matérielle et capitalisme*, Colin, Paris (trad. it. Einaudi, Torino 1977).

Briggs, A.

1963 *Victorian Cities*, Transatlantic Arts, Hollywood (Fla.).

Brino, G.

1978 *La città capitalista : Los Angeles*, Ed. Medicea, Firenze.

Bröner, K.

1986 *New York face à son patrimoine*, Mardaga, Bruxelles.

Buchanan, C. D.

1963 *Traffic in Towns*, HMSO, London.

Burgess, E. W.

1925 *The Growth of the City : An Introduction to a Research Project*, in Park, Burgess et McKenzie, *The City*.

Burguière, A. et Revel, J. (sous la direction de)

1989 *Histoire de la France : L'espace français*, Le Seuil, Paris.

Cardia, C.

1987 *Ils ont construit New York*, Georg, Genève.

Castells, M.

1970 *La question urbaine*, Maspero, Paris.

Castex, J., Depaule J.-Ch., et Panerai, P.

1977 *Formes urbaines : de l'îlot à la barre*, Dunod, Paris.

Cervellati, P. J., Scannaviri, R. et De Angelis, C.

1977 *La nuova cultura della città*, Mondadori, Milano.

Chabot, G.

1948 *Les villes*, A. Colin, Paris.

Chaline, Cl.

1988 « La reconversion des espaces fluvio-portuaires dans les grandes métropoles », in *Annales de géographie*, n° 544, 1988, pp. 695-715.

Chombart de Lauwe, P.-H.

1981 *La fin des villes, mythe ou réalité*, Calmann-Lévy, Paris.

Chamboredon, J.-C. et Lemaire, M.

1970 « Proximité spatiale et distance sociale : les grands ensembles et leur peuplement », in *Revue française de sociologie*, XI, I, pp. 3-33.

Chapin, F. S.

1965 « A Model of Stimulating Residential Development », in *Journal of the American Institute of Planners*, XXXI.

Chassagne, S.

1975 *Histoire d'Angers*, Privat, Toulouse.

Chevalier, L.

1958 *Classes laborieuses et classes dangereuses à Paris pendant la première moitié du XIXᵉ siècle*, Plon, Paris.

Chevalier, M.

1938 *Des intérêts matériels en France. Travaux publics, routes, canaux, chemins de fer*, Osselin et Coquebert, Paris.

Childe, V. G.

1957 « Civilization, Cities and Towns », in *Antiquity*, XXXI.

Choay, F.

1965 *L'urbanisme. Utopies et réalités*, Seuil, Paris.

Christaller, W.

1933 *Die zentralen Orte in Süddeutschland*, Fischer, Jena.

Claval, P.

1970 « La géographie urbaine », in *Revue géographique de Montréal*, XXIV.

1981 *La logique des villes*, Litec, Paris.

Coing, H.

1976 *Rénovation urbaine et changement social*, Ed. Ouvrières, Paris.

Dalmasso, E.

1971 *Milan capitale économique de l'Italie*, Ophrys, Gap.

Darin, M.

1988 « Les grandes percées urbaines du XIXᵉ siècle : quatre villes de province », *Annales*, mars-avril 1988, pp. 477-505.

Davies, K.

1969 *The Urbanization of the Human Population*, in G. Breese (s.d.), *The City in Newly Developing Countries*, Prentice-Hall, Englewood Cliffs (N.J.).

Derycke, P.-H.

1970 *L'Économie urbaine*, Presses Universitaires de France, Paris.

De Seta, C.

1974 « L'ideologia della città nella cultura pre-marxista », in *Quaderni storici*, n. 27, pp. 711-34.

1985 (s.d.), *Le città capitali*, Laterza, Bari.

Devillers, C. et Huet, B.

1981 *Le Creusot, naissance et développement d'une ville industrielle 1782-1814*, Seyssel, Champ Vallon.

Dickinson, R. E.

1961 *The West European City. A Geographical Interpretation*, Routledge and Kegan Paul, London.

Dion, R.

1947 *Les frontières de la France*, Hachette, Paris.

Dugrand, R.

1963 *Villes et campagnes en Bas-Languedoc. Le Réseau urbain du Bas-Languedoc méditerranéen*, Presses Universitaires de France, Paris.

Dupuy, G. et al.

1987 *La crise des réseaux d'infrastructure : le cas de Buenos Aires*, ENCP, Université de Paris XII.

Dupuy, G., et Knaebel, G.

1982 *Assainir la ville, hier et aujourd'hui*, Dunod, Paris.

Durkheim, E.

1893 *De la division du travail social*, Alcan, Paris.

Dyos, H.-J., et Wolff, M.

1973 *The Victorian City : Images and Realities*, Routledge and Kegan Paul, London.

Eisenstadt, S. N.

1973 *Building States and Nations. Models, Analyses and Data Across Three Worlds*, Sage, Beverly Hills (Cal.).

Ercole, E., et Martinotti, G.

1987 « Le aree metropolitane », in *Amministrare*, XVII, n. 1.

Ewers, H. J., Goddard e Matzerath, H.

1986 (s.d.), *The Future of the Metropolis : Berlin, London, Paris, New York*, Walter de Gruyter, Berlin-New York.

Fabiani, J.-L. et Theys, J.

1987 *La société vulnérable, évaluer et maîtriser les risques*, Paris, Presses de l'École normale supérieure.

Febvre, L.

1922 *La terre et l'évolution humaine*, Michel, Paris.

Firey, W.

1947 *Land Use in Central Boston*, Harvard University Press, Cambridge (Mass.).

Fiumi, E.

1961 *Storia economica e sociale di San Gimignano*, Olschki, Firenze.

Fogelson, R. M.

1967 *The Fragmented Metropolis*, Harvard University Press.

Form, W.

1954 « The Place of Social Structure in the Determination of Land Use », in *Social Forces*, XXXII.

Foucault, M. et al.

1976 *Les machines à guérir (aux origines de l'hôpital moderne)*, Paris.

Francastel, P.

1968 « Paris, un héritage culturel et monumental », in *Notes et études documentaires*, n. 3483.

Frisch, M.

1969 *The Community Elite and the Emergence of Urban Politics : Springfield (Mass.) 1840-1880*, in Thernstrom e Sennett, 1969.

Fustel de Coulanges, N.-D.

1864 *La cité antique, étude sur le culte, le droit, les institutions de la Grèce et de Rome*, Durand, Paris.

Galantay, E.-Y., et autres

1987 *The Metropolis in Transition*, Paragon House, New York.

Gans, H.-J.

1962 *The Urban Villagers*, Free Press, Glencoe (Ill.).

Ganshof, F.-L.

1943 *Étude sur le développement des villes entre Loire et Rhin au Moyen Âge*, Presses Universitaires de France, Paris.

Geddes, P.

1915 *Cities in evolution*, Londres 1915/1949.

George, P.

1952 *La Ville. Le fait urbain à travers le monde*, P.U.F., Paris.

Gill, C., et Briggs, A.

1952 *History of Birmingham*, Oxford University Press, London.

Gottmann, J.

1961 *Megalopolis. The Urbanized Northeastern Seaboard of the United States*, Twentieth Century Fund, New York.

Gourou, P.

1971 *Leçons de géographie tropicale*, Mouton, Paris.

1973 *Pour une géographie humaine*, Flammarion, Paris.

Grafmeyer, Y. et Joseph, I.

1979 *L'École de Chicago, naissance de l'écologie urbaine*, Paris.

Guillerme, A.

1983 *Les temps de l'eau. La Cité, l'eau et les techniques*, Seyssel, Champ Vallon.

Haig, R. M.

1926 « Toward an Understanding of the Metropolis », in *Quarterly Journal of Economics*, XL.

Halbwachs, M.

1909 *Les expropriations et le prix des terrains à Paris, 1860-1900*, Cornély, Paris.

1913 *La classe ouvrière et le niveau de vie*, Alcan, Paris.

1931 « Chicago, expérience ethnique », in *Annales d'histoire économique et sociale*, II, pp. 11-42.

1972 *Classes sociales et morphologie*, recueil de textes (1905-1939), éditions de Minuit, Paris.

Hallowell, A. I.

1955 *Culture and experience*, Univ. of Pennsylvania Press, Philadelphie.

Hanson, R.

1983 (s.d.), *Rethinking Urban Policy. Urban Development in and advanced Economy*, National Academy Press, Washington.

Harris, Ch. D.

1943 « A Functional Classification of Cities in the United States », in *Geographical Review*, XXXIII.

Harris, Ch. D., et Ullman, E. L.

1945 « The Nature of Cities », in *Annals of the American Academy of Political and Social Science*, CCXLII.

Harvey, D.

1973 *Social Justice and the City*, Johns Hopkins Press, Baltimore.

Hauser, Ph. M., et Schnore, L. F.

1965 (s.d.), *The Study of Urbanization*, Wiley, New York.

Herlihy, D.

1976 *Società e spazio nella città italiana del medioevo*, in *La storiografia urbanistica*, Ciscu, Lucca.

Histoire de la France urbaine

1979-85 *Histoire de la France urbaine*, sous la direction de G. Duby, 5 vol., Paris.

Horowitz

1968 « Spatial behavior and psychopathology », in *The Journal of nervous and mental diseases*, CXLVI, pp. 24-35.

Howard, E.

1902 *Garden Cities of To-morrow*, Sonnenschein, London.

Hoyt, H.

1939 (s.d.), *The Structure and Growth of Residential Neighbourhoods in American Cities*, U.S. Government Printing Office, Washington.

Isard, W.

1942 « Neglected Cycles : the Transport-Building Cycle », in *Review of Economic Statistics*, XXIII.

Jackson, K.

1985 *Crabgrass frontier, the suburbanization of the United States*, Oxford University Press, New York, 1985.

Jinnai, J.

1987 (s.d.), « Ethnic Tokyo », in *Process Architecture*, n. 72.

Jullian, C.

1919 « À propos de géographie urbaine », in *Revue des études anciennes*, XXI.

Kerblay, B.

1970 « La ville soviétique entre le possible et l'imaginaire », in *Annales. Économies, Sociétés, Civilisations*, XXV, n. 4, pp. 897-911.

Korff, G.

1979 « Les maisons de poupées, miroir de l'habitat bourgeois », in *Urbi*, n. 2, pp. 57-68.

Lampard, E.

1965 *Historical Aspects of Urbanization*, in Hauser et Schnore 1965.

Lapidus, I. M.

1967 *Muslim Cities in the Later Middle Ages*, Harvard University Press, Cambridge (Mass.).

Le Corbusier, Ch.-E. Jeanneret

1933 *La ville radieuse*, Vicent et Fréal, Paris.

Lefebvre, H.

1968 *Le droit à la ville*, Anthropos, Paris (trad. it. Marsilio, Padova 1974[3]).

Lepetit, B.

1988 *Les villes dans la France moderne, 1740-1840*, Albin Michel, Paris, 1988.

Lescure, M.

1982 *Les banques, l'État et le marché immobilier en France, 1820-1840*, éd. E.H.E.S.S.

Levi-Strauss, C.

1950 Introduction à l'œuvre de Marcel Mauss in M. Mauss, *Sociologie et anthropologie*, P.U.F., Paris.

Lewis, O.

1965 *Further Observations on the Folk-Urban Continuum*, in Hauser et Schnore 1965.

Lipietz, A.

1974 *Le tribut foncier urbain*, Maspero, Paris.

Lojkine, J.

1972 *La politique urbaine dans la région parisienne, 1945-1971*, Mouton, Paris-La Haye.

Lösch, A.

1939 *Die räumliche Ordnung der Wirtschaft*, Fischer, Jena.

Lynch, K.

1960 *The Image of the City*, Mit Press, Cambridge (Mass.).

Machiavel, N.

1513 *Le Prince*, Œuvres complètes, La Pléiade.

McElrath, D. C.

1965 « The Social Areas of Rome : a Comparative Analysis », in *American Sociological Review*, XXVII.

McKay, J.-P.

1976 *Tramways and Trolleys. The Rise of Urban Mass Transport in Europe*, Princeton University Press, Princeton (N. J.).

Malmberg, T.

1980 *Human territoriality: a survey of the Behaviorial territories of man,* Mouton, La Haye.

Mauss, M.

1903-04 « Essai sur les variations saisonnières des sociétés eskimo », in *L'Année sociologique,* IX, pp. 39-132.

Mercadal, J.

1972 « Peut-on tirer un enseignement des essais français de modélisation du développement spatial urbain ? » in *Revue économique,* XXIII.

Merlin, Pierre et al.

1988 *Morphologie urbaine et parcellaire,* Presses universitaires de Vincennes, 1988.

Meyer, J.

1974 « Quelques vues sur l'histoire des villes à l'époque moderne », in *Annales. Économies, Sociétés, Civilisations,* XXIX, n. 6, pp. 1551-68.

Morrill, R. L.

1979 « Stages in Patterns of Population: Concentration and Dispersion », in *The Professional Geographer,* vol. 31, febbraio.

Mumford, L.

1961 *The City in History. Its Origins, its Transformations and its Prospects,* Harcourt Brace Jovanovich, New York.

Panofsky, E.

1957 *Gothic Architecture and Scholasticism,* Meridian Books, New York.

Park, R. E., Burgess, E. W., et McKenzie, R. D.

1925 *The City,* University of Chicago Press, Chicago.

Pélissier, P.

1966 *Les paysans du Sénégal,* Fabrègue, Saint-Yrieux.

Perrot, J.-C.

1975 *Genèse d'une ville moderne, Caen au XVIIIe siècle,* Mouton, Paris-La Haye.

Pierotti, P.

1972 *Urbanistica: Storia e prassi,* Marchi e Bertolli, Firenze.

Pirenne, H.

1939 *Les villes et les institutions urbaines,* Alcan, Paris.

Planhol, X. de

1968 *Les fondements géographiques de l'histoire de l'Islam*, Flammarion, Paris.

Pred, A. R.

1966 *The Spatial Dynamics of the U.S. Urban Industrial Growth, 1800-1914*, Mit Press, Cambridge (Mass.).

Pumain, D.

1982 *La dynamique des villes*, Paris, 1982.

Ratcliff, R. U.

1949 *Urban Land Economics*, McGraw-Hill, New York.

Redfield, R., et Singer, M.

1954 « The Cultural Role of the Cities », in *Economic Development and Cultural Change*, III.

Reissman, L.

1964 *The Urban Process*, Free Press, Glencoe (Ill.).

Rochefort, M.

1960 *L'organisation urbaine de l'Alsace*, Les Belles Lettres, Strasbourg.

Rossi, A.

1966 *L'architettura della città*, Marsilio, Padova.

Rouleau, B.

1985 *Villages et faubourgs de l'ancien Paris, histoire d'un espace urbain*, Le Seuil, Paris, 1985.

Saalman, H.

1971 *Haussmann : Paris Transformed*, Braziller, New York.

Sautter, G.

1962 « À propos de quelques terroirs d'Afrique occidentale », in *Études rurales*, n° 4, pp. 24-86.

1973 « Recherches en cours sur les villes d'Afrique noire : thèmes et problèmes », in *Cahiers d'études africaines*, LI.

Schelling, Th.

1973 « Ecological Models », in *Journal of Mathematical Sociology*, II.

Schneider, J.

1950 *La ville de Metz aux XIIIe et XIVe siècles*, Thomas, Nancy.

Schnore, L. F.

1965 *On the Spatial Structure of Cities in the two Americas*, in Hauser et Schnore 1965.

Shevky, E., et Bell, W.

1955 *Social Area Analysis: Theory, Illustrative Application, and Computational Procedures*, Stanford University Press, Stanford (Cal.).

Sica, P.

1970 *L'immagine della città da Sparta a Las Vegas*, Laterza, Bari.

Simmel, G.

1903 « Die Grossstädte und das Geistesleben », in *Jahrbücher der Gehestiftung*, IX.

Sitte, C.

1889 *Der Städtebau nach seinen künstlerischen Grundsätzen*, Graeser, Wien.

Sjoberg, G.

1960 *The Preindustrial City. Past and Present*, Free Press, Glencoe (Ill.).

Soja, E.-J.

1971 « The political organization of space », in *Annales of Association of American geographers*, LX, pp. 1-54.

Spengler, O.

1918-22 *Der Untergang des Abendlandes. Umrisse einer Morphologie der Weltgeschichte*, Beyer, München.

Starr, J.-F.

1977 « L'urbanisme utopique pendant la Révolution culturelle soviétique », in *Annales. Économies, Sociétés, Civilisations*, XXXII, n. 1, pp. 87-105.

Storia delle città italiane

1986 *Storia delle città italiane*, Laterza, Bari.

Storia d'Italia Einaudi

1982 *Il paesaggio*, vol. V, s.d. C. De Seta, Einaudi, Torino.

1985 *Insediamenti e territorio*, vol. VIII, s.d. C. De Seta, Einaudi, Torino.

Tafuri, M.

1968 *Teoria e storia dell'architettura*, Laterza, Bari.

Thernstrom, S., et Sennett, R.

1969 (s.d.), *Nineteenth-Century Cities. Essays in the New Urban History*, Yale University Press, New Haven (Conn.).

Tönnies, F.

1887 *Gemeinschaft und Gesellschaft. Abhandlung des Communismus und Socialismus als empirische Culturformen*, Reisland, Leipzig ; ed. Buske, Darmstadt 1935².

Topalov, Ch.

1974 *Les promoteurs immobiliers. Contribution à l'analyse de la production capitaliste du logement en France*, Mouton, La Haye-Paris.

Turner, J. F. C.

1966 *Établissements urbains incontrôlés : problèmes posés, politiques adoptées*, Nations Unies, Pittsburgh.

Valensi, L.

1970 « La medina de Tunis : une tentative d'analyse des formes actuelles », in *Annales. Économies, Sociétés, Civilisations*, XXV, n. 4, pp. 913-14.

Vernière, M.

1973 « À propos de la marginalité : réflexions en milieu urbain et suburbain africain », in *Cahiers d'études africaines*, LI.

Veyne, P.

1976 *Le Pain et le Cirque*, Seuil, Paris.

Willmott, P., et Young, M.

1960 *Family and Class in a London Suburb*, Humanities Press, New York.

Wingo, L.

1963 *Cities and Space : The Future Use of Urban Land*, Johns Hopkins Press, Baltimore.

Wirth, L.

1938 « Urbanism as a Way of Life », in *American Journal of Sociology*, XLIV.

Yeates, M.

1965 « Some Factors Affecting the Spatial Distribution of Chicago Land Values », in *Economic Geography*, XLI.

Zipf, C. K.

1949 *Human Behaviour and the Principle of Least Effort. An Introduction to Human Ecology*, Hafner Press, Riverside (N. J.), 1965.

TABLE DES CARTES ET ENCADRÉS

DU MÊME AUTEUR

MARSEILLE : NOTES ET ÉTUDES DOCUMENTAIRES, *Documentation française*, 1963.

HISTOIRE DU MONDE CONTEMPORAIN : LA GUERRE DES MONDES, 1939 À NOS JOURS, *Magnard*, 1983-1984.

En collaboration :

GÉOGRAPHIE ÉLECTORALE DES BOUCHES-DU-RHÔNE SOUS LA IVe RÉPUBLIQUE, *Presses de la Fondation Nationale des Sciences Politiques*, 1961.

HISTOIRE DE LA FRANCE URBAINE (sous la direction de Georges Duby)

Tome IV. La Ville de l'âge industriel, le cycle haussmannien 1840-1950

Tome V. La Ville aujourd'hui : croissance urbaine et crise du citadin, *Le Seuil*, 1983-1985.

LE MONDE ET SON HISTOIRE (sous la direction de Maurice Meuleau)

Tome III. Le Monde contemporain 1914-1938

Tome IV. Le Monde contemporain de la Seconde Guerre mondiale à nos jours : le second vingtième siècle.

Robert Laffont, 1985.

HISTOIRE DE LA FRANCE (sous la direction d'André Burguière et Jacques Revel)

Tome I. L'Espace français

Le Seuil, 1989.

PARIS, GENÈSE D'UN PAYSAGE (sous la direction de Louis Bergeron) *Picard*, 1989.

DANS LA COLLECTION FOLIO/ESSAIS

1 Alain : *Propos sur les pouvoirs.*
2 Jorge Luis Borges : *Conférences.*
3 Jeanne Favret-Saada : *Les mots, la mort, les sorts.*
4 A. S. Neill : *Libres enfants de Summerhill.*
5 André Breton : *Manifestes du surréalisme.*
6 Sigmund Freud : *Trois essais sur la théorie sexuelle.*
7 Henri Laborit : *Éloge de la fuite.*
8 Friedrich Nietzsche : *Ainsi parlait Zarathoustra.*
9 Platon : *Apologie de Socrate. Criton. Phédon.*
10 Jean-Paul Sartre : *Réflexions sur la question juive.*
11 Albert Camus : *Le mythe de Sisyphe (Essai sur l'absurde).*
12 Sigmund Freud : *Le rêve et son interprétation.*
13 Maurice Merleau-Ponty : *L'Œil et l'Esprit.*
14 Antonin Artaud : *Le théâtre et son double* (suivi de *Le théâtre de Séraphin*).
15 Albert Camus : *L'homme révolté.*
16 Friedrich Nietzsche : *La généalogie de la morale.*
17 Friedrich Nietzsche : *Le gai savoir.*
18 Jean-Jacques Rousseau : *Discours sur l'origine et les fondements de l'inégalité parmi les hommes.*
19 Jean-Paul Sartre : *Qu'est-ce que la littérature?*
20 Octavio Paz : *Une planète et quatre ou cinq mondes (Réflexions sur l'histoire contemporaine).*
21 Alain : *Propos sur le bonheur.*
22 Carlos Castaneda : *Voir (Les enseignements d'un sorcier yaqui).*
23 Maurice Duverger : *Introduction à la politique.*

24 Julia Kristeva : *Histoires d'amour.*
25 Gaston Bachelard : *La psychanalyse du feu.*
26 Ilya Prigogine et Isabelle Stengers : *La nouvelle alliance (Métamorphose de la science).*
27 Henri Laborit : *La nouvelle grille.*
28 Philippe Sollers : *Théorie des Exceptions.*
29 Julio Cortázar : *Entretiens avec Omar Prego.*
30 Sigmund Freud : *Métapsychologie.*
31 Annie Le Brun : *Les châteaux de la subversion.*
32 Friedrich Nietzsche : *La naissance de la tragédie.*
33 Raymond Aron : *Dix-huit leçons sur la société industrielle.*
34 Noël Burch : *Une praxis du cinéma.*
35 Jean Baudrillard : *La société de consommation (ses mythes, ses structures).*
36 Paul-Louis Mignon : *Le théâtre au XXe siècle.*
37 Simone de Beauvoir : *Le deuxième sexe,* tome I *(Les faits et les mythes).*
38 Simone de Beauvoir : *Le deuxième sexe,* tome II *(L'expérience vécue).*
39 Henry Corbin : *Histoire de la philosophie islamique.*
40 Etiemble : *Confucius (Maître K'ong, de -551(?) à 1985).*
41 Albert Camus : *L'envers et l'endroit.*
42 George Steiner : *Dans le château de Barbe-Bleue (Notes pour une redéfinition de la culture).*
43 Régis Debray : *Le pouvoir intellectuel en France.*
44 Jean-Paul Aron : *Les modernes.*
45 Raymond Bellour : *Henri Michaux.*
46 C.G. Jung : *Dialectique du Moi et de l'inconscient.*
47 Jean-Paul Sartre : *L'imaginaire (Psychologie phénoménologique de l'imagination).*
48 Maurice Blanchot : *Le livre à venir.*
49 Claude Hagège : *L'homme de paroles (Contribution linguistique aux sciences humaines).*
50 Alvin Toffler : *Le choc du futur.*
51 Georges Dumézil : *Entretiens avec Didier Eribon.*
52 Antonin Artaud : *Les Tarahumaras.*
53 Cioran : *Histoire et utopie.*
54 Sigmund Freud : *Sigmund Freud présenté par lui-même.*

55 Catherine Kintzler : *Condorcet (L'instruction publique et la naissance du citoyen).*
56 Roger Caillois : *Le mythe et l'homme.*
57 Panaït Istrati : *Vers l'autre flamme (Après seize mois dans l'U.R.S.S.- Confession pour vaincus).*
58 Claude Lévi-Strauss : *Race et histoire* (suivi de *L'œuvre de Claude Lévi-Strauss* par Jean Pouillon).
59 Michel de Certeau : *Histoire et psychanalyse entre science et fiction.*
60 Vladimir Jankélévitch et Béatrice Berlowitz : *Quelque part dans l'inachevé.*
61 Jorge Amado : *Conversations avec Alice Raillard.*
62 Elie Faure : *Histoire de l'art,* tome I : *L'art antique.*
63 Elie Faure : *Histoire de l'art,* tome II : *L'art médiéval.*
64 Elie Faure : *Histoire de l'art,* tome III : *L'art renaissant.*
65 Elie Faure : *Histoire de l'art,* tome IV : *L'art moderne,* 1.
66 Elie Faure : *Histoire de l'art,* tome V : *L'art moderne,* 2.
67 Daniel Guérin : *L'anarchisme (De la doctrine à la pratique),* suivi de *Anarchisme et marxisme.*
68 Marcel Proust : *Contre Sainte-Beuve.*
69 Raymond Aron : *Démocratie et totalitarisme.*
70 Friedrich Nietzsche : *Par-delà bien et mal (Prélude d'une philosophie de l'avenir).*
71 Jean Piaget : *Six études de psychologie.*
72 Wassily Kandinsky : *Du spirituel dans l'art, et dans la peinture en particulier.*
74 Henri Laborit : *Biologie et structure.*
75 Claude Roy : *L'amour de la peinture (Rembrandt Goya Picasso).*
76 Nathalie Sarraute : *L'ère du soupçon (Essais sur le roman).*
77 Friedrich Nietzsche : *Humain, trop humain (Un livre pour esprits libres),* tome I.
78 Friedrich Nietzsche : *Humain, trop humain (Un livre pour esprits libres),* tome II.
79 Cioran : *Syllogismes de l'amertume.*

80 Cioran : *De l'inconvénient d'être né.*
81 Jean Baudrillard : *De la séduction.*
82 Mircea Eliade : *Le sacré et le profane.*
83 Platon : *Le Banquet (ou De l'amour).*
84 Roger Caillois : *L'homme et le sacré.*
85 Margaret Mead : *L'un et l'autre sexe.*
86 Alain Finkielkraut : *La sagesse de l'amour.*
87 Michel Butor : *Histoire extraordinaire (Essai sur un rêve de Baudelaire).*
88 Friedrich Nietzsche : *Crépuscule des idoles (ou Comment philosopher à coups de marteau).*
89 Maurice Blanchot : *L'espace littéraire.*
90 C.G. Jung : *Essai d'exploration de l'inconscient.*
91 Jean Piaget : *Psychologie et pédagogie.*
92 René Zazzo : *Où en est la psychologie de l'enfant?*
93 Sigmund Freud : *L'inquiétante étrangeté* et autres essais.
94 Sören Kierkegaard : *Traité du désespoir.*
95 Oulipo : *La littérature potentielle (Créations Re-créations Récréations).*
96 Alvin Toffler : *La Troisième Vague.*
97 Lanza del Vasto : *Technique de la non-violence.*
98 Thierry Maulnier : *Racine.*
99 Paul Bénichou : *Morales du grand siècle.*
100 Mircea Eliade : *Aspects du mythe.*
101 Luc Ferry et Alain Renaut : *La pensée 68 (Essai sur l'anti-humanisme contemporain).*
102 Saúl Yurkievich : *Littérature latino-américaine : traces et trajets.*
103 Carlos Castaneda : *Le voyage à Ixtlan (Les leçons de don Juan).*
104 Jean Piaget : *Où va l'éducation.*
105 Jean-Paul Sartre : *Baudelaire.*
106 Paul Valéry : *Regards sur le monde actuel* et autres essais.
107 Francis Ponge : *Méthodes.*
108 Czeslaw Milosz : *La pensée captive (Essai sur les logocraties populaires).*
109 Oulipo : *Atlas de littérature potentielle.*
110 Marguerite Yourcenar : *Sous bénéfice d'inventaire.*

111 Frédéric Vitoux : *Louis-Ferdinand Céline (Misère et parole).*
112 Pascal Bonafoux : *Van Gogh par Vincent.*
113 Hannah Arendt : *La crise de la culture (Huit exercices de pensée politique).*
114 Paul Valéry : *« Mon Faust ».*
115 François Châtelet : *Platon.*
116 Annie Cohen-Solal : *Sartre (1905-1980).*
117 Alain Finkielkraut : *La défaite de la pensée.*
118 Maurice Merleau-Ponty : *Éloge de la philosophie* et autres essais.
119 Friedrich Nietzsche : *Aurore (Pensées sur les préjugés moraux).*
120 Mircea Eliade : *Le mythe de l'éternel retour (Archétypes et répétition).*
121 Gilles Lipovetsky : *L'ère du vide (Essais sur l'individualisme contemporain).*
123 Julia Kristeva : *Soleil noir (Dépression et mélancolie).*
124 Sören Kierkegaard : *Le Journal du séducteur.*
125 Bertrand Russell : *Science et religion.*
126 Sigmund Freud : *Nouvelles conférences d'introduction à la psychanalyse.*
128 Mircea Eliade : *Mythes, rêves et mystères.*
131 Georges Mounin : *Avez-vous lu Char?*
132 Paul Gauguin : *Oviri (Ecrits d'un sauvage).*
133 Emmanuel Kant : *Critique de la raison pratique.*
134 Emmanuel Kant : *Critique de la faculté de juger.*
135 Jean-Jacques Rousseau : *Essai sur l'origine des langues (où il est parlé de la mélodie et de l'imitation musicale).*
137 Friedrich Nietzsche : *L'Antéchrist,* suivi de *Ecce Homo.*
138 Gilles Cohen-Tannoudji et Michel Spiro : *La matière-espace-temps (La logique des particules élémentaires).*
139 Marcel Roncayolo : *La ville et ses territoires.*
140 Friedrich Nietzsche : *La philosophie à l'époque tragique des Grecs,* suivi de *Sur l'avenir de nos établissements d'enseignement.*
141 Simone Weil : *L'enracinement (Prélude à une déclaration des devoirs envers l'être humain).*
142 John Stuart Mill : *De la liberté.*

Reproduit et achevé d'imprimer
par Brodard et Taupin
à La Flèche (Sarthe), le 16 mars 1990.
Dépôt légal : mars 1990.
Numéro d'imprimeur : 1767C-5.
ISBN 2-07-032559-8 / Imprimé en France.

49049